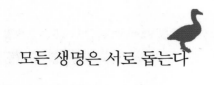

모든 생명은 서로 돕는다

모든 생명은 서로 돕는다

1판 1쇄 발행 2014년 4월 15일
1판 9쇄 발행 2024년 8월 5일

지은이 박종무
펴낸이 김현정
펴낸곳 도서출판리수

기획·홍보 김현주
교정·교열 홍미숙

등록 제4-389호(2000년 1월 13일)
주소 서울시 성동구 행당로 76 110호
전화 2299-3703
팩스 2282-3152
홈페이지 www.risu.co.kr
이메일 risubook@hanmail.net

ISBN 978-89-90449-01-6 03330
※책값은 뒤표지에 있습니다.
※잘못 제본된 책은 바꾸어 드립니다.

모든 생명은 서로 돕는다

수의사 아빠가 딸에게 들려주는
생명, 공존, 생태 이야기

◆ 해를 그리며 박종무 ◆

리수

추천의 글

《모든 생명은 서로 돕는다》를 저술한 박종무 수의사를 알게 된 것은 KARA(Korea Animal Rights Advocates, 동물보호단체)의 대표 일을 하면서 부터이니 벌써 4~5년의 시간이 흘렀을 것이다.

동물보호 운동계에 들어오기 전에는, 대부분의 수의사들이 유기동물을 비롯한 열악한 처지의 동물을 위해 기꺼이 헌신과 봉사를 할 것이라고 생각했지만 현실은 그렇지 않았다.

병원이 쉬는 일요일, 일주일간의 피로를 씻어줄 달콤한 휴식을 뒤로 하고 유기동물 보호소로 향하는 수의사의 숫자는 생각보다 많지 않았는데, 늘 웃는 얼굴로 의료 봉사 활동에 동참하시는 분이 박종무 수의사였다. 그는 보호소 봉사를 가면 직접 수술을 하는 경우도 있었지만 카메라를 드는 경우도 많았다. 그는 아마도 렌즈속 아이들의 눈동자를 들여다보면서 '이 아이들은 대체 왜 이곳으로 왔으며, 어디로 가야만 하는지…'를 깊이 생각하는 시간을 가졌을 것이다.

그가 메스 대신 카메라를 통해 들여다본 세상의 고민들이 이 책에 잘 녹아져 있다고 생각한다. 이 책은 우리 인간들의 종우월적인 가치관 속에서 뭇생명들이 무참하게 파괴되고 결국 생태계의 균형을 깨고야 마는 원인을 살펴보고, 그것을 바로 잡고자 하는 진지한 고민을 담고 있다.

생명의 의미나 역사부터 진화론 등 다루는 내용이 매우 방대해 보이지만 사실 그 모든 분야가 서로 유기적으로 얽혀 있기 때문에, 나중에는 총체적이고 입체적인 이해로 다가온다.

생명권과 지구적 환경 문제에 몰아닥친 위기의 심각성을 생각해볼 때 더 이상 우리가 물러날 곳은 없어 보인다. 그가 제시하는 해답은, 결론적으로 '생태적인 삶' 인데 생각만큼 복잡하거나 실천하기에 어려운 내용은 아니다. 그의 표현에 따르면 "생태적인 삶이란 생명이 있는 그대로의 모습으로 자연스럽게 살아가는 것이다. 외부로부터 과도한 에너지나 물질을 들여오는 것이 아니라 주변에 있는 소박한 것들로 삶을 꾸려가는 것이다. 과도한 소비를 줄이고 검소한 삶을 삶으로서 지속가능한 상태를 유지하는 것이 생태적인 삶이다."

생태적인 삶의 실천이 우리 인류를 공멸로 몰아가는 인간중심적 사고방식과 탐욕을 대체하는 순간 우리의 생명의 고리는 더욱 탄탄해지고 풍요로워질 것이다.

촌음을 아껴 진료와 봉사 그리고 사회적 실천과 학문적 탐구를 게을리하지 않는 박종무 선생님의 노력에 존경을 전한다.

임순례 / 동물보호단체 KARA 대표, 영화감독

감사의 글

　동물을 단지 인간의 수단쯤으로 여기는 시각이 팽배한 사회에서 동물을 하나의 온전한 생명으로 보는 시각을 갖고 그것을 체계화 하는 공부를 하는 것은 쉬운 일이 아니었다. 혼자서 좌충우돌하면서 그나마 동물이라는 생명을 생태적인 관점에서 바라볼 수 있게 의식이 확장된 것은 많은 책들 덕분이다. 또 세상을 보고 이해할 수 있는 폭을 넓혀준 앞서 이 길을 가신 많은 분들과 안면은 없지만 환경이나 생명을 위하여 활동을 하고 계신 여러 활동가들 덕분이다.

　세상에 나 홀로 이룰 수 있는 것은 없다. 모두가 누군가의 영향을 받고 또 가르침을 받은 결과이다. 후쿠오카 신이치의 책이나 스티븐 제이굴드 그리고 리처드 리키의 글 같은 경우 김동광 교수의 소개가 없었다면 내가 접할 수 없는 책이었다. 또 움베르토 마뚜라나와 프란시스코 바렐라의 《앎의 나무》와 J.R. 데자르뎅의 《환경 윤리》는 신승철 박사의 추천으로 접할 수 있었다. 인식할 수 있는 것만 인식할 수 있다는 인식론의 경구처럼 자연과학적 분야에 한정되어 있던 나의 시각을 마뚜라나까지 확장시킨 것은 온전히 신승철 박사의 덕분이다. 또 생명에 대하여 내가 미처 고려하지 못한 부분을 가톨릭대학교 생명대학원의 여러 교수님들 덕분으로 넓어질 수 있었다. 동물의 생명에 관심이 있었지만 인간과 관계를 맺으며 사는 다양한 동물의 현실에 눈을 뜰 수 있었던 것은 동물보호시민단체 KARA의 활동가들 덕분이다. KARA 대표로 계신 임순례 감독님과 임미숙 국장을 비롯하여 여러 활동가분들에게 감사의 인사를 드린다. 이 밖에 나의 부족함으로 미처 생각을 못하지만 나의 눈을 넓혀준 많은 분들에게 책을 통해서 감사의 인사를 전한다.

또 나를 낳아주고 키워주신 부모님과 모자람이 많은 남편과 사느라고 고생이 많은 아내에게도 감사의 뜻을 전한다. 특히 진정한 사랑의 의미가 무엇이고 생명과 삶에 대한 고민을 더욱 깊게 하도록 해준 나의 딸 리수와 리준이에게도 감사의 마음을 전한다. 사랑한다.

끝으로 부족함이 많은 원고를 세심하게 다듬느라고 고생을 많이 한 리수출판사 분들에게 감사의 인사를 전한다.

이 책이 내가 누군가의 도움을 받아 생명을 바라보는 시각이 조금씩 넓어졌듯이 누군가의 생명을 이해하는 시각을 넓히는데 조금이라도 도움이 되었으면 하는 희망을 가져본다. 특히 동물이라는 생명을 다루는 동료 수의사들의 동물이라는 생명을 좀 더 깊이 이해하는데 조금이라도 도움이 되었으면 고맙겠다. 그리하여 생명이어서 존중받고 생명이어서 행복한 세상에서 우리 또한 모든 생명들과 함께 평화롭게 더불어 행복하게 살았으면 좋겠다.

약육강식이 아닌 더불어사는 생명 이야기

리수야, 우리가 사는 초록별 지구에는 매우 많은 종류의 생명이 살고 있단다. 그 수가 얼마나 될까? 100만 종? 500만 종? 아니면 1,000만 종? 지구에 얼마나 많은 종류의 생명이 살고 있는지는 아무도 몰라. 학자에 따라서는 1,000만 종 정도가 있다는 학자도 있고 1억 종이 있다는 학자도 있어. 이렇게 차이가 많이 나는 이유는 땅속은 말할 것도 없고 화산의 분화구에서 시작해서 심해의 수천 미터 깊은 곳까지 생명이 없는 곳이 없기 때문이야. 그런 곳은 과학자들이 들어가서 연구를 할 수 없으니 그저 추측만 할뿐이지.

지구에 몇십 종이나 몇백 종도 아니고 1,000만을 넘는 다양한 종류의 생명이 있다는 것을 상상해봐. 당연하다고 생각할 수도 있지만 신비로운 일이 아닐 수 없어. 아주 단순하게 시작된 생명이 어떻게 이렇게 많은 종류로 번성할 수 있었을까? 수많은 생명들은 무엇을 위해 존재하고, 또 어떻게 서로 관계를 맺어왔을까?

나와는 별 상관없는 딱딱한 생명 이야기쯤으로 생각한다면 큰 오산이야. 물론 아빠는 수의사라는 직업을 갖기 이전부터 동물과 생명에 관심이 많았지만, 알면 알수록 이것은 단순한 동물과 생명 이야기가 아니라는 것을 알게 되었단다. 언젠가부터 '어떻게 살아야 하는가' 라는 진지한 질문을 던져주었지. 단순히 내 삶을 위한 질문에 그친 것이 아니라 우리 리수가 살아갈 미래에까지 이어지는 질문이었기에 너에게도 꼭 들려주고 싶었어.

리수야, 초등학교 때 배운 먹이 피라미드 생각나니? 가장 위 칸에 그려진 독수리나 고래, 사자는 최강자이며, 강한 종이 약한 종을 잡아먹는 구조라고 배웠지. 틀린 말은 아니지만, 이는 생명의 관계를 강자와 약자의 관계로 왜곡시키는 측면이 있단다. 생명의 관계는 그렇게 일방적인 관계가 아니거든. 그런데 유독 인간은 약육강식이니 적자생존이라는 표현을 들먹이며, 스스로를 지구상에서 가장 진화한 종, 즉 가장 강한 종으로서의 특권의식을 갖는 듯해. 강자의 특권으로 밀림을 파괴하고 식물은 말할 것도 없고 수많은 동물들을 마구 대해왔어. 그렇게 해서 멸종되는 종이 한 해에 몇 만 종에 이른단다. 이로 인해 제6의 멸종이 우려되는 위기 앞에서 우리는 공존의 의미를 되새겨 보아야만 해.

대부분의 생명들은 자신이 살 수 있는 새로운 세계를 개척해내면서 진화를 해왔어. 새로운 세계를 혼자서 개척해나간다는 것은 너무도 힘든 일이야. 그렇기에 다른 종들과 협력하여 진화해왔어. 그래서 생명은 공진화한 존재라고 이야기하지. 생명은 다른 종들과는 말할 것도 없고 같은 종 내부에서도 서로 협력하며 진화를 해왔어. 아무리 뛰어난 개체라도 서로의 협력 없이 생존하기는 어렵단다. 매서운 찬바람이 불어오는 시베리아 벌판에 사는 사슴은 서로 협력했기에 추위를 막아낼 수 있었고, 포식자들로부터 새끼를 돌보기 위한 협력은 곧 그 무리가 번성하느냐 쇠퇴하느냐를 결정짓는 요소가 되었지. 모든 생명들은 이렇게 서로 도우며 진화해왔고 번성해왔던 거야. 그런데 사람들은 약육강식을 이야기하며 다른 생명들을 마구 대해왔어. 다른 생명의 존재 의미를 생각하기보다는 인간의 수단으로 생각하는 경향이 지배적이었지. 구제역이나 AI 사태가 발생할 때마다 살처분되는 가축은 극단적인 사례라 할 수 있겠지. 사람들은 적은 비용으로 가축을 키우겠다고 좁은 공간에 많은 수의 돼지와 닭들을 키워. 좁은 공간에 많은 가축이 살다보니 면역력도 떨어지고 전염병에 취약해질 수밖에 없지. 그러다가 전염병이 발생하면 예방적 차원이라며 인근에 있는 가축들까지 모두 몰살시켜버리는 거야.

사람에게는 기본적으로 다른 생명에 대한 존중 의식이 있어. 길을 가다가 기어가는 작은 풍뎅이를 보면 사람들은 어떻게 할까? 대부분은 밟지 않으려고 피해 가지. 작은 생명이라 하더라도 존중하는 마음이 우리의 가슴 속에 있기 때문이야. 하지만 보통 사람이 보기에 가축의 살처분 장면은 그저 뉴스에 나오는 기사에 지나지 않아. 현실적으로 나오는 너무나 동떨어진 이야기이기에 별다른 문제점이라 생각하기 쉽지 않지. 전염병을 예방하기 위해서는 어쩔 수 없는 일이 아니냐며 크게 개의치 않아.

예전에는 많은 사람들이 밍크 코트를 좋아했어. 털이 부드럽고 색이 너무 예쁘거든. 그런데 인터넷을 통하여 밍크 코트가 어떻게 만들어지는지 많은 사람들이 알게 되었어. 부드러운 밍크 코트를 만들기 위해서는 살아 있는 밍크의 가죽으로 만들어야 한다며 산 채로 가죽을 벗겨서 만드는 거야. 너무나 끔찍한 장면이지. 밍크는 얼마나 고통스럽겠어. 밍크 코트가 그렇게 만들어진다는 것을 알고 많은 사람들이 밍크 코트를 입지 않게 되었단다. 변화의 계기는 그 잔인함에 대한 인식에 있었던 거야. 화장품을 만드는 과정에서 안전성을 검사한다며 사용되는 실험 동물도 있어. 토끼를 꼼짝할 수 없는 틀에 가두고 화장품을 눈에 떨어뜨려 염증 반응이 있는지 없는지 보는 그런 검사야. 예전에 사람들은 당연히 이런 실험 동물을 사용하여 안전성 검사를 해야만 한다고 생각했지만 동물들이 너무 고통을 받는다는 것을 알게 되면서 화장품 회사에서도 동물 실험을 하지 않은 화장품을 개발하여 판매하기 시작했어. 사람들은 알면 바뀌게 돼. 또 알면 무엇인가 행동하게 돼.

리수야, 아빠는 이 책이 바로 지금까지 네가 당연시 여긴 나머지 아무런 문제 제기가 되지 않았던 것들에 대해 생각할 수 있는 계기가 되기를 바란다. '왜?'라는 의문이 시작되고, '어떻게?'라는 실천 방향을 고민할 수 있는 계기 말이지.

아빠는 이 책을 통해 우리가 다른 생명들과 어떤 관계를 갖는 것이 좋은지 생각해보려 해. 지구에서 우리와 함께 살고 있는 생명에 대한 여러 가지 이야기를 할 거야.

처음 1부는 축산 동물, 실험 동물, 반려 동물, 동물원에 있는 동물 등 인간과 함께 살고 있는 다양한 동물들의 이야기를 할 거야. 우리도 몰랐던 동물 학대의 면면들을 통해 동물과 인간의 관계에 대해 생각해보자.

2부에서는 생명의 속성에 대하여 물리학적인 관점과 생물의 역사적 측면에서의 서술을 통해 알아볼 거야. 왜 생명은 약육강식이 아닌 공존의 관계인지 이야기해보자꾸나.

3부에서는 생명의 진화에 대해서 이야기를 나눌 거야. 흔히 우리는 진화에 대하여 진보와 동일시해왔지만, 생명에서의 진화란 다른 생물보다 앞서

기 위한 것이 아니라 생명권의 여백을 찾아서 확장되는 과정이었단다.

4부에서는 생명들이 서로 어떤 관계로 연결되어 있는지를 알아볼 거야. 지금까지 잘못 인식해왔던 세균에 대한 인식의 반전 등 지구를 살리는 미미한 생명들에 대하여 알아보자. 모든 생명들이 얽히고설켜 서로가 서로를 살리고 있음을 더욱 실감하게 될 거야. 그렇게 서로 연결되어 있는 생명체 전체를 가리켜 생태계라고 부르지.

5부에서는 인간에 의해 파괴되는 생태계의 문제를 이야기할 거야. 우리는 언론 등을 통하여 환경 파괴나 기후 변화와 같은 소식을 자주 듣게 되지. 그래서 사람들은 그런 이야기에 대해서 다 안다고 생각해. 하지만 그것이 전부가 아니야. 오늘날 지구 온난화와 지구 환경 파괴의 가장 큰 주범으로 지목되는 것은 열대림 파괴인데, 열대림을 파괴하는 가장 큰 이유를 알고 있니? 바로 과도한 육식을 가능케 해주는 공장식 축산을 유지하기 위해서 거든.

6부에서는 GMO(유전자 재조합 식품)와 과도한 육식의 문제를 다룰 거야. 열대림 파괴와 GMO 그리고 과도한 육식 문화가 도대체 어떤 연관관계를 맺고 있을까 궁금하지 않니? 지금 사육되고 있는 소들은 대부분 GMO로 키워진단다. 미국을 비롯한 여러 나라에는 끝이 보이지 않는 광활한 옥수수 밭이 있어. 이것이 바로 공장식 축산을 가능케 한 원천이야. 더 놀라운 것은 이 광활한 옥수수 재배를 가능케 하는 것이 바로 석유가 있기 때문이란다. 과학자들은 30년 후면 오일 피크가 올 거라고 해. 그럼 지금까지 값싼 석유를 바탕으로 했던 생활들은 더 이상 지속 가능할 수가 없게 돼. 막연히 우리는 석유가 떨어지면 대체 에너지가 있을 거라고 기대하지만 그것 또한 만만치 않은 현실임을 전하고 있어.

마지막 7부에서는 파괴되어지는 생태계와 에너지 위기를 맞으면서 우리가 어떻게 지속 가능한 삶을 살 수 있는가에 대한 고민과 대안을 이야기할 거야. 그 대안은 생태적인 삶이야. 사람들은 오늘의 풍족한 삶이 인류의 과학이 발달했기 때문이라고 생각을 해. 또 앞으로 인류의 과학이 더 발달할 것이기 때문에 이러한 삶을 지속할 수 있다고 생각하지. 그러나 보다 엄밀히 말하면 오늘날 인류가 풍족한 삶을 살 수 있는 것은 값싼 석유라는 화석 에너지 덕분이기 때문에 석유가 고갈되는 날 인류는 성냥팔이 소녀가 성냥불의 환상에서 벗어나듯이 환상에서 깨어나게 될 거야. 많은 사람들이 석유 이후 시대에 대한 대안을 고민하는데, 지금과 같이 풍족한 삶을 살 수 있도록 하는 해결 방법은 없어. 그래서 우리가 어떠한 삶을 살아야 하는 것인가 근본적인 고민을 해야 한단다. 그 해답은 사람마다 다를 거야. 하지만 중요한 것은 그러한 고민을 해본다는 것 자체가 지금과는 다른 삶을 살게 할 거라는 것이야. 그 삶은 지금과는 다른 지속 가능한 삶의 형태가 되어야 할 거야. 당연히 그 지속 가능한 삶은 동물을 포함한 생태계의 수많은 생명들과 공존하는 삶이 되어야 마땅하겠지. 지구상의 모든 생명의 공존을 위해 나 자신은 무엇을 할 수 있을까? 우리 함께 묻고 실천 방안을 찾아가보자.

리수야, 이 책이 네가 살아가는 길에 작은 이정표가 되기를 바란다.

차례

1부. 우리와 동시대를 살아가는 동물들

2부. 생명이란 무엇인가

3부. 진화란 무엇인가

4부. 생명은 공생명이다

제5부. 생태계에 대하여

 제6부. GMO 그리고 육식

제7부 생태주의에 대하여

1부

우리와 동시대를 살아가는 동물들

1
우리가 먹는 동물들도
모두 생명이다

아빠, 옛날보다 고기를 풍족하게 먹을 수 있게 된 것은 경제 성장 때문 아닌
가요?

리수야, 현재 전 세계에 가축으로 사육되는 동물이 몇 마리나 될까? 그
숫자를 알면 깜짝 놀랄지도 몰라. 전 세계에는 세계 인구의 약 10배 가량인
600억 마리의 가축이 사육된단다. 1961년에 7,100만 톤의 고기를 소비했던
인류는 2007년에는 2억 8,400만 톤의 고기를 소비했어.박상표,《가축이 행복해야 인
간이 건강하다》, 개마고원, 2012, 6쪽. 우리나라의 경우 1970년에는 한 해 1인당 고기
소비량이 5kg이었는데, 2010년에는 41kg으로 늘어났어. 고기 소비량이 이
렇게 늘어날 수 있었던 이유는 가축의 대부분이 좁고 더러운 환경인 공장
식 축산 환경에서 유전자 조작 작물(GMO)에 의해서 키워졌기 때문이야.
전 세계에서 소비되는 쇠고기의 43%, 닭고기의 74%가 공장식 축산 방식으
로 생산되고 있단다.

사람들은 마트에서 깔끔하게 포장된 살코기를 보면 가축들이 깨끗한 시
설에서 위생적으로 키워질 거라고 상상하지만 오늘날 가축을 키우는 공장
식 축산은 전혀 그렇지 않아. 공장식 축산의 현장은 일반인이 상상도 할 수

없을 만큼 열악하단다.

양계장의 문을 열고 들어서면 눈을 뜨기도 힘들 정도로 따갑고 독한 암모니아 냄새가 몰아닥쳐. 닭똥에서 암모니아 가스가 발생하기 때문이야. 양계장에는 어둠침침한 백열등 불빛 아래 5층으로 쌓여 있는 닭장이 길게 늘어서 있어. 좁은 닭장에는 5~6마리의 닭들이 빼곡히 들어차 있어서 닭들은 꼼짝도 하지 못해. 움직이면 살이 빠지기 때문에 일부러 닭장을 좁게 만든 거야. 때로 다른 닭에 깔려 죽는 닭들도 있단다. 또 스트레스 때문에 다른 닭을 쪼기도 하고. 그래서 닭들은 알에서 깨어난 지 5~7일째 되는 날 부리를 잘라. 이것은 사람의 손가락을 자르는 것과 다르지 않아. 부리가 잘린 병아리들은 심한 스트레스를 받아 성장 장애를 일으키기도 하고 부리가 너무 짧게 잘린 경우 모이를 제대로 먹지 못하기도 해.

닭들은 이런 곳에서 약 35일 정도 살다가 도살된단다. 그 나이가 넘으면 먹는 사료에 비하여 살찌는 속도가 느리기 때문이야. 닭들의 자연 수명이 20~30년인 것을 생각하면 너무도 짧은 삶을 살다가 죽는 거지. 그나마 이 닭들은 몇 달이라도 산 걸 다행으로 여겨야 할지도 몰라. 알에서 태어난 수평아리들은 병아리 감별사에 의해 감별되어 바로 죽음을 맞이하거든. 약물이나 가스를 사용한 안락사와 같은 과정 없이 산 채로 갈려 다른 동물의 사료가 된단다. 또 비좁은 케이지에 갇힌 산란계들은 산란기가 끝날 즈음이 되면 산란율이 떨어지는데, 이때 산란율을 높이기 위해 강제로 털갈이를 시켜. 사료를 주지 않거나 물을 주지 않는 극단적인 방법으로 말이야. 물을 주지 않아 4% 정도의 닭이 목말라 죽으면, 그 때 물을 공급하여 강제로 털을 갈도록 하는 것이지.박상표, 앞의 책, 65쪽. 이 닭들은 평생 태양 빛 한 번 보지 못하고 인공 조명만 보며 살다 죽는 거야. 유럽연합(EU)은 2012년부터 강제 환우(換羽)는 말할 것도 없고 산란계를 케이지에 가두어 사육하는 것을

공장식 양계장의 닭들은 비좁은 케이지에서 꼼짝할 수 없는 상태로 알 낳는 기계로 취급되어진다.

전면 금지했어.

우리는 오래 전 화장실에서 키우는 돼지에 대한 이야기나 또는 양돈장의 냄새나고 더러운 환경에서 자라는 돼지들을 보며 돼지는 천성적으로 더러운 동물이라고 생각해. 하지만 돼지는 깨끗한 것을 좋아하는 동물이란다. 자연 상태의 멧돼지는 자신의 주거지를 깨끗하게 하기 위해 멀리 떨어진 곳에다 볼일을 봐. 그런데 공장식 축산으로 사육되는 돼지들은 그럴 수 없는 상태이기 때문에 더럽게 사는 거야. 농림부의 돼지 사육 기준에는 평당 3마리를 기르도록 되어 있는데, 실제로는 10마리까지도 사육하는 경우가 흔해. 이렇게 밀집되고 더러운 환경에서 자라는 돼지는 엄청난 스트레스를 받으면서 살아. 그러다보니 공격적으로 다른 돼지의 꼬리를 물어뜯곤 한단다. 이를 방지하기 위해 돼지들도 태어난 지 얼마 되지 않아 이빨을 잘라버리지. 꼬리도 잘라버리고. 또 거세 수술도 하는데 이런 모든 작업이 마취도 하지 않은 상태에서 수의사가 아닌 양돈장에서 일하는 목부에 의해서 이루어져. 이러한 잔혹한 행위에 대하여 EU는 2012년부터 마취제를 사용하지 않는 돼지의 거세 수술을 금지했어.

그럼 소는 좀 나은 환경에서 자랄까? 아마도 드넓은 산자락에 펼쳐진 대관령의 목장을 본 사람이라면 그런 이미지 때문에 소들이 초원과 같은 환경에서 키워질 거라고 상상할 거야. 하지만 소들 또한 그다지 다르지 않아. 대부분의 소들은 똥과 진흙이 뒤범벅 된 땅을 딛고 있거나 콘크리트 바닥을 밟고 평생을 살아간단다. 둘 다 소의 발에 무리가 되는 건 마찬가지야. 그래서 소들은 시시때때로 발가락에 염증이 생겨.

또 소는 선천적으로 자기가 먹어야 할 것이 아닌 것을 먹으면서 많은 고생을 한단다. 이유는 사람들이 좋아하는 꽃등심 때문이야. 꽃등심은 마블링이라고 하여 근육 사이에 지방이 촘촘히 박힌 것을 말해. 이 꽃등심이라는 것은 자연의 소들에게는 없어. 자연에서 풀을 먹고 자라는 소들에게는 근육에 지방이 이렇게 골고루 박히지 않거든. 사람들이 소들을 움직이지 못하게 좁은 곳에 가둔 상태에서 원래 소들의 사료가 아닌 옥수수나 콩과 같은 곡물을 먹이면 온몸 곳곳에 지방이 박혀. 소는 풀을 먹고 4개의 반추위를 통해서 서서히 소화시켜 영양을 섭취해야 하는데 원래 자기의 먹이가 아닌 옥수수나 콩과 같은 곡물을 먹다보니 위에서 과도한 세균이 증식하고 여러 질병이 생긴단다. 그래서 성장 촉진제라는 명목으로 지속적으로 항생제를 먹이지. 이는 항생제 남용의 문제와 내성의 문제를 야기하고, 그 고기를 먹는 사람들에게도 영향을 끼친단다.

또 우리나라는 덜하지만 영국 사람들은 부드러운 어린 송아지 고기를 좋아한다고 해. 부드러운 어린 송아지 고기는 빈혈에 걸린 약한 송아지로부터 만들어지거든. 이런 고기를 만들기 위하여 사육사는 송아지를 움직이지 못하게 0.76평의 좁은 사육 상자에 가두고 철분을 뺀 대용유만을 먹인단다. 송아지는 본능적으로 철을 공급받기 위해서 울타리의 철 파이프를 핥

부드러운 송아지 고기를 만들기 위하여 송아지들은 목도 돌릴 수 없는 곳에서 사육된다.

아먹는데 사육사는 그것조차도 핥아먹지 못하도록 목에 줄을 묶어 목조차 꼼짝하지 못하게 한단다.피터 싱어,《동물해방》, 김성한 역, 인간사랑, 1999, 229-243쪽. 영국은 이러한 잔혹한 사육 방식을 1990년부터 전면적으로 금지했고, EU는 2007년부터 금지했어. 하지만 미국은 여전히 이 방식을 고수하고 있어.박상표, 앞의 책, 36쪽.

가축들은 이러한 방식으로 사육되는 한 살아 있는 것 자체가 고통의 순간들이야. 이렇게 고통받는 가축들로 이루어지는 공장식 축산에서 가장 많은 이익을 보는 사람은 누굴까? 축산업자가 돈을 가장 많이 벌 것 같니? 아니야, 축산업자들은 돈을 많이 벌지 못한단다. 큰 빚을 내서 양돈장이나 양계장을 만들고 병아리나 어린 돼지를 구입해 사료를 사다 먹이고 키워 팔아도 이것 저것 제하고 나면 남는 것은 그리 많지 않아. 생산자의 몫 중 상당수가 사료 값으로 지불되거든. 축산물의 소비자 가격 중 30~40% 가량만이 생산자의 몫이고 나머지 60~70%는 가축을 수집·도축·가공·유통하는 기업의 몫이야.박상표, 앞의 책, 70쪽.

이렇듯 공장식 축산은 가축은 말할 것도 없고 관련 종사자들에게도 그다지 유익하지 못해. 축산 공장에서 일하는 노동자들 또한 열악한 환경에서 저임금에 시달리고 있고, 잦은 산재로 높은 이직률을 보이고 있단다. 일부 육가공 공장은 한 달 만에 무려 43퍼센트의 전직률을 보이는 곳도 있을 정도야.제레미 리프킨,《육식의 종말》, 신현승 역, 시공사, 2002, 153쪽.

그렇다면 소비자에게는 어떨까? 앞에서도 이야기했듯이 공장식 축산으로 사육되는 가축들은 만성적인 스트레스와 질병으로 항생제를 일상적으로 급여받아. 이 항생제는 내성의 문제를 야기하고 이것은 사람들에게도 영향을 끼치지. 또 더 많은 우유를 얻기 위해 가축에게 투여되는 호르몬제는 그것을 마시는 어린아이들의 체형도 변화시킨단다. 게다가 과도한 육식은 많은 사람들을 살찌게 해. 비만은 심혈관계 질환, 당뇨병, 암, 근골격계 이상 등의 원인이잖아. 또 공장식 축산은 지구의 환경을 파괴시킨단다. 지금 이 시간에도 열대림은 공장식 축산을 위한 옥수수와 대두를 키우기 위하여 벌목되어 사라지고 있어. 양돈장이나 목장에서 흘러나오는 폐수는 주변 땅과 하천을 오염시키고 있고.

또 공장식 축산을 인간의 관점에서가 아니라 동물의 관점에서 생각해보는 것도 의미가 있을 거야. 공장식 축산은 최대의 이윤을 얻기 위해 좁은 공간에 가축들을 키우기 때문에 가축들은 살아 있는 동안 계속 고통을 받지. 또 몸을 충분히 움직일 수 없는 좁은 공간이기 때문에 스트레스는 누적되고 면역력은 떨어질 수밖에 없지. 이렇게 면역력이 떨어진 동물들은 전염병에 취약할 수밖에 없어.

2010년 11월 안성에서 발생한 구제역 사태로 인해 전국적으로 350여만 마리의 가축을 살처분해서 매몰했어. 같은 기간 구제역 사태에 가려 알려지지 않았지만 조류독감으로 550여만 마리의 닭과 오리를 생매장했단다.

이러한 가축 전염병 사태가 발생했을 때 실제로 전염병에 걸려서 살처분된 가축은 5%도 되지 않아. 거의 대부분은 단지 전염병 발생 지역에서 가까운 지역에 살았다는 이유만으로 살처분되는 거야. 이것을 예방적 살처분이라고 해.

이렇게 많은 수의 동물이 살처분되면서 많은 문제들이 발생했단다. 방역에 동원된 공무원이 과로로 인하여 숨을 거두기도 했고, 동물을 매립하는 과정 중에 여러 사람이 다쳤어. 또 수백 마리의 살아 있는 가축을 생매장하는 작업에 동원된 사람들은 동물들이 생매장되면서 울부짖는 울음소리와 눈빛이 기억에 남아서 고통스럽다며 외상 후 스트레스 장애(PTSD : post traumatic stress disorder) 증상을 호소했어. 가축을 자식과 같은 마음으로 키우던 사람들 중에는 생매장당하던 가축들이 울부짖던 참상을 생각하며 다시 가축을 키우지 못하게 된 이도 생겼어. 또 매장된 동물들에서 나온 침출수가 주변 농지나 지하수로 흘러들어가는 등 2차 환경 오염 문제도 일으켰단다. 하지만 구제역이나 조류독감과 관련된 많은 뉴스에서 간과한 것이 있어. 그것은 구제역 발생으로 인하여 입게 되는 경제적인 손실과 인명 손상 등 인간 위주의 접근만 있었을 뿐 산 채로 생매장당한 동물의 생명에 대해서는 간과했다는 점이야. 가축도 하나의 살아 숨 쉬는 생명이잖아. 생명에 대한 여러 가지 이야기들이 있는데 사람들은 '생명은 단순한 도구적 가치 이상의 자기 나름의 고유의 내재적 가치J. R. 데자르뎅, 《환경윤리》, 김명식 옮김, 자작나무, 1999, 230쪽.'를 지닌다고 이야기해. 생명은 어떤 용도로 쓰여지기 위한 수단이 아니라 그 자체가 목적이라는 이야기야.

2010년 구제역 사태 당시에 구제역이 의심되는 가축을 살처분한 것은 그렇게 해야만 우리 나라가 구제역 청정 국가 지위를 유지하여 가축을 수출할 수 있기 때문이었어. 그런데 나중에 살펴보니 수출로 벌어들일 수 있는 수입액은 연간 20억 원에 지나지 않았지. 20억 원을 벌겠다고 약 3조 원의 보상비와 매몰비를 들여서 300만 마리의 가축을 생매장한 거야.김동광, "우리에게 구제역은 무엇인가?", 민주 사회와 정책 연구 20, 2011, 25쪽. 어처구니 없는 일이지. 그렇게 살처분하던 정책은 결국 확산되는 구제역을 막을 수 없어서 구제역 청정 국가 지위를 포기하고 예방 백신을 하기로 하면서 마무리되었어.

여기에서 우리가 경제적인 이익만을 생각할 것이 아니라 가축을 생명으로 생각했다면 어땠을까? 생명은 소중한 거니까 생명을 살릴 수 있는 측면에서 방법을 모색했다면 많은 것이 달라졌을 거야. 처음부터 구제역 예방 백신을 한 경우 구제역 청정 국가 지위는 잃겠지만 300만 마리의 가축을 생매장 할 필요도 없었고 3조 원에 달하는 막대한 수습 비용도 소모되지 않았을 테니까. 그런데 아쉽게도 우리는 가축을 생명으로서 고려하지 않았어. 그냥 돈벌이 수단이나 단백질 공급원으로만 생각했지. 우리가 생명인 가축을 이렇게 대하는 것이 바람직한 것일까?

읽을 거리

가축이 행복해야 인간이 건강하다
박상표 지음 | 개마고원
　　2008년 미국산 광우병 사태가 발생했을 때 전문가로서 언론을 통해 미국산 소고기의 위험성을 알렸고, 또 2010년 구제역 사태 때에도 구제역 문제에 대하여 이야기했던 저자가 우리의 과도한 육식과 관련된 문제들을 정리하였다. 공장식 축산으로 고통받는 동물들의 삶이나 그것이 환경에 미치는 영향, 그리고 먹는 것과 관련된 우리 건강의 문제들 등 결국 공장식 축산으로 인한 많은 문제들을 현실감 있게 느끼게 해준다.

동물을 먹는다는 것에 대하여

조너선 사프란 포어 지음 | 송은주 옮김 | 민음사

공장식 축산과 연관된 축산업 종사자, 동물 권리 보호 운동가, 채식주의자, 도축업자 등 다양한 입장의 사람들을 인터뷰하여 공장식 축산을 분석했다. 동물 권리 문제부터 경제, 보건, 환경 문제까지 공장식 축산을 둘러싼 여러 문제를 다루며 이러한 문제를 어떻게 극복할 것인가를 묻는다.

동물 권리 선언

마크 베코프 지음 | 윤성호 옮김 | 미래의창

콜로라도대학교 생태학, 진화생물학 명예 교수인 저자는 인간에 의해서 가혹하게 착취당하는 동물들의 문제들을 보여주고 있다. 실효성 없이 이루어지고 있는 동물 실험의 문제, 생태계를 파괴하고 있는 지나친 육식의 문제, 무자비한 공장식 축산의 현실, 야생 동물을 대하는 인간의 태도, 동물원과 서커스에 동원되는 동물의 문제 등등 동물 보호 운동 단체들이 해결하려고 하는 다양한 문제들을 다룬다.

2
탐욕과 오만의 동물 실험
멈추어야 한다

아빠, 동물 실험 때문에 의학이 발전할 수 있었던 것 아닌가요?

"당신은 누구를 살리겠는가, 한 명의 심장 질환을 앓는 푸른 아기인가? 아니면 한 마리 갈색 개인가?"

리수야, 너라면 이 질문에 어떻게 하겠니?

대부분의 사람들은 당연히 갈색 개도 살리면 좋겠지만, 그보다 아이를 먼저 살려야 하기 때문에 동물 실험은 불가피하다고 생각할거야. 분명한 것은 지금까지 우리는 의학의 발달과 동물 실험의 실체에 대해 너무 모르고 또 왜곡된 지식을 주입받아 왔다는 사실이야.

사람들은 동물 실험을 바탕으로 오늘날의 의학이 발달해왔다고 생각해. 하지만 사실은 그렇지 않아. 의학사를 살펴보면 의학이 어떻게 발달해왔는지 알 수 있지. 고대 그리스의 의사인 히포크라테스는 특정 질병이 어떤 증세로 나타나고, 누가 그 병에 잘 걸리는가의 관점에서 충분히 관찰한다면 관찰만으로도 질병의 진행 과정을 예견할 수 있다고 가르쳤어. 환자를 잘 관찰하면 병을 더 잘 알 수 있다는 이야기야. 하지만 갈레노스는 히포크라

테스의 생각과 달랐어. 이것은 그 당시 인간의 시체 해부를 금지하는 로마 주교와 교회 의정서의 존재와 무관하지 않아.레이 그릭, 진 스윙글 그릭,《탐욕과 오만의 동물 실험》, 김익현, 안기홍 역, 다른세상, 2005, 34쪽. 갈레노스는 사람을 해부하여 연구하는 대신 염소, 돼지, 원숭이를 해부하여 생체 해부의 시조가 되었으며, 동물에서 관찰한 생리학적 자료를 무리하게 인간과 연관지었어. 시체 해부 금지 속에서 행해진 갈레노스의 연구는 그 자체로 위대한 업적이 되었고 후학들로 하여금 인체를 공부하기보다 열심히 동물 해부를 하게 했단다. 이는 인체 연구를 지연시켰다는 점에서 수세기 동안 의학을 정체시킨 셈이기도 해.레이 그릭, 진 스윙글 그릭, 앞의 책, 34쪽.

13세기에 이르러 몬디노 드루찌는 인체 해부를 기초로 최초의 인간 해부학 교과서를 발간했지만 남자와 여자의 갈비뼈 개수가 같다는 등 성경에 반하는 내용 때문에 적지 않은 탄압을 받았어.레이 그릭, 진 스윙글 그릭, 앞의 책, 35쪽. 시간이 흐르면서 드루찌의 이론이 옳다고 검증되었고, 시체 해부는 유럽 대학의 커리큘럼에 포함되는 쪽으로 바뀌었지. 시체 해부 덕분에 오늘날 우리가 알고 있는 인체에 관한 많은 사실이 드러났고 질병이 확인되었으며 치료법이 발전했지. 또 치료상의 과실이 교정되었단다.

하지만 19세기 중반, 끌로드 베르나는 많은 동물들을 사용함으로써 보다 편리하게 연구를 할 수 있다고 다시 동물 실험을 부추겼어. 이후 1937년에 일어난 단 하나의 사건이 미국에서 약물에 대한 동물 실험을 관례화하는 데 결정적인 역할을 했지. 당시 사람들은 새로운 설파계 항생제로 설파닐 아미드라는 특효약을 복용했는데, 이로 인해 107명의 사람이 죽은 거야. 곧이어 과학자들이 동물에게 이 약물을 시험했는데 동물 역시 죽었단다. 이 사례는 이후 모든 약물 검사에 동물 실험을 하도록 체계화하는 데 결정적 계기가 되었어.레이 그릭, 진 스윙글 그릭, 앞의 책, 65쪽.

당시에도 동물 실험에 대하여 유효성 논쟁이 있었는데, 탈리도마이드라는 약품을 둘러싼 예가 바로 그거야. 탈리도마이드는 아침에 발생하는 메스꺼움을 치료하기 위해 개발된 약인데, 입덧을 하는 산모들에게 효과를 보이면서 많은 산모들이 복용하였거든. 그런데 1956년 탈리도마이드의 문제가 보고되었어. 탈리도마이드를 복용한 산모들이 충격적인 기형아를 낳았던 거야. 기형아의 대부분은 팔다리가 제대로 발달되지 않았어. 기형의 발생 빈도가 증가함에 따라, 과학자들은 탈리도마이드로 인한 기형 발생을 다양한 동물에게서 재현하려고 했어. 인간에게는 탈리도마이드가 태반 생성을 방해하고, 극단적으로는 임신을 하지 못하게 하였지만 동물 실험에서는 탈리도마이드와 관련된 어떠한 문제도 나타나지 않았어. 그러자 탈리도마이드의 사용은 다시 허용되었고 리콜은 당연히 지연되었지. 1962년 탈리도마이드가 리콜되기 전까지 세계 각국에서 1만 명 이상의 신생아들이 불구로 태어났어. 연구자들은 3년 간 동물을 이용한 연구에서 아무런 문제가 없었기 때문에 자신들에게는 일체의 과오가 없다고 시종일관 주장했어.레이그릭, 진 스윙글 그릭, 앞의 책, 67~71쪽. 그럼 1만 명이 넘는 불구로 태어난 신생아들과 그 가족이 겪은 고통은 누가 책임을 져야 할까?

동물 실험을 옹호하는 과학자들은 동물과 인간이 유전적으로 비슷하기 때문에 동물 실험이 유효하다고 주장한단다. 하지만 인간과 동물 사이에 비슷한 점이 있다고 해도 인간과 동물은 전혀 다른 생물이야. 침팬지는 99퍼센트가 인간과 동일해.Nuffield Council on Bioethics, 《The ethics of research involving animals》, 2005, 65쪽. 하지만 중요한 것은 공통적으로 가지고 있는 수많은 염기쌍들이 아니라 공통적이지 않은 특유의 염기 서열과 염기쌍들이지. 99퍼센트가 비슷하기 때문에 침팬지도 인간처럼 두 눈이 있고 두 팔과 두 다리가 있고 외형이 비슷해. 하지만 1퍼센트의 차이로 침팬지는 침팬지이고 인간은 인간

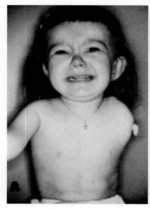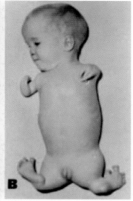

탈리도마이드에 의해 발생한 바다표범손발증(phocomelia). 탈리도마이드는 동물 실험에서는 아무 문제가 없었지만 임산부가 복용 후 1만 명이 넘는 기형아를 출산했다.

이야. 그 작은 차이는 외형뿐만 아니라 약물에 대한 반응도 다를 수밖에 없어. 소수의 다른 염기쌍이 동물에 따라 각기 다른 아미노산을 만들도록 하고 각기 다른 반응들을 보이도록 만들지. 동물 연구의 결과를 인간에게 적용할 수 없는 이유가 바로 이러한 차이 때문이야.

약물이 인간과 동물에서 다르게 작용하는 예는 너무나 많아. 아스피린은 진통 및 해열에 사용될 뿐만 아니라 뇌졸중, 심장 발작 및 다른 질병의 예방에도 사용되는 매우 유용한 약이야. 아스피린은 오늘날 미국에서 한 해 동안 290억 개나 팔리고 있어. 헌데 생쥐와 쥐에게는 선천적 기형을 일으키며, 고양이에게는 인간의 1회 복용량의 20퍼센트만 투약해도 광범위한 혈압 이상을 초래해.레이 그릭, 진 스윙글 그릭, 앞의 책, 113쪽.

또 인류가 질병으로부터 벗어나는 데 크나큰 기여를 한 약으로 항생제인 페니실린이 있잖아. 알렉산더 플레밍은 1929년 세균 배양 접시에서 페니실린이 박테리아를 죽인다는 걸 알아냈고 토끼를 대상으로 실험을 했어. 그러나 플레밍은 원하는 결과를 얻지 못했어. 토끼는 오줌으로 페니실린을 배설해버리기 때문이야. 그럼에도 불구하고 플레밍은 페니실린을 인체의 세균 감염에 적용하여 그 효과를 확인할 수 있었어. 만약 이 당시 인체 적용 전에 반드시 동물 실험을 해야 한다는 법규정이 있었다면 페니실린은 탄생할 수 없었을 거야. 플레밍은 "우리가 1940년대에 이러한 동물 실험을 하지 않았다는 것은 다행스러운 일이다. 그랬더라면 페니실린은 결코 허가를 받지 못했을 것이고, 항생물질학 전 분야가 주목받지 못했을 것이다."라고 회고했단다. 레이 그릭, 진 스윙글 그릭, 앞의 책, 118쪽. 만약 플레밍이 토끼가 아닌 기니피그나 시리아햄스터로 동물 실험을 해야 했다면 페니실린은 사용 허가를 받지 못했을 거야. 페니실린은 기니피그와 시리아햄스터를 죽이기 때문이지. 또 라식스로 불리며 이뇨제로 많이 사용되는 푸로세미드는 쥐나 햄스터의 간을 손상시키지만 사람은 그렇지 않거든. 이런 약물들도 동물 실험의 결과만을 보고 사용 허가를 내렸다면 사용할 수 없는 약이 되었을 거야.

이렇듯 동물 실험을 인간에 적용하는 데는 많은 문제가 야기되는데 이러한 사실을 과학자들은 몰랐을까? 페니실린으로 플레밍과 함께 노벨상을 수상한 체인 박사는 "약물과 관련된 어떠한 동물 실험도 모든 인식 가능한 조건들하에서 영장류를 포함한 몇몇 동물 종을 대상으로 수행했다 할지라도 이런 식으로 테스트된 약이 인간에게 동일한 반응을 보일 것이라고 보장할 수는 없다."고 했단다. 레이 그릭, 진 스윙글 그릭, 앞의 책, 119쪽. 이밖에도 많은 연구자들이 동물 실험의 결과를 인체에 적용하기에는 문제가 있다고 밝혔어. 그럼에도 불구하고 왜 동물 실험은 계속 진행되고 있을까?

그것은 동물 실험으로 엄청난 이익을 얻는 이들이 있기 때문이야. 동물 실험은 황금 알을 낳는 거위처럼 무한한 자금 조달의 원천이 되어주었거든. 동물 실험 관련 업계는 전 세계적으로 어림잡아 1000억 달러에서 1조 달러 사이의 수익을 올리는 것으로 추정돼. 제약 회사와 로비 집단, 과학자, 정부 관리, 관료들, 실험 동물 생산자들과 시설 생산자들이 실험 동물로 이익을 얻고 있어. 동물 사육업자들과 판매업자들, 실험 장비 생산업자들은 동물 실험에서 이익을 얻고, 자신들의 이익을 지키기 위해 로비스트들을 지지하고 있어. 동물 실험은 하나의 거대 산업이야. 임상 실험과 관련된 법은 동물 실험을 요구하고 정부 기관과 제약 회사, 자선 단체는 동물 실험에 자금을 대고 있어. 그래서 연구자들은 "쥐는 약물이 들어가면, 논문을 토해 내는 동물이다."라고 이야기한다는구나.레이 그릭, 진 스윙글 그릭, 앞의 책, 127쪽. 제약 회사들은 자연적인 물질이건 합성된 물질이건 치료 효과라는 측면에서 시장성이 있다고 판단되면 즉시 동물을 대상으로 실험하지. 그것은 새로운 약을 개발하기 위해 인체 실험을 하는 것보다 시간과 비용을 훨씬 절약해 주거든. 또 약물이 인체에 부작용을 일으켜도 동물 실험에서는 그런 결과가 나오지 않았다고 책임을 회피할 수 있는 수단을 제공해준다.

이렇게 동물 실험의 문제점들을 이야기하면, 비록 부작용이 있다 하더라도 동물 실험이 인류의 의학 발달에 많은 기여를 해왔고, 또 동물 실험을 하지 않으면 의학 연구는 어떻게 하냐는 반론이 제기되겠지. 사실 이 부분이 중요하단다. 동물 실험 찬성론자들은 동물 실험이 의학의 발전을 이끌었다고 하지만 실질적인 의학적인 발전은 임상에서 의사들이 환자를 관찰하고 역학을 조사하고 또 시체를 부검함으로써 이루어졌다는 점이야. 오늘날 대두되는 암이나 심혈관계 질환, AIDS 등 많은 부분에서 동물 실험은 인간의 질병 이해에 전혀 도움이 되지 않고 있거든. 오히려 인간의 질병 연구에 사용할 많은 예산을 동물의 질병을 연구하는 데 써버려서 정작 인간의 질병을 연구할 예산이 부족한 상태란다.

AIDS를 예로 들면, AIDS는 HIV(Human immunodeficiency virus, 인간 면역 결핍 바이러스)가 백혈구를 감염시켜 파괴함으로써 면역 체계를 붕괴시키는 질병이야. 과학자들은 AIDS가 침팬지로부터 유래된 질병이라며 침팬지를 연구했지. 수십 년에 걸쳐 수천 마리의 침팬지에게 HIV를 주입했지만, 전형적인 인간의 AIDS로 발전되는 침팬지를 만들어내지 못했어. 그러자 이 동물의 자연적 면역 체계를 방해하여 AIDS를 유발시키기 위해 갇혀 있는 침팬지에게 더 많은 면역 억제 약물, 바이러스 입자 그리고 돈을 쏟아부었는데도 침팬지를 인간 AIDS에 걸리게 하지는 못했어.레이 그릭, 진 스윙글 그릭, 앞의 책, 315쪽. 세계 어디에서도 침팬지는 AIDS 때문에 죽지 않았거든. AIDS는 인간의 질병이지 다른 동물의 질병이 아니었던 거야. 그러는 동안 많은 사람이 죽었고 과학자들은 임상 증상과 역학 속에서 AIDS에 관한 지식을 습득했어. 면역 체계의 비밀을 밝혀낸 것은 동물 연구가 아닌 인간 연구였던 거지. 아직까지도 AIDS는 백신도 없고, 치료법도 없어. 그 원인의 일부는 인간이 아닌 동물 실험으로 AIDS 연구 자금을 고갈시켰기 때문이기도 해.

이와 같이 우리는 동물 실험을 통하여 의학이 발달됐다고 생각하지만 사실은 의학의 발달은 역학을 비롯하여 환자인 인간을 연구하면서 밝혀지고 발전한 부분이 많아. 오히려 동물 실험에 막대한 실험비를 소모함으로 인하여 인간을 대상으로 한 실험비가 부족하여 의학의 발전을 저해한 측면도 있어. 오로지 동물 실험에 관여된 소수의 탐욕스러운 집단에게만 막대한 이익을 주고 있어. 그 비용은 온전히 우리가 지불한 세금으로 이루어진단다. 비단 비용 문제뿐만 아니라 그 과정에서 실험 동물에 쓰여지는 동물들이 받고 있는 극심한 고통도 간과해서는 안 되겠지.

읽을 거리

탐욕과 오만의 동물 실험

레이 그릭 · 진 스윙글 그릭 지음 | 김익현 · 안기홍 옮김 | 다른세상

동물 실험은 고통받는 환자를 위해 실질적인 이익은 별로 없지만 동물 실험으로 엄청 난 이익을 얻는 자들에 의해 홍보되고 합리화되면서 여전히 많은 비용을 소모하여 시행 되고 있다. 의사인 레이 그릭과 수의사인 진 스윙글 그릭 부부는 동물 실험의 역사와 문 제점들을 밝히고 있다.

가면을 쓴 과학 동물 실험

레이 그릭 · 진 스윙글 그릭 지음 | 윤미연 옮김 | 다른세상

저자들은 이 책을 통해 동물 실험은 비과학적일 뿐 아니라 동물은 인간의 질병을 연 구하는 데 부적절한 모델이라는 사실을 풍부한 사례를 통해 밝히고 있다. 또 의학의 진 보가 실제로 어떻게 이루어졌는지, 동물 실험을 통해 얻은 결과의 추론이 직간접적으로 과학자들을 어떻게 잘못된 방향으로 이끌어왔는지를 말하고 있다.

3
구경 거리가 되어버린
동물들

아빠, 활동 영역이 넓은 야생 동물들이 좁은 동물원 철장 안에 갇혀 지내면 병들지 않나요?

리수야, 인간에 의해 또 다른 형태로 고통받고 있는 동물들이 있어. 그 동물들은 바로 동물원에 있는 동물들이야. 동물원 쇠창살에 갇힌 동물들은 한결같이 생기 없는 눈으로 가만히 허공을 바라보거나 무료함을 어쩌지 못하고 우리 안을 왔다갔다하잖니? 아빠는 그러한 동물들을 바라보고 있으면 마음이 우울해져.

사람들은 왜 동물을 우리에 가두고 구경 거리로 삼는 것일까? 동물원은 단순히 동물을 구경하기 위한 용도뿐만 아니라 교육, 정서적 효과, 연구, 동물 보호 등의 목적을 가지고 있다고 해. 교육적 측면은 살아 있는 동물을 전시하여 시민이나 어린이와 청소년에게 동물에 대한 애호 사상을 보급하고, 정서적으로는 현대의 기계 문명과 물질 만능의 풍조에서 야생 동물을 통하여 시민들이 자연을 음미해보는 시간을 갖게 한다는 거야. 또 동물의 습성·생태·번식에 관해 연구하고 멸종 위기의 동물을 번식시켜 자연으로 돌려보냄으로써, 환경 파괴로 인해 멸종 위기에 놓인 동물을 보호하는 역할을 한다는 거지.

아무리 그렇다고 해도 동물을 좁은 울타리에 가두어 구경거리로 삼는 것이 바람직할까? 야생의 코끼리는 먹이를 찾아 또 자신의 건강을 위해서 하루 30~40킬로미터를 걸어다닌단다. 그런데 좁은 동물원에는 그렇게 걸어다닐 공간이 없어. 또 동물원의 콘크리트 바닥은 발바닥과 다리에 충격을 주기 때문에 지속적으로 발바닥 염증과 관절염을 유발하지. 코끼리는 무리를 지어 생활하면서 서로 간에 교류를 하고 심리적인 안정감을 찾는데, 어느 동물원에는 코끼리 한 마리만 좁은 울타리에 갇혀 있어. 북극곰도 먹이를 찾아 하루에 수십 킬로미터를 뛰어다니는 동물인데 좁은 울타리에 갇혀 할 일이 없다 보니 하루 종일 빙글빙글 돌기만 할 뿐이야. 이렇게 스트레스로 인해 무의미한 행동을 반복하는 것을 스테레오타이피(stereotypy), 즉 비정상적 반복 행위라고 해. 이런 행동은 할 일이 아무것도 없는 동물원 동물의 좌절감의 표시거든. 북극곰은 영하 40도까지 떨어지는 추위 속에서 살도록 적응되어졌지. 털은 이중모로 되어 있어 열을 빼앗기지 않도록 되어 있고 피하에 두툼한 지방이 있어 체온을 보호해. 이렇다보니 더운 여름날 동물원에 갇혀 있는 북극곰은 무더위로 인하여 활기를 잃어버릴 수밖에.

2012년 9월 6일 제주도에 있는 아쿠아 플라넷은 한동안 전시하고 있던 상어고래 한 마리를 제주 앞바다에 방사했어. 아쿠아 플라넷은 정치망에 걸려 올라온 두 마리의 상어고래를 개장에 맞추어 전시하고 있었는데, 한 마리가 폐사하면서 동물 보호 단체와 시민들의 문제 제기가 드세어지자 그것을 수용한 것이지. 상어고래는 37개월에 거쳐 1만 3,000킬로미터의 거리를 이동했다는 기록 외에도 소말리아에서 대만까지 5,000킬로미터, 호주에서 아시아까지 550킬로미터를 이동한 기록이 있어. 그만큼 넓은 공간을 생활 공간으로 하고 있는 동물이지. 그런 활동성이 강한 동물을 비좁은 수족관에 가두어놓으니 스트레스로 문제가 생길 수밖에.

동물원 좁은 울타리 안에 하루종일 갇혀 있는 북극곰.

　뉴스를 보면 동물원에서 곰이나 호랑이 새끼가 태어났다는 기사가 나오
잖아. 이와 같은 일련의 연구들이 환경 파괴로 멸종 위기에 있는 동물을 보
호하고 복원하는 역할을 한다는데 과연 그럴까? 그것은 생명과 환경에 대
한 연관 관계를 고려하지 않았기 때문에 하는 말이야. 어느 종이 멸종되는
이유는 근본적으로 그 종이 살고 있던 서식지가 파괴되었기 때문이거든.
이미 서식지가 파괴되고 없는데 종만 유지한다고 그 종을 복원할 수 있을
까? 보호생물학자들은 한 종이 멸종되지 않고 유전적으로 건강한 개체군을
유지하기 위해서는 50-500 법칙이 전제되어야 한다고 이야기해. 이것은 개
체수가 50 정도인 개체군은 짧은 기간 동안은 존속 가능할지 몰라도 먼 장
래까지 종을 건강하게 존속하려면 최소 500 이상의 개체군이 필요하다는
거야.에드워드 윌슨,《생명의 다양성》, 황현숙 역, 까치, 1995, 258쪽. 겨우 몇 마리 남은 종은
한정된 유전자로 짝을 지어 새끼를 낳을 수는 있지만 지속적으로 종을 유
지할 수는 없어. 그러므로 위기에 처한 종을 동물원에서 보존한다는 것은

40

제주도 아쿠아 플라넷에 전시되어 있던 고래상어. 두 마리 중 한 마리는 폐사하고 한 마리는 방류하였다.

애시당초 불가능한 일이지.

동물원은 동물이 인간과 다르게 생겼다는 이유로 구경 거리로 만든 곳이야. 나와 다르다고 해서 구경 거리로 만든 극단적인 예는 '인간 동물원'이란다. 1492년 신대륙을 탐험한 콜럼버스는 신대륙에서 데려온 6명의 아메리칸 인디언을 스페인 왕실 궁정에 전시하였어. 또 유럽 제국주의에 의해 식민지에서 유럽으로 끌려온 아프리카 원주민들도 전시장이나 동물원, 박람회장에서 그들의 전통이 아닌 식인종 흉내를 내기 위하여 인간 뼈를 갉아먹는 연기를 해야 했지. 이들은 전형적인 생활 모습을 보여주어야 한다며 벌거벗겨져 있었는데, 1908년에서 1912년까지 진행된 박람회 기간 동안 27명의 원주민들이 얼어 죽었어.

동물원에 갇혀 지내는 야생 동물도 자연 상태에서와 비슷한 모습으로 살 수 있어야 해. 그러려면 꼭 갖춰야 하는 것이 있어. 주위를 어슬렁거리며 탐험할 수 있고, 자유롭게 행동할 수 있는 넓은 공간이 필요하고, 콘크리트가 아닌 부드러운 흙으로 된 바닥, 사람들의 시선과 다른 동물로부터 도망쳐서 숨을 수 있는 혼자만의 공간이 있어야 한단다. 이런 요건을 충족시키려면 기본적으로 넓은 땅이 필요하겠지. 코끼리를 위해 우리가 할 수 있는 것은 그들을 소유하지 않고 그들이 살던 곳에 놓아두는 거야. 부득이 동물원에 가두어야 한다면 동물의 5대 자유인 목마름·영양 실조로부터의 자유, 불편함으로부터의 자유, 고통·부상·질병으로부터의 자유, 정상적인 행동을 표현할 수 있는 자유, 그리고 공포와 고통으로부터의 자유가 보장되어야 해. 그런데 현실은 그렇지 않아. 오늘날 지구상에는 열악한 상태의 길거리 동물원까지 포함하면 3만 개에 가까운 동물원이 있어. 이들 동물원 중에는 몸도 제대로 움직일 수 없는 좁은 울타리에 야생 동물을 가두어놓고 구경꾼들에게 관람료를 받는 곳도 있거든.

우리는 구경 거리로 전락한 동물을 생각할 때, 동물원에 갇혀 있는 동물들뿐만 아니라 또 다른 방식의 구경거리로 내몰린 동물들도 생각해봐야 해. 그것은 투견과 소싸움에 내몰린 동물들이야. 다행히 투견은 법에 의해 금지되었지만, 소싸움은 지금도 행해지고 있어.

동물 보호법 제7조는 다음과 같이 동물 학대를 금지하고 있단다.

동물 보호법 제7조(동물 학대 등의 금지)

2항. 누구든지 동물에 대하여 다음 각 호의 학대 행위를 하여서는 안 된다.
〈개정 2008. 2. 29〉

1. 도구 · 약물을 사용하여 상해를 입히는 행위. 다만, 질병의 예방이나 치료 등 농림수산식품부령이 정하는 경우를 제외한다.
2. 살아 있는 상태에서 동물의 신체를 손상하거나 체액을 채취하거나 체액을 채취하기 위한 장치를 설치하는 행위. 다만, 질병의 치료 및 동물 실험 등 농림수산식품부령이 정하는 경우를 제외한다.
3. 도박 · 광고 · 오락 · 유흥 등의 목적으로 동물에게 상해를 입히는 행위. 다만, 민속 경기 등 농림수산식품부령이 정하는 경우를 제외한다.
4. 그 밖에 수의학적 처치의 필요, 동물로 인한 사람의 생명 · 신체 · 재산의 피해 등 농림수산식품부령이 정하는 정당한 사유 없이 상해를 입히는 행위.

동물 보호법은 도박 · 광고 · 오락 · 유흥 등의 목적으로 동물에게 상해를 입히는 행위를 동물 학대로 규정하고 금지하고 있어. 소싸움은 명백히 도박 · 광고 · 오락 · 유흥 등의 목적으로 동물에게 상해를 입히는 행위거든. 그런데 그러한 행위를 금지해야 할 법의 하위 시행 규칙에 예외 조항을 두어 소싸움을 허용하고 있어. 동물 보호법 제7조 제2항 제3호의 "농림수산식품부령이 정하는 경우"란 시행 규칙 제9조 3항 법의 지방자치 단체장이 주관하는 민속 소싸움을 말한단다.

소는 선천적으로 유순한 동물이야. 짝짓기 할 암컷을 차지하기 위해서가 아니면 서로 싸울 일이 없는 동물이지. 그런 소들을 인간의 자극적인 욕구를 충족시키기 위해 싸움을 시키고 있어. 동물 보호법은 인간의 그러한 과도한 욕구로부터 동물들을 보호하고자 하는 취지에서 만들어진 것인데 법에서 그러한 행위를 허용하고 있는 셈이지.

소싸움을 시키는 사람들은 선천적으로 유순한 동물에게 싸움을 시키기 위해 콘크리트로 속을 채운 타이어를 끌게 하는 등 과격한 운동을 시킨단

청도 소싸움.

다. 또 영양을 보충시킨다며 초식 동물인 소에게 뱀탕과 보신탕을 먹이기
도 하고. 경기장에 나온 소 중에는 상대 소와 싸울 의사가 전혀 없어 주위를
맴돌다가 바로 실격 처리되는 소들도 있어. 소싸움의 진행은 매우 단순하
단다. 두 마리의 소가 경기장으로 들어오면 진행자는 두 소의 이마를 맞붙
여. 머리를 맞댄 소들은 상대 소를 이마로 밀어붙이지. 소싸움은 짧게는 몇
분 만에 끝나기도 하지만 한 시간 가까이 진행되는 경우도 있어. 그 사이 약
간의 액션이 있기도 해. 그런 액션을 밀치기, 머리치기, 들치기, 목치기, 옆
치기, 뿔걸이, 뿔치기 등의 기술이라고 부르지만 일반인이 보기에는 머리
로 밀다가 약간 자세를 바꾸는 정도로밖에는 안 보이거든. 관람객의 지루
함을 덜기 위하여 사회자는 여러 용어를 사용하며 이런 저런 추임새를 넣
지. 그렇게 600kg 가량 되는 거대한 몸무게를 머리에 실어 상대의 이마를
밀어붙이니 시간이 흐르는 사이에 두 소의 이마는 피로 물들어. 결국 힘이
빠진 소는 침을 흘리고 오줌과 생똥을 싸며 줄행랑을 놓지. 하지만 이긴 소
나 진 소나 지치긴 마찬가지야. 애시당초 소싸움은 그들이 원한 싸움이 아

니었거든. 기진맥진한 소들은 긴 혀를 늘어뜨리고 이마를 피로 물들인 채 경기장을 빠져나간단다.

동물 보호법은 사람의 호기심이나 이익을 위해서 동물을 도박이나 오락의 도구로 삼는 것을 금지하고 동물의 본능을 존중하고 보호하기 위해서 제정되었어. 그렇다면 당연히 소싸움은 동물 보호법에 의해 금지되어져야 하잖아. 그런데 소싸움은 지역 단체의 이해 관계와 맞아떨어짐으로써 양성화되고 있는 모양새야. 지역 활성화를 위해 지방자치 단체가 다양한 방안을 모색하는 것은 긍정적이지만 지역과 인간의 이익을 위하여 다른 생명체를 이용하는 것은 지양되어야만 해. 2012년 스페인은 세계적인 관광 상품으로 알려진 투우를 전면적으로 금지시켰단다. 투우를 보기 위하여 전 세계에서 스페인을 찾는 관광객이 적지 않아 막대한 경제적 이익이 눈앞에 있음에도 불구하고 동물 학대 논란으로 결국은 투우를 금지시켰지. 지역 경제 활성화는 생명의 고통을 담보로 하는 자극적인 방식이 아닌 다른 방식으로 이루어져야 하지 않을까?

읽을 거리

동물원 동물은 행복할까?
로브 레이들로 지음 | 박성실 옮김 | 책공장더불어

저자는 캐나다의 야생동물 보호단체인 Zoocheck Canada를 설립한 생물학자이자 열성적인 자연 보호 활동가로, 동물원에 살고 있는 동물들의 삶과 동물원의 문제점, 그리고 미래의 동물원과 야생 동물을 위해 우리가 할 수 있는 일들을 이야기한다.

4
인간의 동물에 대한 폭력과 착취는
윤리적일까

아빠, 인간이 동물을 지배하는 것은 당연하지 않나요?

리수야, 인류사에는 과거로부터 현재까지 수많은 불평등과 차별, 폭력과 수탈, 그리고 착취가 있었단다. 이러한 불평등과 폭력과 착취는 너무나도 많은 영역에 걸쳐서 이루어졌고 지금도 현재 진행형이지. 유럽인들의 신대륙 원주민 말살 정책, 백인들의 흑인 노예 제도, 제국주의의 식민지 수탈, 중국의 티벳을 포함한 소수 민족 차별 정책, 자본의 노동 착취, 남성들의 여성 차별, 제3세계에서 벌어지는 심각한 아동 착취, 인도 등에서 아직도 변하지 않는 계급 제도 등등 이루 헤아릴 수가 없어. 하지만 이런 많은 문제들은 노예 해방 운동, 여성 해방 운동, 티벳 해방 운동, 노동 해방 운동 등 차별을 개선시키려는 노력이 끊임없이 있었고, 그러한 노력으로 그나마 조금씩 개선되어지고 있단다.

하지만 끊임없이 이루어졌고 갈수록 더욱 더 폭력과 착취가 심각해지고 있지만 전혀 해결될 기미가 보이지 않는 영역이 있어. 그것은 인간의 동물에 대한 폭력과 착취야. 다른 영역과 달리 피해를 당하는 동물들이 스스로를 변호하거나 지킬 수 있는 힘이 없기 때문이지. 한 집단이 억압에 대항하고 조직을 이루는 능력이 떨어질수록 그 집단은 그만큼 쉽게 착취당하게 돼. 또 인종 차별을 당하거나 노동 착취를 당하거나 성 차별을 당하던 사람들을 포함하여 대다수의 사람들이 동물에 대해서는 공통적으로 이익을 얻는 가해자가 되기 때문에 자신의 이익을 위하여 다른 생명이 착취당하는 것에 대하여 외면하거나 자신의 이익 실현을 위하여 적극 가담하게 되지.

우리가 동물을 인간의 이익을 위하여 착취하는 것은 합당한 것일까? 그 근거는 무엇일까? 제레미 벤담은 《도덕과 입법의 원리 서설》에서 "문제는 그들이 이성적 사고를 할 수 있는가가 아니다. 또한 그들이 이야기할 수 있는가도 아니다. 문제는 그들이 고통을 느낄 수 있는가이다."라며 동물에 대한 인간의 지배를 정당한 지배라기보다는 학정이라고 했어. 피터 싱어는 한 존재가 고통을 느낀다면 그와 같은 고통을 도덕적 고려의 대상에서 배제할 수 있는 도덕적인 논증은 있을 수 없다고 말했지. 때로 동물은 고통을 느끼지 못한다고 주장하는 사람도 있지만 동물이 고통을 느끼는 것은 명백한 사실이야. 우리 집 강아지 찌루도 물건에 부딪치면 깨갱거리면서 아파하잖아. 또 동물은 고통을 느끼는 정도가 다르므로 고통을 느끼는 정도에 따라 대우가 달라질 수 있다고 주장을 하는 사람도 있어. 이런 논리라면 고통에 대한 반응이 일반인들과 다른 정신이상자와 같은 사람은 동물처럼 대우하거나 착취해도 되는 것일까? 또 유색인종이나 여성, 아동, 소수 민족 등 학대받고 착취를 당하는 약자들에 대하여 그들의 권리를 주장하고 그들이 속박에서 해방되기를 바라는 것은 그들이 인간이기 때문이고 동물은 인간과 종이 다르기 때문에 인간이 동물을 이용하는 것이 당연하다고 주장하는 사람들도 많아. 피터 싱어는 이렇게 종이 다르다는 이유로 동물을 착취하는 것에 찬성하는 이들을 '종차별주의자'라고 불렀어.피터 싱어,《동물해방》, 김성한 역, 인간사랑, 1999, 58쪽.

종차별주의자들은 다양한 논리로 자신들의 종차별을 합리화하곤 해. 신에 의해서 인간이 다른 종을 이용할 수 있는 권리를 부여받았다고도 주장하고, 어떤 이들은 강한 종이 약한 종을 지배하고 이용하는 것은 자연의 섭리라고 주장하기도 해. 하지만 자신의 우월하고 강한 힘을 바탕으로 약한자를 지배하고 착취하는 것이 당연하다고 한다면, 자본가가 노동자를 착취하는 것이나 남성이 여성을 차별하는 것, 군부 독재가 민중을 압제하는 것, 성인이 아동을 착취하는 것 또한 용인되어져야 하잖아. 또 스스로 우월한 종족이라고 믿는 백인이 흑인을 노예처럼 부리는 것도 용인되어져야 하고. 만약 용인되어져서는 안 된다고 한다면 모든 경우에 공통적으로 적용되어질 수 있는 근거를 제시해야만 하거든. 인간이 동물을 대하는 방식이 인간과 동물은 종이 다르기 때문이라고 이야기하면 그것은 결국 스스로 종차별주의자임을 내세우는 것 그 이상도 이하도 아니야.

또 톰 레건은 동물은 고유의 가치를 갖는 존재들이기 때문에 사람들의 이익이나 욕구, 사용 가치 등으로 평가해서는 안 된다고 주장했단다. 즉 고유의 가치는 스스로 자기 안에서 갖는 가치이며 그것은 다른 것에 의해 어떻게 사용되는가에 의해 결정되는 도구적 가치와 대비되는 것으로 그 자체가 목적이라는 거지. J.R.데자르뎅, 《환경윤리》, 김명식 역, 자작나무, 1999, 197쪽.

동물에 대해 차별하는 시각을 극복한 톰 레건이나 생명 중심적인 생명관은 우리에게 많은 것을 생각하게 해준단다. 생명 중심적 생명관은 모든 생명체는 내재적 가치를 가진다고 보는 생명관이야. J.R.데자르뎅, 앞의 책, 223쪽. 생명체의 목적은 성장, 발전, 생존, 번식이며, 생명은 이러한 목적을 향하고 있어. 생명체는 살아 있는 존재로서 방향, 목표를 갖기 때문에 그 자체로 고유의 선을 가지거든. 그래서 폴 테일러는 어떤 존재가 고유의 선을 갖고 또 내재적 가치를 갖는다면 그 생명의 내재적 가치를 인정하는 것이 '궁극적인 도덕적 태도(ultimate moral attitude)'라고 말했단다.J.R.데자르뎅, 앞의 책, 232쪽.

읽을 거리

동물 해방

피터 싱어 지음 | 김성한 옮김 | 인간사랑

저자는 인간의 동물에 대한 심각한 착취를 여러 관점에서 심도 깊게 다루었다. 레이첼 카슨의 《침묵의 봄》이 환경 운동을 꽃 피웠듯이 이 책은 세계적으로 동물 해방 운동의 성전(聖典)이라고 일컬어진다. 인간의 동물에 대한 차별과 착취가 용인될 수 있는가에 대한 도덕적 철학적 논의와 그다지 실질적인 이득도 없으면서 자행되는 동물 실험, 그리고 농장에서 동물들이 얼마나 처참하게 사육되는지 다루고 있다. 그리고 인류의 건강과 미래를 위한 대안으로 채식주의에 대해 이야기한다.

5
위기의 반려 동물들

아빠, 사람들은 왜 키우던 동물을 버려요?

리수야, 예전에는 집 안에서 키우는 동물을 애완 동물이라고 불렀는데 요즘은 그 호칭이 반려 동물이라는 말로 바뀌고 있어. 그 차이가 뭔지 아니? 사전을 찾아보면 두 단어는 다음과 같이 설명되어 있단다.

애완 [愛玩][명사] 동물이나 물품 따위를 좋아하여 가까이 두고 귀여워하거나 즐김
반려 [伴侶][명사] 짝이 되는 동무

애완과 반려, 두 단어 사이에 가장 명확한 차이는 주체(主體)와 관계의 문제란다. 애완은 주체가 사람이야. 사람이 행위의 주체가 되어 동물을 좋아하고 동물은 그저 대상일 뿐이지. 사람이 좋아하면 데리고 있고 싫어지면 버리는 그런 물체일 뿐인 거야. 반면에 반려는 사람과 동물 모두가 주체로서 서로가 동등한 입장에서 만나 관계를 갖는 거지. 흔히 부부를 인생의 반려자라고 하잖아. 그것은 누가 누구에게 종속되어지는 것이 아닌 동등한

입장에서 서로 의지하며 삶을 살아가는 것을 의미하기 때문이야.

그런데 이러한 호칭이 왜 오늘날 변화된 것일까? 그것은 동물이라는 생명을 바라보는 사람들의 시각이 변화되고 있기 때문이야. 전에는 동물을 그저 사람의 욕구를 해소하기 위한 수단으로만 여겼어. 데리고 놀든 타고 다니든 아니면 잡아먹든 그것은 사람의 필요에 의해서일 뿐 필요가 없어지면 쓸모없는 것으로 치부되었지. 오늘날 인간 사회의 수많은 문제 중에 대두된 것 중 하나가 생명의 문제야. 도대체 생명이라는 것을 어떻게 바라볼 것인가 하는 부분이지. 그중에서도 심각하게 문제 제기된 것이 생명을 인간 중심으로 판단해버리는 인간 중심적 생명관이야. 세상의 모든 생명을 인간의 필요성에 따라 판단하고 소용 있는 것과 소용 없는 것으로 나눔으로써 있어야 할 것과 없어져야 할 것으로 구분해버리는 거지. 하지만 이러한 인간 중심적 생명관은 많은 문제를 발생시켰어.

자연의 생명들은 나름의 존재 의미를 가지며, 생태계는 수많은 생명들의 건강한 관계 속에 온전한 모습을 유지한단다. 그것에서 나오는 것이 '생명권'과 '동물권'이라는 가치야. '인권'이란 그 사람이 잘났든 못났든, 남자든 여자든, 어린이든 어른이든, 흑인이든 백인이든 그것과 상관없이 존중받을 권리를 지니는 것처럼, 생명은 인간의 이해 관계와 상관없이 그 자체로 침해할 수 없는 존엄한 권리인 생명권을 갖는다는 것이지. 이러한 생명권에 대한 생각은 갈수록 확산되어지고 있어.

이렇게 생명권이라는 인식을 바탕으로 하여 집에서 기르는 애완 동물이 단지 인간 중심적인 시각에서 벗어나 인간과 함께 살아가는 동물로 인식이 변화했지. 그러한 생각의 변화에 따라 함께 살아가는 동물에 대해 반려 동물이라고 호칭도 변한 거야. 이 모든 것이 생명에 대한 고민이 확장된 결과라고 할 수 있겠지. 이렇게 동물에 대한 인식도 변화되고 호칭도 변했으니 반려 동물들이 사람들과 행복하게 살아야 할 텐데, 현실은 그렇지 못해.

동물병원에 오는 손님 중에 토이라는 개가 있었어. 토이는 12살 된 푸들 암컷으로 몸무게가 1.8킬로그램인 작은 푸들 종이야. 어느 날 토이를 키우는 할머니가 눈물 젖은 목소리로 토이를 안락사시킬 수 없냐고 하는 거야. 무슨 일이 있는 것일까? 토이는 노부부가 자식을 모두 출가시키고 말동무 삼아서 키우던 개였거든. 할머니의 아들네가 얼마 있으면 아기를 낳는데, 아들 내외가 맞벌이를 하니 할머니에게 아기를 돌봐달라고 하면서 산부인과에서 개는 아기의 호흡기를 약화시키거나 알러지를 유발할 수 있으니 치우라고 했다는 거야. 산모는 아기에 관해서는 모든 것에 민감할 수밖에 없거든. 토이는 건강 관리가 잘 되어 있고 털도 안 날리니까 별 문제 없을 거라고 해도 안 된다는 거야. 마지막에는 아들이 와서 개가 중요하냐 아기가 중요하냐고 하도 다그쳐서 어쩔 수 없이 어디 보낼 곳을 찾는데, 나이든 개를 맡아줄 사람을 찾는다는 것이 쉬운 일이 아니야. 이러지도 못하고 저러지도 못하여 결국은 안락사까지 생각하게 된 거지.

동물병원에 있다 보면 임신 때문에 개를 키우지 못하게 되었다며 어디 보낼 곳이 없냐는 전화를 자주 받아. 어느 날은 하루에 세 통이나 전화 문의를 받은 적도 있어. 외국에서는 임신하는 경우 아기의 건강과 안전을 위하여 반려 동물을 어떻게 관리해야 하는지 좀 더 신경쓰고 준비할 뿐인데 말이야. 무엇이 이토록 임산부에게 반려견을 버리도록 강요하는 것일까?

2010년 영국의 맨체스터에서 어린 소녀 에이미가 놀이터에서 논 직후 발생한 안구봉와직염으로 인하여 실명하고 안구 적출까지 하게 되었다는 BBC의 보도가 있었어. 놀이터에서 아이의 눈에 개회충이 들어가서 그렇게 되었다고 말이야. 그런데 이 보도에는 개회충이라고 판단할 만한 의학적인 근거나 주치의 인터뷰는 없었어. 개회충은 섭취에 의해서만 인체로 유입되

아침에 출근하면 간혹 개를 박스에 넣어 동물병원 앞에 버리고 가는 경우도 있다.

며, 직접 눈에 접촉한다고 감염되지는 않거든. 섭취한 개회충의 유충은 일단 먼저 간으로 가서 정착을 한 후 혈류를 타고 전신으로 옮겨가기 때문에 증상이 즉시 나타난다는 것은 불가능한 일이야. 또한 개회충 감염은 발열과 심한 염증을 보이지 않으며 당연히 항생제에 반응하지도 않아. 그런데 에이미는 항생제로 상태가 호전되었거든. 미국 겔프대학의 병리생물학과 스코트 위즈 교수는 이러한 이유로 에이미가 세균 감염에 의해 실명되었을 것이라고 추정했어. 그리고 여러 역학 조사에서도 사람이 개회충에 감염되는 경로는 개에 의한 것이 아니라 육회 등 익히지 않은 육류를 섭취하는 것이 원인이라고 밝혀졌단다. 그런데도 국내 언론은 개회충을 이야기할 때면 늘 '실명을 일으키는 개회충'이라는 말로 공포심을 유발한단다.

산모들이 아기와 동물을 같이 키울 수 없다고 생각하는 데에는 의사들의 역할이 컸다고 봐. 산부인과는 물론 소아과, 피부과, 내과 의사들도 애완동물은 아기에게 아토피를 유발시키므로 키우지 말라고 권하거든.

그러나 실제 연구 결과는 정반대의 결과를 보여주고 있단다. 2002년에 미국 조지아대학 의대 교수인 데니스 오운비 등이 〈미국의학협회지〉에 발표한 연구 결과에 따르면 1세 이전에 두 마리 이상의 개나 고양이와 일상적으로 접촉한 아이는 알러지 피부 검사 양성률이 15.4%로, 그렇지 않은 아이의 33.6%에 비해 현저히 낮아.권지형, 김보경, 《임신하면 왜 개, 고양이를 버릴까?》, 책공장더불어, 2010, 108쪽. 이외에도 반려 동물이 아이의 면역력을 높이고 아토피 발생을 줄여준다는 연구는 많단다.

리수야, 여기에서 우리가 생각해봐야 할 부분은 인간과 다른 생명들과의 관계 맺기야. 우리는 갈수록 다른 생명들을 접하기 힘들어지고 있어. 그나마 농촌은 산과 들에서 토끼나 뱀 또는 꿩, 청솔모 등도 보지만 도시에서는 비둘기 이외에 다른 동물을 보기가 힘들어. 이렇게 다른 동물을 보고 접할 기회가 사라지게 되면 그 생명들에 대해 친근감을 갖거나 이해를 하기 힘들고 오히려 두려움의 대상으로만 여기게 돼.

인간은 아무리 위대해 보여도 지구상의 수많은 생명이 없다면 살아갈 수 없어. 아무리 하찮게 보여도 그러한 동물이 사라지면 인간 또한 생존할 수 없단다. 그러기에 동물과의 공존은 인간이 다소 불편한 부분이 있다고 하더라도 선택의 여지가 없어. 지구상의 동물은 인간이 좀 불편하더라도 공존하는 방식을 익혀야 할 존재들인 것이지. 어떤 존재와 공존하는 방법을 익히는 것은 단지 머리로 이해한다고 되는 것이 아니야. 자주 접하고 부딪히면서 서로 다름을 인식하고 그러한 시간들 속에서 익숙해지는 거지. 어린아이들에게 인간이 공존하면서 살아가야 할 동물들과 친숙하게 할 수 있는 매개자로 반려 동물만한 것이 없어. 반려 동물과 함께 자란 아이들이 생명에 대해 긍정적인 태도를 보인다는 많은 연구결과도 있단다.세르주 치코티, 니콜라 게갱 ,《인간과 개, 고양이의 관계 심리학》, 이소영 역, 책공장더불어, 2012, 208~211쪽. 도시의 삶을 사는 어린이들은 자연의 생명을 접할 일이 드물어. 이런 아이들은 자연의 곤충이나 동물들이 징그러운 존재로밖에 인식되지 않지. 그런 환경에서 자란 아이들은 어른이 되어서도 자연의 동물들은 더럽고 혐오스러운 것이라고 생각하게 돼. 그렇게 자연의 생명들과 격리되어 자란 아이들에게 반려 동물은 자연의 동물들과 편하게 관계를 맺고 교감을 할 수 있는 징검다리 역할을 해줄 거야.

읽을 거리

임신하면 왜 개, 고양이를 버릴까?

권지형, 김보경 지음 | 책공장더불어

세계적으로 많은 반려 동물이 버려지고 있지만 우리나라처럼 임신, 육아에 대한 이유로 반려 동물이 버려지는 일은 드물다. 이 책은 우리나라만의 특이한 사회 현상에 대한 분석이자 아기와 반려 동물이 안전하고 평화롭게 공존하기 위한 실용 육아 지침서이다.

개, 고양이 자연주의 육아백과

리처드 H. 피케른, 수전 허블 피케른 지음 | 양현국, 양창윤 옮김 | 책공장더불어

저자는 홀리스틱적인 시각에서 음식, 사는 환경, 다른 생명체와의 사회적 상호관계, 약물 사용 등을 전체적으로 파악해서 동물의 흐트러진 몸의 균형을 되찾기 위한 조언을 해준다. 이 책은 반려 동물의 건강과 삶의 질에 관한 통념을 완전히 바꾸는 새로운 패러다임을 제공한다.

6
유기견 안락사 문제

아빠, 길 잃은 동물을 동물 구조대 보호소에 보내면 죽을 때까지 돌봐주나
요?

리수야, 의정부 녹양동에는 100마리가 넘는 개들을 키우는 할머니가 계
셔. 개를 좋아해서 몇 마리 키우기 시작했는데 거리에 돌아다니는 개들이
불쌍해서 데려오고, 또 주변의 사람들이 버리면 데려오다보니 20마리가 30
마리가 되고 30마리가 40마리가 되었는데, 개들끼리 짝짓기를 하여 어느
순간 100마리가 넘어버렸다고 하는구나.

또 아산의 천사원이라 불리는 유기견 보호소에서는 70세가 넘은 할머니
한 분이 혼자서 600여 마리의 개들을 데리고 있단다. 10년 전에는 52마리에
불과했대. 버려진 개들을 데려오기도 하고 또 데리고 있던 유기견끼리 짝
짓기를 하여 새끼를 낳다보니 지금은 600마리가 되었다는구나. 할머니 혼
자서 이 개들에게 사료를 주고 개똥을 치운다는 것은 불가능해. 그나마 자
원 봉사자들이 사료를 후원해주고 봉사 활동을 와서 개똥을 치워주기 때문
에 유지가 되고 있어. 그런데 장마철 폭우가 며칠 쏟아지기라도 하면 자원
봉사자의 발길이 끊기고 보호소는 진흙탕에 똥밭이 되어버린단다. 이처럼

아산 천사원의 유기견들.

열악한 환경에서 몇 백 마리씩 유기견을 데리고 있는 유기견 보호소는 사람들의 눈에 띄지 않는 곳에 여럿이 있어.

유기견들은 왜 이렇게 많을까? 말 그대로 사람들이 개를 너무 많이 버리기 때문이야. 사람들은 개를 너무 쉽게 사고 마음이 변하면 너무 쉽게 버리는 거지. 길거리에서 박스에 넣어 파는 강아지를 보고 그 눈빛이 너무 안쓰러워 충동적으로 강아지를 구입하기도 하고, 어린아이가 자꾸 강아지를 사달라고 조르기 때문에 어쩔 수 없이 구입하기도 해. 그런데 얼마 지나지 않아 아이의 관심이 떨어지면서 강아지는 천덕꾸러기가 된단다. 또 강아지 때에는 예뻤는데 큰 개가 되고 나니 귀여움은 사라지고 사료비, 미용비, 병원비도 만만치 않거든. 또 주인이 임신을 하거나 피부병이 생기면 병원에서 개를 키우지 말라고 이야기하는 것도 큰 요인 중에 하나야.

2002년 1만 5,958마리이던 유기 동물은 2012년에는 10만 마리 가까이 되어 여섯 배 이상 늘어났어. 사설 보호소나 로드킬 당하는 유기 동물들을 감안하면 한 해에 버려지는 개는 훨씬 많아. 지방자치단체는 길거리에 개가 돌아다닌다는 민원을 받으면 그 민원을 해결하기 위하여 길거리에 돌아다니는 개를 포획하여 동물 구조대로 보내. 지방자치단체와 계약을 맺은 동물 구조대는 그 개를 처리한 숫자만큼 비용을 받지. 한 마리 처리하는 데 드는 비용은 대략 10만 원 선이야. 지방자치단체는 유기견 민원이 발생하면 10만 원 가량을 지불하고서 그 민원을 구조대에 떠넘기지. 그리곤 끝이야.

한 해에 10만 마리의 유기 동물이 각지의 동물 구조대 보호소로 밀려들어오는데 보호소의 수용 시설은 한계가 있어. 대부분의 보호소들은 시설이 열악하거든. 보호소에 들어오기 전에 거리를 떠돌던 동물들은 영양 상태도 좋지 않고 다쳐 있거나 피부병에 걸려 있는 경우도 많아. 열악한 시설에 상태가 좋지 않은 개들이 들어오다보니 상태는 더욱 악화되고 다른 개들에게 병도 옮겨. 지방자치단체에서 유기 동물 한 마리에 배정한 예산 10여 만 원으로는 오랜 기간 치료하고 사료비를 부담하기에 턱없이 부족하지. 협소한 공간과 예산 문제로 유기 동물의 대부분은 안락사될 수밖에 없단다. 현행 동물 보호법상 유기 동물 보호소로 들어온 유기 동물은 10일 이내에 주인이 나타나지 않을 경우 유기 동물의 소유권이 시, 군, 자치구에 귀속되어 안락사 대상이 되어버린단다. 입양되면 가장 좋겠지만 입양률은 20~30퍼센트에 지나지 않아.

말이 좋아서 안락사지 솔직히 그렇게 죽임을 당하는 것이 안락사일까? 안락사의 정의는 한 생명의 이익을 위하여 의도적으로 편안하게 죽음에 이르게 하는 것이야.구영모, 《생명 의료 윤리》, 동녘, 2010, 133쪽. 하지만 현재 실시되고 있는 유기 동물의 안락사는 유기 동물을 위한 것도 아니고 편안하게 죽음을 맞게 하는 것도 아니야. 단지 개체수를 조절하기 위하여 고통스러운 과정으로 죽음을 맞게 하는 것이지. 그렇기 때문에 지금의 유기 동물을 다루는 방식은 안락사라고 부르기에는 합당하지 않아. 살처분이라고 부르는 것이 적당할거야. 살처분이라고 표현함으로써 살처분하는 당사자나 유기견 보호소, 그리고 지방자치단체의 관계자가 심리적으로 불편함이 있다면 그 불편함은 마땅히 감당해야 해. 어떻게 생명을 죽이면서 불편하지 않을 수 있어? 그 불편함을 견디지 못하겠다면 구조적으로 개선할 수 있는 방법을 모색해야겠지. 그리하여 생명을 죽여 없애는 방식은 반드시 개선되어져야만 해. 형편이 되지 않는데도 많은 유기견을 모아 키우는 사람들은 이렇게 보호소에 유기 동물이 들어가면 죽음을 당하기 때문에 자기들이 데려올 수밖에 없다고 이야기해.

유기견의 안락사나 열악한 보호소 문제를 해결하기 위해서는 유기견이 다량으로 발생하는 원인이 무엇인지 살펴보고 근본적인 해결을 위한 구조적인 시스템이 마련되어져야 해. 사람들이 쉽게 동물을 사서 쉽게 버리지 못하도록 각 지자체 별로 시행하고 있는 동물 등록제는 바람직한 방안이야. 또 애견 보호자의 교육과 허가제, 동물 판매업자 관리 강화, 인터넷상의 동물 판매 금지 등이 실시되어야 해. 지자체는 더 많은 예산을 확보하여 버려진 개들을 평생 돌볼 수 있는 보호소를 설립하여 관리하고 자원 봉사자들의 도움을 받아 유지하며 새로운 가족을 만날 수 있도록 입양 프로그램을 활성화시켜야 하겠지.

또 도시에 사는 동물로 길고양이가 있어. 예전에는 길고양이들이 음식물 쓰레기 봉투를 찢거나 밤새 울어서 시끄럽다며 민원을 넣으면 구청에서 잡아다가 동물 보호소에 보내기도 했어. 그런데 그런다고 문제가 해결되지는 않아. 고양이의 특성상 당장 문제를 일으킨 고양이를 눈앞에서 치운다고 하더라도 그 장소에는 금방 다른 고양이가 나타나서 채워지거든. 이런

아파트 주차장에 사는 고양이들은 민원으로 인하여 편안히 살 수가 없다.

식의 해결은 같은 문제를 반복되게 할 뿐이야.

고양이 문제를 해결하기 위해서는 고양이에 대한 약간의 이해가 필요해. 고양이는 무리를 짓는 동물이 아니고 저마다 자기의 영역을 갖고 사는 동물이어서 다른 고양이의 영역에 들어가는 것을 상당히 조심스러워하지. 반대로 낯선 고양이가 내 영역에 들어오면 상당히 공격적으로 반응한단다.

고양이는 일 년에 여러 번 발정을 해. 임신 기간은 60일 정도로 많은 경우 1년에 4~5번 정도 임신을 할 수 있어. 또 1회에 출산하는 아기고양이는 평균 4~5마리야. 이렇게 따지면 한 마리의 고양이가 일 년에 낳을 수 있는 아기고양이 수는 20마리 가량 된단다. 어린 고양이는 생후 1년 정도 되면 또 임신을 할 수 있으니, 그 수는 기하급수적으로 증가하지. 충분한 음식과 공간만 확보된다면 한 마리의 암고양이가 12년 동안 최대 3,200마리로 증가할 만큼 번식력이 뛰어나거든.

영국의 야생 동물학자인 로저 테이버는 실험 지역에서 기존의 야생 고양이 군락이 제거되면, 주변에 있는 개체군들이 먹이를 찾아 비어 있는 지

60

TNR을 하기 위해 포획되어 온 길고양이.

역으로 빠르게 유입되고 개체 수가 증가하게 된다는 것을 밝혀냈어. 이렇게 고양이가 다른 지역에서 빈 지역으로 들어오는 것을 '진공효과'라고 하는데, 그렇기 때문에 어느 지역의 고양이를 잡아서 안락사시키거나 다른 곳으로 보내는 것은 문제 해결에 전혀 도움이 되지 않아.

또 고양이를 매번 잡아서 안락사시키는 것은 생명을 경시하는 태도로 인도적인 차원에서도 문제가 돼. 이러한 문제를 해결할 수 있는 가장 현실적이면서도 합리적인 해결 방법은 TNR이란다. TNR은 고양이를 포획(Trap)하여 불임 수술(Neuter)을 한 후 다시 원래 살던 곳에 놓아주는 것(Return)을 말해. 이 TNR이 주는 이점은 첫째 발정을 하지 않게 되어 발정기에 나타나는 소음 공해를 일으키지 않지. 둘째 개체 수의 증가가 차단되어 먹이 부족으로 쓰레기 봉투를 뜯는 문제가 해결돼. 셋째 번식을 억제함으로써 일정한 개체 수 유지로 도시 생태계 구조가 안정되고, 넷째 원래 있던 고양이를 중성화 수술 후 살던 곳에 방사시킴으로써 다른 고양이가 유입되는 것을 방지할 수 있어. 다섯째 늘어나는 고양이와 그에 따른 민원의 해결을 위해 각 지자체가 지불하는 비용을 장기적인 측면에서 감소시킬 수 있단다. 그리고 가장 중요한 것은 살아 있는 생명을 인간의 편익만을 위하여 안락사시키는 반생명적인 행위를 중단할 수 있다는 거야. 장기적으로 보았을 때 길고양이의 개체 수 감소 효과가 확실한 방법이기도 해.

읽을 거리

유기 동물에 관한 슬픈 보고서
고다마 사에 지음 | 박소영 옮김 | 책공장더불어
저자는 일본의 유기 동물 보호소에서 살처분되는 개와 고양이의 눈빛을 사진에 담았다. 다른 어떤 말보다도 버려져서 며칠 지나지 않아 살처분 될 개와 고양이의 눈빛이 모든 것을 담고 있기 때문이다. 사진 속 유기 동물의 슬픈 눈동자를 보면서 그들의 슬픔과 고통을 느꼈으면 좋겠다.

7
생명인 동물에 대한
최소한의 예의는 무엇일까

아빠, 인간에게 이성과 의식이 있다는 이유만으로 동물을 마구 대해도 되는 걸까요?

리수야, 인간도 생명이고 또 동물들도 생명인데, 같은 생명으로서 인간이 다른 생명을 죽이는 것은 온당한 것일까? 생명이 생명을 오늘날과 같은 방식으로 죽이고 이용하는 것은 합당한 것일까? 이러한 질문은 우리를 불편하게 하지. 우리는 길가의 벌레조차도 되도록 밟지 않으려고 조심하거든. 그것은 우리가 생명으로서 생명에 대한 기본적인 연민을 갖고 있기 때문이야.

우리가 다른 생명을 죽일 때 불편함을 느끼는 것은 우리 시대만이 느끼는 건 아니란다. 오래된 신화를 보면 인류가 동물을 죽일 때 얼마나 불편함을 느꼈는지 알 수 있어. 일본 북부 섬의 원주민 아이누족은 산속에서 흑곰의 새끼를 데려다 2년 정도 키워. 어린 새끼 곰은 원주민들의 사랑과 보살핌을 받으며 자라지. 그리고 어느 정도 자라면 '곰 보내기'라는 축제를 통하여 곰을 잡아먹는단다. 아이누족은 이런 의식을 통해 곰의 영혼을 산속에 있는 그의 가족에게로 보내주었기 때문에 곰은 산속의 자기 가족에게 돌아가 산 아래의 인간을 칭찬할 것이라고 생각했어. 이런 의식은 곰을 죽이는 데 대한 불편한 마음과 곰에 대한 존중의 표현이지.

서양의 철학자들은 인간과 동물의 관계를 어떻게 생각했을까? 아리스토텔레스는 "자연이 불완전하거나 헛된 것을 전혀 만들지 않았다면, 자연은 사람을 위해 모든 동물을 만들었다고 추론해야 한다."고 했어. 데카르트는 "동물은 영혼이 없는 자동 인형"이라고 했다는구나. 그는 동물이 고통받을 때 소리를 지르는 것은 시계의 자동 인형이 춤을 추는 것과 같이 기계적인 반응일 뿐 영혼이 없으니 고통을 모르고, 따라서 동물을 이용하는 일에 일말의 가책을 가질 필요가 없다고 했어. 아리스토텔레스나 데카르트가 인간과 동물은 별개의 존재라는 것을 강조한 반면, 다윈은 지구의 다양한 종은 진화의 차이에 의해서 생기는 것일 뿐이라고 이야기했단다. 칸트는 인간이 동물에 대해서 윤리적 의무는 없지만 동물을 잔인하게 대한다면 인간 역시 잔인하게 될 거라고 했어. 또 공리주의자였던 제레미 벤담은 타자가 쾌락과 고통을 느낄 수 있는 한 우리에겐 그에 대한 의무가 있다고 주장했어. 따라서 동물은 고통을 느끼기 때문에 동물을 이익의 주체로 존중해야 할 의무가 있으며 학대를 해서는 안 된다고 주장했지.

사람들은 동물에 대한 자신의 행위를 합리화시키기 위하여 끝없이 인간과 동물의 차이를 강조해왔어. 특히 인간과 동물은 이성과 의식에 의해서 확연하게 구분된다고 말이지. 옥스퍼드대학교에서 과학과 종교의 관계를 연구하는 피터 해리슨은 신은 선한 것 이외의 것은 만들지 않았기 때문에 선하다고 볼 수 없는 동물의 고통이라는 것은 존재하지 않는 것이며 따라서 의식도 존재하지 않는다고 했어. 비교심리학자 고든 갤럽은 동물을 대상으로 자아의식을 가지고 있는지 거울 실험을 했단다. 동물이 거울에 비친 자기의 모습을 보고 자기로 인식하는지를 보는 것인데 그것은 나와 남을 구분하며 또 자기 이해의 근거가 되는 것이기 때문이야. 실험 결과 많은 침팬지는 실험에 통과했지만 대부분의 원숭이들은 실험에 통과하지 못했어. 이에 대해 마크 하우저는 이런 거울 실험에 대하여 거울을 통해서 자기를 인식하기 위해서는 거울 속 동물의 눈을 응시해야 하는데 원숭이들은 상대의 눈을 응시하는 것이 적대 행위이기 때문에 그런 행위를 하지 않는다고 반론했어.

피터 싱어에 따르면 동물은 의식이 부족하다거나 이성이 부족하다는 개념, 동물이 자신의 죽음을 인간에게 허락했다거나 신이 동물을 인간의 음식으로 주었다는 개념 등은 모두 '종차별적 이데올로기'의 위장일 뿐이라고 주장했어. 싱어는 성차별주의와 인종차별주의가 그랬던 것과 같은 방식으로 인간의 다른 종에 대한 편견과 오만의 종차별주의는 약자인 동물을 업신여기고 공정치 못하게 대한다는 점을 정확히 파악했단다. 사람들은 동물을 인간과 전혀 다른 존재라고 간주하며 너무 쉽게 음식으로 취급하는데 이러한 방식에 대하여 노벨상을 수상한 유대인 작가 아이작 싱어는 그의 단편 '편지 쓰는 사람'에서 "생명들에게 모든 인간은 나치다. 동물들에게 이곳은 영원한 나치 수용소다."라고 이야기했단다.

우리는 동물과의 관계에서 윤리적인 문제를 접하게 되면 불편해지곤 해. 그럼 우리는 동물을 어떻게 대해야 하는 것일까? 잔 카제즈는 동물의 권리를 주장하는 다른 학자들과는 다르게 동물과 인간은 완전히 평등한 존재는 아니라고 주장하고 있어. 잔 카제즈는 우리 스스로 동물에 대해 가지고 있는 편견을 버리는 것은 중요하지만 인간과 동물이 완전히 평등하며 따라서 모든 면에서 인간과 똑같이 대해야 한다고 주장하는 급진적인 평등주의도 경계해야 한다고 생각하는 학자야. 지구상의 다양한 생명 종은 저마다 다른 가치를 가지고 있는데, 우리가 고민해야 할 것은 어떻게 동물을 도와야 하는가가 아니라 동물을 어떻게 대해야 하는가야.

우리는 살아 있는 생명이기 때문에 불가피하게 생명을 유지하기 위해서 무엇인가를 먹어야 해. 생명 유지를 위하여 우리가 먹을 수 있는 것은 과일이나 채소, 버섯, 물고기, 닭, 돼지 등등 많은 종류가 있어. 거기에 식도락적인 차원까지 확장하면 곰발바닥이나 상어 지느러미 등 먹을 거리는 무한대로 늘어날거야. 그렇게 생각하면 우리 주변의 거의 모든 동물은 먹을 수 있는 존재겠지. 여기에 더해서 공장식 축산으로 먹을 거리는 폭발적으로 증가한 상태야.

이렇게 많은 동물들을 먹으면서 우리는 때로 불편한 도덕적 의문에 부딪히게 돼. 그것은 인간이 이렇게 다른 동물을 마구 잡아먹어도 되는가 하는 점이야. 물론 많은 사람들은 우리가 동물을 잡아먹는 것에 대하여 아무런 문제의식을 갖지 않을 수도 있어. 그것은 약육강식이라는 말로 표현되듯이 강한 동물이 약한 동물을 잡아먹는 것은 자연의 법칙이기 때문에 윤리적인 문제가 발생하지 않는다는 것이지. 그러나 정말 그럴까? 정말로 생명인 우리가 생명인 다른 동물을 잡아먹는 것에는 아무런 윤리적인 문제가 없는 걸까? 그럼 입장을 바꿔서 사자나 곰 또는 상어가 인간을 잡아먹는다면 그것도 문제가 없는 것일까? 문제가 있다면 어떤 기준으로 반론을 제기할 수 있을까? 반론을 제기하는 기준은 누구에게나 동일하게 적용되어져야 할거야. 만약 이런 반론의 근거가 단지 인간과 동물은 근본적으로 다르기 때문에 안 된다고 한다면 그는 어쩔 수 없이 종차별주의자가 되는 것이겠지. 그렇다면 무엇을 근거로 인간의 육식을 합리화할 수 있을까?

윤리적 행위의 첫 번째 기준점은 네가 대우받고 싶은 대로 남에게 행하라는 것이야. 자신의 생명이 소중하면 타인의 생명도 소중한 것이니까. 이 타인의 범주는 인간에게만 한정되는 것이 아니란다. 인간의 생명이 소중하면 다른 생명 또한 소중한 것이지. 이것은 모든 생명은 스스로를 위해서 존재하는 것이지 다른 생명의 수단으로 존재하는 것이 아니기 때문에 더욱 그렇지. 그렇다면 다른 생명을 잡아먹는 행위를 우리는 어떻게 받아들여야 할까? 다른 생명을 존중한다면 그 생명을 잡아먹어서는 안 되겠지. 말로는 존중한다고 하고 행위로는 생명을 파괴하는 행위를 한다면 그것은 이율 배반적인 행위가 되는 거니까. 그렇다고 다른 동물을 존중하느라 잡아먹지 않으면 내가 굶어죽는 상황에 있다면 그 동물을 존중하느라고 내가 죽는 상황이 발생할 수도 있어. 여기에서 윤리적인 딜레마가 발생한단다.

이러한 딜레마에 대하여 잔 카제즈는 원시 시대에 동굴에 살던 동굴인을 예로 들고 있어. 동굴인은 창으로 동물을 잡아야 가족을 먹여 살릴 수 있는데 그 동물을 존중하여 동물을 죽이지 않으면 가족들이 굶어죽을 수밖에 없었어. 이것은 가족의 생명을 존중하지 않는 행위거든. 그럼 동굴인은 어떻게 해야 할까? 카제즈는 나의 생명을 존중하기 위하여 다른 생명을 덜 존중하는 것은 윤리적으로 정당하다며 동굴인이 동물을 잡아서 자신과 가족을 먹여 살리는 것이 정당하다고 했어.잔 카제즈, 《동물에 대한 예의》, 윤은진 역, 책읽는수요일, 2011, 195-197쪽. 같은 이유로 인디언이 들소를 잡아먹거나 에스키모인이 고래 사냥을 하는 것은 정당화될 수 있지. 생존을 위해 그 동물을 잡아먹어야 하기 때문이니까.

그렇다면 오늘날 우리의 과도한 육식은 어떻게 판단할 수 있을까? 여기에서 대답은 달라져. 미국에서는 한 해에 95억 마리의 동물이 식용으로 도살되고 있어. 이 엄청난 수의 생명이 인간의 생존만을 위해 도살된다고 볼 수 있을까? 쇠고기 1파운드를 만드는 데에는 식물성 단백질 21파운드가 필요하고 돼지고기 1파운드를 생성하는 데는 식물성 단백질 8파운드가 필요해. UN이 최근 발표한 보고서 〈가축의 긴 그림자〉에 의하면 지구 표면의

30퍼센트가 목초지와 사료 경작지로 사용되며, 전체 농지 중 70퍼센트가 가축을 키우고 유지하는 데 쓰인다고 해. 가축에게 먹일 사료를 재배하기 위해 사용되는 경작지에 인간이 먹을 곡물을 키우는 경우 우리는 훨씬 더 많은 곡물을 얻을 수 있겠지. 오늘날 세계적으로 가난한 나라들은 곡물을 두고 가축이나 바이오 연료 생산업자들과 경쟁해야 하기 때문에 곡물 가격이 상승되어 기아가 더 심해지고 있는 형편이야. 이런 상황에서 오늘날의 과도한 육식이 인류 생존을 위한 수단이라고 자신 있게 말할 수 있을까?

동물 실험도 마찬가지야. 미국에서는 한해 엄청나게 많은 수의 실험 동물이 사용돼. 휴메인 소사이어티는 한 해에 1,000만에서 2,000만 마리의 동물이 실험실에서 약품과 제품 시험에 이용된다고 추정하고 있어. 실험 동물을 생산하거나 소비하는 이들에 의해서 정확한 숫자는 극비로 붙여지고 있지.

우리는 실험에 사용되어지고 죽임을 당하는 동물에 대해 인간이 자신의 이익을 위하여 동물을 실험 대상으로 삼을 수 있는지 생각해봐야 해. 오로지 인간에게만 유익할 뿐 대상이 되는 동물의 이익에는 전혀 도움이 되지 않으며 오히려 고통스러울 뿐인 동물 실험을 인간의 이익이라는 명분으로 강제하는 것이 합당할까? 잔 카제즈는 이 질문에 대해서도 위의 동굴인의 경우와 같은 근거로 판단을 하고 있어. 1955년 조너스 소크 박사는 소아마비 백신을 위하여 어림잡아 10만 마리의 원숭이를 죽였어. 하지만 그 결과 엄청나게 많은 사람을 살렸지. 소크 박사에게 동물 실험은 필요악이었으며 소아마비 환자를 살릴 수 있는 대안은 없었어. 이런 점에서 소크 박사의 동물 실험은 정당하다고 말할 수 있겠지.잔 카제즈, 앞의 책, 2011, 257쪽.

반면 오븐 세정제나 식기 세정제 등 이미 알고 있는 약품의 독성을 다시 입증하기 위하여 토끼의 눈에 약품을 넣는 실험이나 섬유 보호제의 발암성을 알아내기 위해 인간이 오랜 기간 마시게 되는 양 이상의 섬유 보호제를 생쥐에게 먹이는 실험을 하기도 해. 또 고압 전기에 감전되었을 때 뇌나 신경 조직의 변화상이나 다양한 통증 유발 요인에 대한 동물들의 행동학적 반응 실험 또는 진공 상태나 고압 상태에서 동물이 어떻게 죽어가는지에 대한 실험 등 많은 실험이 있지. 이런 실험들이 인간의 생존을 위해 필요한 것이라 보기는 어렵다고 생각해.

과도한 동물 실험이나 과도한 육식은 동물에 대한 윤리적 딜레마의 한계를 벗어난 선택이 아니었나 싶어. 인류의 영원한 고전인 성경에 다음과 같은 말이 나와. "무엇이든지 남에게 대접받고자 하는 대로 너희도 남을 대접하라.(마태오 7:12)" 또 동양의 고전 논어에는 己所不欲 勿施於人(기소불욕 물시어인, 네가 하기 싫은 일을 남에게 하지 마라.)라는 말이 있지. 즉 네가 누군가로부터 존중을 받고 대접을 받고 싶다면 네가 그렇게 상대에게 대하라는 거야. 또 네가 누군가로부터 고통을 받기 싫으면 너 또한 남에게 고통을 가하지 말라는 것이지. 이 부분에서 우리는 동물을 대하는 우리의 방식에 대하여 생각해볼 점이 많아.

인간이 동물과 맺고 있는 관계를 극복하기 위해서 필요한 것은 무엇일까? 기본은 동물에게 존중과 연민의 태도를 갖는 것일 거야. 진심으로 존중과 연민을 갖게 된다면 적어도 동물의 이용을 당연시하지 않게 되겠지. 동물을 존중하는 행위의 첫 시작으로 채식도 좋은 방법이야. 당장 육식을 멈출 수 없다면 조금씩 줄여나가고 또 고통을 당하지 않은 가축의 생산물을 소비하는 거야. 동물을 존중한다면 동물들이 그들 나름의 독자적 방식으로 삶을 살도록 놔두어야 해. 그것이야말로 동물에 대한 최소한의 예의니까. 내가 생명으로서 존중받고자 한다면 다른 생명을 존중해야지. 또 다른 생명을 존중하는 것이 곧 나를 존중하는 일이 될 테니까.

읽을 거리

동물에 대한 예의

잔 카제즈 지음 | 윤은진 옮김 | 책읽는수요일

인간의 욕망에 의해 수단이 되어버린 수많은 동물들을 어떻게 대해야 하는가에 대해 이야기한다. 그녀는 낭만적 평등주의와 극단적 차별주의의 경계를 넘어 우리가 어떻게 동물을 대하는 것이 윤리적으로 그들을 존중하는 태도인지 고민하게 한다.

2부

생명이란 무엇인가

1
생명이 약육강식을 하는
존재라고

아빠, 종교와 철학의 영역이었던 생명을 과학에서는 어떻게 바라보나요?

리수야, 아빠가 처음 사회 생활을 시작한 곳은 동물 약품 회사였단다. 맡은 일은 동물 약품 마케팅이었어. 주로 다루는 약들이 소나 돼지 그리고 닭에 사용되다보니 양돈장이나 양계장을 방문하는 일이 잦았단다. 규모가 있는 양계장은 닭똥에서 올라온 암모니아 냄새로 눈을 뜨고 있기도 힘들었는데, 5단 높이의 철장이 줄지어 있고 그 안에 몇 만 마리의 닭들이 들어 있었어. 좁은 닭장에는 닭이 빼곡히 들어 있었는데 어떤 닭은 다른 닭들에게 밟혀 죽어 있기도 했어. 양돈장의 상황도 별반 다르지 않았어. 똥으로 뒤덮인 콘크리트 바닥에 돼지들이 똥을 덕지덕지 뒤집어쓴 채 빈틈없이 들어 차 있었지. 이 닭과 돼지들은 스트레스로 다른 닭과 돼지를 물어뜯곤 해서 그렇게 하지 못하도록 새끼 때에 부리와 이빨을 잘라버린다고 하더라구.

약육강식의 법칙이 지배하는 자연계에서 스스로를 만물의 영장이라 칭하는 인간이 동물을 이렇게 다루는 것에 대해 대부분의 사람들은 자연스럽고 당연하게 받아들이지. 과연 그럴까? 생명에는 우두머리와 부하가 있고 우두머리는 부하를 마음대로 해도 되는 법칙이 있는 것일까? 정말로 생명은 그런 것일까?

생명이란 무엇일까? 우리는 모두 생명이잖아. 또 우리 주위에는 무수히 많은 생명들이 있지. 그래서 생명을 무척 잘 알 것이라고 생각하는데 막상 생명이 무엇일까를 생각해보면 그 해답 찾기가 쉽지 않아. 그것은 마치 많은 사람들이 사랑하며 살지만 막상 사랑이 무엇이냐고 물어보면 대답하기 어려운 것과 같아.

인류는 이성의 눈을 뜨면서부터 생명이 무엇인가에 대한 질문을 반복해 왔어. 그 끝없는 질문 속에 생명은 종교와 철학의 주된 주제가 되었고 내놓은 답 또한 적지 않단다. 하지만 이 글에서는 과학적인 시각으로 생명에 접근해보고자 해. 《과학과 종교 사이에서》의 저자 김용준 교수는 "과학 없는 종교는 미신에 불과하고, 종교 없는 과학은 흉기다."라고 하였어. 과학적인 시각에서 밝혀진 사실을 근거로 하여 종교나 철학적인 고민이 이루어져야지, 과학적인 근거가 전혀 없는 철학적 고민은 상상 속의 이야기일 뿐이라는 거야. 과학자는 생명을 어떻게 이야기하는지 살펴보자꾸나.

생명에 대하여 과학적인 접근을 처음 시도한 대표적인 과학자는 오스트리아의 물리학자인 에르빈 슈뢰딩거야. 슈뢰딩거가 1943년 더블린의 트리니티 칼리지에서 생명에 대하여 강연할 당시만 해도 생명이라는 것은 종교와 철학, 문학의 영역이었거든. 과학자들은 자신이 스스로 완전하고 철저하다고 입증한 연구 결과만을 발표하지. 게다가 현대 과학의 심도가 깊어지면서 각 과학자들이 다루는 폭은 점점 좁아졌어. 그러다 보니 광범위하고 신비스러움으로 가득한 미지의 영역인 생명 현상을 과학자가 연구하고 발표한다는 것은 상상도 할 수 없는 일이었어. 그러한 상황에서 슈뢰딩거는 생명 현상을 물리학적 시각으로 분석하였고, 분석 결과 '유전자 구조'

처럼 직접 추정할 수 있는 계기가 되는 역할도 하였지만, 주목할 점은 생명 현상을 과학적으로 분석한 시도 자체가 후대의 과학자들에게 큰 자극이 되었다는 거야. 그로 인하여 생명에 대한 과학계의 연구는 가속화되었고, 오늘날 생명공학에까지 이르게 되었어.

슈뢰딩거의 생명에 대한 강의는 '원자는 왜 그렇게 작은가?'라는 질문으로 시작한단다. 이 질문은 상대적인 것이라 할 수 있어. 원자가 작다고 하는 것은 그 원자들로 이루어진 유기체가 크기 때문에 작게 느껴지는 거야. 그래서 이 질문은 '유기체는 왜 큰가?'로 이어져. 이 질문에 대해 슈뢰딩거는 공기 중의 산소나 질소의 부딪침을 우리가 느낄 정도로 우리가 작았다면 우리의 감각 기관은 견딜 수 없었을 것이라고 해. 유기체가 담배 연기와 같이 작다면 공기 중의 담배 연기가 브라운 운동을 하듯이 유기체 또한 온갖 외적 자극에 의해 예측 불가능한 브라운 운동을 할 테고, 이런 불안정적인 상태로는 안정적인 생체 반응이 일어날 수 없어. 유기체가 원자 정도의 크기였다면 무질서한 열 운동에서 벗어날 수 없지만, 원자 수가 증가한 집합체를 이루면서 유기체는 예측 가능한 통계 법칙을 따르게 되었단다.에르빈 슈뢰딩거, 《생명이란 무엇인가》, 서인석·황상익 역, 한울, 1992, 38쪽. 그래서 유기체는 안정적인 생체 작용들이 일어나기 위하여 원자의 크기보다 훨씬 크다고 해.

슈뢰딩거가 생명에 대해서 한 이야기 중에 가장 유명한 것은 "생명체는 음의 엔트로피를 먹고 산다"는 말이야.에르빈 슈뢰딩거, 앞의 책, 148쪽. 이것은 열역학 제2법칙에 반대되는 이야기지. 열역학 제2법칙은 '엔트로피는 항상 증가하거나 일정한 값을 가지며 절대로 감소하지 않는다'는 엔트로피 증가의 법칙이거든. 예를 들면 물에 잉크 한 방울을 떨어뜨리면 잉크는 물 전체로 퍼져나가지. 이것을 엔트로피가 증가했다고 이야기하는데, 다시 잉크를 한 방울로 모으는 것은 불가능해. 또 추운 날 강가에서 모닥불을 피우면 모닥

불 주변은 따스하지만, 그 열이 퍼져나가면 그 온기는 사라지고 그 온기를 다시 모을 수는 없어. 이렇듯 우리는 우리 주변에서 엔트로피가 증가하는 많은 예들을 만날 수가 있지. 자연 현상은 이렇게 무질서해지는 방향으로 변화가 일어날 확률이 높기 때문이야. 그래서 엔트로피를 '무질서도'라고 표현하며, 자연 현상은 항상 무질서도가 증가하는 방향으로 일어나. 하지만 살아 있는 생명은 다양한 물질들을 질서 정연하게 구조화시켜서 이루어진다는 거야. 가령 조개의 진주나 사람의 이빨 같은 것들은 자연계에 흩어져 있는 여러 원소들을 모아서 질서 정연하게 엮어놓은 것이거든. 자연 현상은 항상 무질서도가 증가하는 방향으로 일어나는데, 생명은 그 자연 현상과 역행하는 현상이 일어난다는 거야. 그래서 생명이라는 것은 물리적 법칙으로 봤을 때 매우 낯설고 이상하고 또 신비한 존재란 말이지.

또 슈뢰딩거는 생명의 진화에 대하여 다음과 같은 이야기를 했어. 리수는 학교에서 진화론을 배웠지. 생물은 미생물에서 시작하여 끊임없이 진화하여 오늘의 다양한 생물에 이르렀다는 이론이야. 그런데 이러한 생물의 진화 과정을 연구하다보면 모든 과정이 자연스럽게 이어지지 않아. 어류에서 양서류로 진화하고 양서류에서 파충류, 그리고 나중에 포유류까지 진화하는 단계들을 자세히 살펴보면 모든 단계가 자연스럽게 조금씩 조금씩 변화되는 것이 아니라 어느 순간 갑자기 새로운 형태가 등장해. 이것을 가지고 진화론을 반대하는 사람들은 자연스럽게 연결해주는 고리가 없기 때문에 진화론은 틀린 이론이라고 주장을 하기도 하지. 이 부분에 대하여 슈뢰딩거는 그의 전공인 양자물리학에서 예를 들어. 양자물리학 이론에서 이웃하는 에너지 준위 사이에는 에너지의 중간 단계 없이 불연속적이고 도약적으로 증가한다고 해.에르빈 슈뢰딩거, 앞의 책, 79쪽. 슈뢰딩거는 생물의 진화를 가져오는 돌연변이가 또한 천천히 지속적으로 일어나지 않고 불연속적이고 도약적으로 발생한다고 했단다. 이것은 생물의 진화를 이해하는 데 많은 도움이 되었어.

생명에 대한 슈뢰딩거의 물리학적인 분석은 생명에 대한 이해를 더욱 풍부하게 해주었어. 하지만 그의 생명에 대한 강연 중에 인간의 생명과 다른 생명들 사이에 근원적인 차이가 있다는 이야기는 없었어. 물리학자의 시각에서 생명은 모두 똑같은 생명으로, 생명의 특징은 모든 생명에서 똑같이 적용되어지는 거였지. 생명의 속성 중에 고등 동물과 하등 동물의 차이나 약육강식의 법칙이라는 것은 없었어. 또 인간과 동물을 차등적으로 적용할 만한 특성도 보이지 않았어. 생명의 특성은 인간을 포함한 모든 생명에 공통적으로 적용되어지는 것이거든. 그런데도 사람들은 인간은 고등 동물로 다른 생명들과는 근원적으로 차이가 있고 생명이란 원래 약육강식을 하는 존재이기 때문에 인간이 다른 생명을 인간의 필요에 의해서 마음대로 다루어도 된다고들 하지. 생명에 대한 그런 판단 기준은 도대체 어디에서 오는 것일까? 물리학자가 아닌 다른 분야의 시각에서 보면 인간과 동물이라는 생명이 근원적으로 다르다는 이야기를 들을 수 있을까? 그럼 이번에는 생물학자들이 생명의 역사적 관점에서 어떻게 이야기하는지 들어보자꾸나.

읽을 거리

생명이란 무엇인가?

에르빈 슈뢰딩거 지음 |서인석 · 황상익 공역 | 한울

1933년 파동역학에 대한 업적으로 노벨물리학상을 수상한 저자가 예전에는 종교와 철학의 영역이던 생명에 대한 과학적 분석을 시도한다. 이 치열한 탐구는 훗날 많은 과학자들의 생명에 대한 과학적 연구에 커다란 영감과 자극이 되었다.

생명이란 무엇인가? 그후 50년

마이클 머피 · 루크 오닐 공편 | 이상헌 · 이한음 공역 | 지호

에르빈 슈뢰딩거의 '생명이란 무엇인가?' 라는 강연이 책으로 엮여 출간된 후 많은 과학자들에게 영감을 주었고 생명과학에 큰 기여를 하였다. 책이 출간된 지 50년을 기념하여 그의 업적을 기리기 위해 여러 분야 과학자들이 모여 다양한 토론을 벌인다. 과학자들은 슈뢰딩거의 '생명이란 무엇인가?'를 어떻게 평가하고 있을까?

2

서로 협력하며 진화한
생명들

아빠, 약육강식이 아니라면 생명은 서로 어떤 관계인가요?

생명을 물리학적으로 분석했을 때 고등 동물과 하등 동물의 차이가 있다거나, 약육강식이 생물의 속성이라는 내용은 발견할 수 없었어. 이번에는 역사적인 관점에서 생명을 살펴보자꾸나. 우리는 무엇인가를 알고자 할 때 역사적 관점에서 접근하여 그 본질을 이해하는 경우가 많아. 가령 2001년 미국에서 발생한 9.11 테러는 그 사건만을 가지고서는 문제의 본질을 이해하기 어려워. 이 사건은 미국과 이슬람 세력과의 역사를 이해해야만 본질을 이해할 수 있지. 어느 나라를 깊이 이해하고자 한다면 먼저 그 나라의 역사를 찾아보듯이 말이야. 생명에 대해서도 마찬가지야. 생명의 역사를 통해 인간은 만물의 영장이고 생명은 약육강식의 법칙이라는 속성이 정말로 있는지 살펴보자꾸나.

서양철학사에서 생명을 대하는 태도에 큰 영향을 끼친 철학자는 데카르트야. 데카르트는 생각하는 실체와 물질적 실체, 즉 사유와 연장(延長) 사이의 운명적인 분리를 제시했어. 그는 오직 인간만이 신의 성질을 나누어

가져 영혼을 가졌다고 주장했고, 영혼이 없는 동물은 고통을 느끼지 못하며 단지 자극에 반응하는 자동 기계일 뿐이라고 말했지.린 마굴리스·도리언 세이건,《생명이란 무엇인가》, 황현숙 역, 지호, 1999, 63쪽. 데카르트의 이런 생각에 근거해서 당시 사람들은 살아 있는 동물을 아무런 가책 없이 해부학과 생리학 실험에 사용하였고, 고기를 공급하기 위한 수단으로 여기게 되었어. 데카르트의 영향으로 의학을 비롯한 자연과학 지식이 발달했지만, 이전까지 신성시하던 자연에 대한 두려움이 사라지고 자연을 분석하고 마구 해체하고 파괴할 수 있게 되면서, 자연의 생명체들이 인간의 필요에 의한 수단으로 전락하며 폐해가 심화되었단다.

하지만 생명의 특징은 여러 가지로 표현할 수 있어. 생명이란 화학 성분에 의해서가 아니라 그 화학 물질들의 상호 작용에 따라 구별되거든. 그래서 생명은 명사가 아니라 동사에 가깝단다. 생명은 자신을 수선하고 유지하며 다시 만들고 자신을 초월해왔어. 생명은 자신을 질서 있게 조직하고 열과 무질서를 우주 공간으로 배출함으로써 우리의 대기를 화학 반응성이 높게 만들었어. 산소에 대해서 한 번 생각해볼까? 산소는 산화력이 높은 기체이기 때문에 45억 년이라는 지구의 긴 역사를 생각해보면 이미 산소와 반응을 할 모든 것들은 반응이 끝난 후 화학 평형 상태에 들어갔어야 해. 하지만 아직도 화학적으로 불안정하고 그로 인해 다양한 반응이 일어날 수 있도록 상태를 유지하고 있거든. 이는 자기 생산을 하는 지표면의 생물이 적절한 반응으로 전체 생물들이 유지될 수 있도록 지구의 항상성을 지키고 있기 때문이란다. 지구의 자기 항상성은 그 속에서 많은 기체를 교환하고 유전자를 교환하며, 성장하고 진화하는 생물들의 집합적이고 창발적인 특성이거든. 지구의 조절 기능 또한 지구상에 거주하는 생물들 사이의 수십억 년에 걸친 상호 작용으로부터 진화한 것이지. 생명은 자기 완결적이고 자율적인 개체라기보다는 오히려 다른 생명과 물질과 에너지, 그리고 정보를 상호 교환하는 공동체로 보는 것이 합당해.린 마굴리스·도리언 세이건, 앞의 책, 46쪽.

우리 지구상에 생명체가 등장하게 된 이야기로 거슬러올라가 생명체들이 얼마나 다양한 모습으로 서로 협력하고 영향을 미치는 존재인지 알아볼까?

갓 만들어진 뜨겁던 지구가 식으면서 35억 년 전인 태고대에 최초의 원시 생명체인 박테리아가 탄생해. 이 박테리아는 22억 년 전 진핵 세포가 나타나기까지 지구 전역으로 퍼져나갔어. 당시 지구는 태양의 강렬한 고온과 자외선에 노출되었고, 원시 대기는 암모니아, 메탄, 수소가 주 구성원이었으며 천둥과 번개는 늘 존재했지. 초기의 박테리아는 강렬한 태양의 자외선을 피해서 물밑이나 진흙탕 속에서 번식하였거든. 이러한 세포들은 지하의 화학 물질에 의존하여 발효를 통해 당을 분해하거나 대기 중에 풍부한 질소를 고정하여 아미노산을 만들기도 했어. 시간이 흐르면서 미생물들 중에는 이산화탄소를 획득하는 능력을 갖는 미생물도 생겨났고, 약 22억 년 전에는 광합성 박테리아도 나타났지. 광합성 박테리아들은 물을 이용하게 되었는데, 이로 인해 초록색 광합성 미생물은 급속도로 확산되었지만 그와 함께 대기 중의 산소가 급증하게 되었어. 이로 인해 많은 미생물이 산화되는 위기를 맞게 되지만 그중에서 산소를 사용할 수 있는 새로운 물질 대사를 갖는 박테리아가 생겨났어. 이런 산소 호흡 방식은 생물계의 위기를 기회로 바꾼 계기가 되었으며, 이로써 미생물은 땅속에서 지상으로 나올 수가 있었단다.린 마굴리스·도리언 세이건, 앞의 책, 145~158쪽.

또 우리가 생명을 생각할 때 다시 생각해봐야 하는 것이 있어. 그것은 생명의 죽음이야. 오늘날 우리는 모든 생명은 죽는다고 생각을 하지만 이 말은 틀린 말이란다. '모든' 생명이 다 죽는 것은 아니거든. 또 원래 생명은 죽는 존재가 아니었어. 이상하게 들릴지 모르겠지만 태초의 생명은 영원한 것이었어. 이것은 종교적인 이야기가 아니라 애초에 생명은 영원한 존재였으며, 생명의 원조들에게 죽음이란 존재하지 않는 것이었고 이해할 수 없는 개념이었어. 오늘날도 전체 생명의 절반을 넘게 차지하고 있는 박테리아는 끊임없이 둘로 나뉘어 증식할 뿐 죽지 않아. 박테리아들은 증식할 수 있는 충분한 영양분과 환경이 제공될 때 끊임없이 둘로 나뉘며 증식한단다. 그러다가 위기가 닥치고 영양분이 고갈되고 환경이 바뀌었어. 이때 박테리아들은 어떤 선택을 할 수 있었을까? 박테리아들은 주변의 자기와 같은 박테리아들을 섭식해. 이러한 섭식이 처음에는 잡아먹고 먹히는 관계를 이루지만, 시간이 지나면서 결합하는 형태를 띠게 돼. 이것은 오늘날 남녀가 따로 세상을 헤쳐 나가기는 힘들지만 사랑의 힘으로 하나의 가정을 이루면 많은 도움이 되는 것에 비유할 수 있어. 박테리아들은 어려운 환경에서는 둘이 하나로 합쳐. 하지만 그러한 상태는 아무래도 불편하거든. 그래서 환경이 호전되면 감수 분열을 통하여 다시 둘로 나뉘지. 이러한 관계가 반복되면서 생명의 진화가 이루어지고 암수의 성이 생겨난 거야. 또 박테리아 개체의 크기가 커지면서 자신의 유전 정보를 갖는 생식 세포를 만들어 자신을 닮은 2세를 남기고 자기 자신은 죽음을 맞이하게 된 거지. 따라서 성은 어려운 환경에 대처할 수 있고 또 종의 다양성을 확보하기 위한 수단으로 이루어졌지만, 그로 인해 생명은 죽음이라는 기이한 현상을 받아들이게 되었어.린 마굴리스 · 도리언 세이건,《섹스란 무엇인가》, 홍욱희 역, 지호, 1999, 110~172쪽.

박테리아의 시기를 거쳐 생물은 진화하여 다양한 생물들이 지구상에 나타나게 돼. 동물은 식물이나 균류보다 3억 년 전에 나타났단다. 동식물은 박테리아와 협력하여 진화하면서 수중에서 발달하여 육상으로 진출해나갔어. 또 식물의 선조인 조류(藻類)는 양분을 조달하는 균류가 아니었다면 육상에 진출할 수 없었지. 오늘날에도 지구상의 생명들은 식물에 공생하고 있는 균에 의해 토양 속의 인이나 질소를 공급받고 있단다. 이렇게 토양 속의 인이나 질소를 식물에게 공급해주는 균류가 없었다면 식물도 생존할 수 없었고 또 식물을 먹이의 근간으로 하는 동물 또한 생존할 수 없었을 거야. 지구 생명에 있어서 균류 다시 말해 곰팡이의 역할은 매우 커. 생명이란 개체를 이루는 것 자체보다 전체가 지속적인 순환이 가능한가에 의해 유지되기 때문이야. 순환되지 않는 생태계는 곧 생명 활동이 없는 공간이 되지. 그 지속적인 순환을 가능하게 하는 데 가장 큰 역할을 하는 것이 균류야. 균류는 4부에서 따로 자세히 살펴보자꾸나.

식물이 지상에 자리잡은 것은 4억 5000만 년 정도밖에 되지 않아. 식물은 박테리아와 공진화, 다시 말해 서로 협력하며 진화하면서 육지에 적응해갔어. 물에서 육지로 올라온 식물은 셀룰로오스로 리그닌을 만들면서 수직으로 자라 생물권을 지표면에서 삼차원 공간으로 확대시켜나갔지.린 마굴리스·도리언 세이건,《생명이란 무엇인가》, 황현숙 역, 지호, 1999, 284쪽. 우리는 생명에 대한 이해를 많은 부분에서 동물 중심적으로 특히 인간 중심적으로 하고 있잖아. 그래서 의식은 인간만 있다고 생각을 하거든. 이 부분은 서양철학사에서 데카르트의 영향이 매우 컸어. 하지만 이런 의식은 동물은 말할 것도 없고 모든 생물체들에게 있단다. 가장 단순한 의미에서의 의식은 외부 세계에 대한 인식이야. 의식이 없다면 외부 세계에 반응을 할 수 없지. 식물은 번식하기 위하여 많은 생각을 하고 전략을 마련한단다. 식물은 자손을 퍼뜨리기 위해 동물을 이용하려고 다양한 방법을 마련하거든. 화려한 색이나 달콤한 꿀, 또 맛있는 과일 같은 것들은 식물 스스로에게는 필요가 없어. 모두 동물을 유혹하여 이용하기 위한 방법일 뿐이야. 또 경쟁 상대와 다른 유혹의 수단을 만든다는 것은 경쟁 상대를 인식하고 있다는 것을 의미해. 꽃식물은 인간의 뇌나 언어 능력 같은 것들이 없지만 식물들은 그런 능력에 대해 아무런 필요성도 느끼지 않아. 동물의 것을 빌리면 되기 때문이지. 이쯤 되면 누가 더 뛰어난 종인지 비교 자체가 무의미한 행위란다.

생명의 역사를 통해 본 생명의 특징은 서로 협력하여 생존하고 진화했다는 거야. 물론 부분적으로는 강한 동물이 약한 동물을 잡아먹기도 하지만 전체적으로 보았을 때 서로 협력하여 진화해왔어. 그렇게 생명들이 서로 협력했기 때문에 지구의 생명은 매우 다양하고 또 헤아릴 수 없을 정도로 번성하게 되었지. 지구의 생명은 박테리아를 기반으로 곰팡이가 큰 역할을 하고 있는 생물계들의 협동 네트워크야. 고등 동물과 하등 동물, 일방적이고 폭력적인 약육강식이 생명의 속성이라는 이야기는 생명의 역사적 측면에서도 그 근거를 찾아볼 수 없었어. 우리는 너무 오래도록 인간 중심적인 생명관을 합리화하기 위한 변명에 익숙해져 있었던 것은 아닐까?

읽을 거리

생명이란 무엇인가?
린 마굴리스 · 도리언 세이건 공저 | 황현숙 옮김 | 지호
다양한 생명체들의 관계를 통하여 생명에 접근한다. 고대부터 현대까지 생명관의 역사적 변천, 생명의 기원, 지구 생명체의 선조로서 박테리아의 역할을 탐구한다. 또 공생에 의한 합병을 통해 박테리아가 원생생물로 진화하며 이후 동물, 균류, 식물로까지 진화하게 되는 과정을 살핀다. 그 과정에서 생명체들은 상호간에 어떠한 관계를 맺으며 진화했는지를 살핀다.

섹스란 무엇인가?

린 마굴리스 · 도리언 세이건 공저 | 홍욱희 옮김 | 지호

생명은 모두 죽는가? 사람들은 '그렇다'라고 생각하지만 생명이 모두 죽는 것은 아니다. 또 처음부터 생명이 죽는 존재는 아니었다. 아직도 박테리아나 아메바는 분열하는 방식으로 영원히 산다. 죽음은 박테리아가 환경에 적응하는 방식 중에 선택한 '성'이라는 것을 갖게 되면서 생긴 것이다. 우리가 생각하지 못했던 섹스의 기원을 들여다본다. 그것은 생명을 좀더 폭넓게 이해할 수 있게 해준다.

3

지구 생명의 근원인 미생물의 역사, 박테리아에 관하여

아빠, 박테리아는 박멸해야 할 병균 아닌가요?

리수야, 생명의 역사를 이야기하면서 특히 주목해서 봐야 하는 생명체들이 있단다. 이 생명체들이 오늘날 지구 생명체를 이끌어왔고 또 토대를 닦아왔거든. 이 생명체는 무엇일까? 인간일까? 당연히 인간은 아니야. 그렇다면 지구상에 생명이 이렇게 다양하게 진화하기까지 기반이 되고 가장 큰 공헌을 한 생명체는 무엇일까? 인류를 비롯한 수많은 생물들이 오늘날과 같이 진화하도록 한 저력은 어디에서부터 온 것일까?

그것은 바로 박테리아야. 박테리아는 생명의 역사에 있어서 중요한 부분이란다. 또 박테리아와 대기 중 산소의 변화 관계는 앞으로도 여러 차례 언급되기 때문에 먼저 이해하는 것이 도움이 될거야. 45억 년 전 지구는 수소, 헬륨, 탄소, 질소, 산소 등의 기체 구름에서 형성되었어. 원시 생명체인 박테리아는 35억 년 전인 태고대에 처음으로 지상에 출현했어. 그 후 박테리아는 22억 년 전 진핵 세포가 나타나기까지 지구 전역으로 퍼져나갔지. 그 13억 년 동안 지구상에는 어떤 일들이 있었을까?

박테리아가 처음 지구상에 나타난 태고대의 지구 내부는 아직도 고열과 방사능으로 들끓고 있었고, 곳곳에서는 지진과 화산 활동이 빈번했단다. 막대한 양의 수증기가 지각 아래에서부터 분출하고 땅 표면은 탄소를 포함한 기체들과 황화 물질의 연기로 두껍게 덮인 상태였어. 지구가 식어가면서 수증기는 응결되어 물방울이 되고 끝없이 쏟아지는 비는 모여서 바다를 이루었지. 당시 지구의 낮과 밤 주기는 다섯 시간씩에 불과했고 태양의 강렬한 고온과 자외선에 노출되어 있었단다. 원시 대기는 암모니아, 메탄, 수소가 주 구성원이었고, 천둥과 번개는 늘 존재했지. 그 가운데에서 태초의 생명이 탄생되었단다.

초기의 박테리아는 강렬한 태양의 자외선을 피해서 물밑이나 진흙탕 속에서 번식했어. 이러한 세포들은 지구 생성 시 만들어진 지하의 화학 물질에 의존하여 생활하면서 발효라고 부르는 다양한 당분해 과정을 발전시켰지. 이 미생물은 오늘날에도 포도주, 맥주, 치즈, 식초 등의 발효 과정에서 찾아볼 수 있단다. 이 미생물 중에는 다른 발효 미생물의 부산물을 먹이로 하여 에너지를 얻는 종류들도 생겨났어. 발효 미생물 중 한 종류는 대기 중에 풍부한 질소를 고정하여 아미노산 등 유기 화합물을 만들기도 했어. 먹이로 하던 천연의 화학 물질이 줄어들면서 미생물들은 새로운 먹이를 찾아나서 새로운 물질 대사 회로를 발전시켜나갔단다. 그중 대기 중의 이산화탄소를 획득하는 능력을 갖는 미생물도 생겨났고, 약 22억 년 전에는 에오시노코코커스(Eosynochococcus)라 불리는 광합성 박테리아도 나타났지.[린]

마굴리스 · 도리언 세이건,《마이크로 코스모스》, 홍욱희 역, 김영사, 2011, 94쪽.

최초로 광합성을 할 수 있었던 박테리아는 수소 또는 황화수소를 이용했고 산소를 생산하지 않았어. 시간이 흐르며 대기 중의 황화수소가 고갈되어가자 자주색과 초록색의 광합성 미생물은 수소 공급원을 찾다가 물을

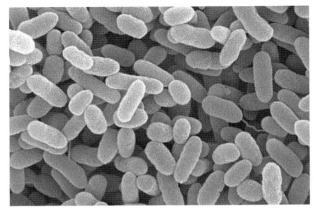

박테리아는 하나가 둘로
나뉘어 번식할 뿐 죽지
않는다.

이용하게 되었지. 지구상에 풍부한 물 분자 하나에는 수소 원자 두 개와 산소 원자 하나가 있잖아. 이렇게 막대한 양의 물에 있는 수소 원자를 이용하게 되면서 초록색 광합성 미생물은 급속도로 확산되었지만 그와 함께 심각한 문제가 발생했어. 그것은 산소 오염이야. 산소는 유기물과 강하게 반응하는 성질을 갖고 있기 때문에 생물체에 치명적이었거든. 산소는 효소, 단백질, 핵산, 비타민 등 세포의 성장과 번식에 필수 불가결한 물질들과 쉽게 결합하여 산화시켜버려.린 마굴리스·도리언 세이건, 앞의 책, 134쪽. 이로 인해 많은 박테리아는 위기를 맞게 되지.

하지만 그중에서 산소를 사용할 수 있는 새로운 물질 대사를 갖는 박테리아가 생겨났어. 이 박테리아는 기존의 발효가 당 분자 하나를 분해해서 생물이 두 분자의 ATP(Adenosine Tri Phosphate)를 만드는 것에 비해 산소 호흡은 같은 당 분자를 분해하여 36개의 ATP를 생성하게 되었단다. 활동성이 강한 생명체가 탄생할 수 있는 기반을 만든 거야. 이런 산소 호흡 방식은 생물계의 위기를 기회로 바꾸었어. 한편 유리된 산소는 대기권에서 오존층을 형성하여 태양의 자외선을 막아줌으로써 생물이 지상에서 생존하기 유리한 조건을 만들었어. 이로써 생물은 서식 장소를 땅속이나 바닷속에서 지상으로 확장할 수 있게 되었지.

원핵 세포들은 서로 어떤 관계를 갖고 있었을까? 원핵 세포에서 진화한 모든 진핵 세포에는 미토콘드리아라는 세포소기관이 있어. 이 미토콘드리아는 세포 내에서 발전소와 같은 기능을 하여 유기 물질에 저장된 에너지를 ATP 형태로 만든다. 이 ATP를 세포들은 에너지원으로 사용하거든. 그런데 특이한 것은 식물의 엽록체와 마찬가지로 미토콘드리아는 진핵 세포와 다른 DNA를 가진다. 이것은 미토콘드리아가 진핵 세포와는 별개의 존재라는 것을 의미해. 미토콘드리아는 고대에 원핵 생물로 매우 활동적이었을 것으로 추정되지. 원핵 생물은 진핵 생물을 뚫고 들어가 진핵 생물을 먹이로 하여 번식했지만 진핵 생물을 파괴시킴과 동시에 자신도 파괴되었어. 반면 숙주세포를 파괴시키지 않고 공존하는 방식을 취한 미토콘드리아는 숙주세포와 함께 살아남아 오늘날과 같이 모든 세포들에서 필수 불가결한 요소가 되었지. 이렇게 공생한 미토콘드리아는 살아남아 숙주세포와 함께 번성하게 되었단다.린 마굴리스·도리언 세이건, 앞의 책, 175쪽. 또 원핵 생물 중 이와 비슷하게 숙주세포와 공존의 방식을 취한 것이 있는데 자체 추진력을 갖춘 꽈배기 모양의 실 같은 스피로헤타야. 스피로헤타는 진핵 생물에 파고들어 진핵 생물에 운동성을 부여하였고 이 중 일부는 신경계가 되었어. 진핵 생물에 먹힌 광합성 박테리아는 엽록체를 진핵 생물에게 남겼지. 이렇게 원핵 생물을 받아들인 진핵 생물이 오랜 시간을 거치면서 진화하여 운동성을 갖는 동물과 광합성을 하는 식물로 발전하게 되었어.

또 박테리아는 생명의 역사에 큰 획을 긋는데, 그것은 생명체에 성을 만든 것이지. 초기 박테리아는 성이 없었어. 그저 번식은 오늘날의 박테리아나 아메바처럼 둘로 나뉘어지는 이분법으로 이루어졌지. 그리고 필요한 유전 정보는 플라스미드로 받아들였어. 그러던 박테리아가 유성 번식을 하게 돼. 그 과정에 대해서는 궁핍으로 인해 동족을 잡아먹음으로써 융합과 배수체 상태가 되어 살았다가 환경이 나아지면서 다시 분리하는 과정을 통하여 감수 분열이 이루어지고 이러한 과정을 통하여 성이 형성되었다는 학설이 유력해. 이러한 성을 통한 종의 번식은 종이 매우 다양한 유전적 진화를 할 수 있는 가능성을 열어주었지만, 개체는 죽음이라는 초유의 사태를 맞이하게 돼. 다시 말해 생명은 처음부터 당연히 죽는 존재들이 아니었거든. 생명은 초기에는 영원히 사는 존재였지만 박테리아가 성을 선택함으로 인해서 죽음이라는 불가사의한 현상을 맞이하게 된 거야. 대신에 생명은 매우 다양한 형태로 진화할 수 있게 되었단다.

흔히들 열심히 진화한 생물은 고등 생물이 되고 진화에서 도태된 생물은 하등 생물이라고 생각하지? 그 진화의 가장 선두에 서 있는 것이 당연히 인간이고. 박테리아는 처음 출발자였지만 진화의 레이스에서 뒤쳐져 순위권 밖으로 멀리 밀려나 이제는 눈에도 보이지 않는 존재 정도로 생각한다. 또 박테리아는 음식을 부패시키거나 질병을 일으키는 그런 악의 축 같은 존재라고 여기지.

하지만 박테리아는 그런 존재가 아니야. 박테리아는 현재까지 생명이 지구상에 생존할 수 있도록 지구의 환경을 바꾸었고 또 생물이 살아가는 데 필요한 기능을 진핵 생물에게 전해주었어. 그리고 지금도 여전히 생물들과 공존하며 지구의 생명체들이 살아갈 수 있도록 해준단다. 만약 뿌리 혹박테리아 같은 박테리아들이 없다면 식물은 공기 중의 질소를 고정시킬 수 없고 이는 동물에게 필수불가결한 질소 화합물을 섭취할 수 없게 하여 전 지구적인 재앙을 불러왔을 거야. 인간이 우주의 어느 별에 가서 생존할 수 없는 이유는 그곳의 온도나 습도, 또는 공기의 조성이 맞지 않아서만이

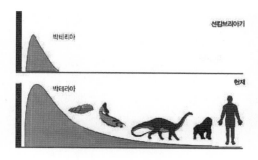

아니야. 우리가 지구상에서 생존할 수 있는 이유는 우리의 눈에 띄지 않는 헤아릴 수 없이 많은 박테리아 덕분이라 할 수 있어. 먹은 음식을 소화할 수 있도록 도와주는 것도, 배설물을 땅속에서 분해시키는 것도, 또 폐수를 정화시키고 곡식이 자랄 수 있도록 여건을 만들어주며, 생명체가 죽은 후 다시 자연 속으로 순환할 수 있도록 해주는 것도 균류와 박테리아지. 그러한 눈에 보이지 않는 미생물들이 우주의 어느 별에도 없기 때문에 인간은 다른 별에 가서 살 수 없단다.

우리는 생명이 진화하며 22억 년 전에 진핵 세포가 등장하면서 박테리아의 시대는 끝나고 다른 생물들이 주인공인 시대가 되었다고 생각하거든. 하지만 그렇지 않아. 컴퓨터를 예로 들자면 처음 PC가 등장하였을 때 도스(DOS, disk operating system)라는 운영 프로그램이 있었어. 당시 컴퓨터를 배우기 위해서는 우선 도스부터 배워야 했지. 컴퓨터는 응용 프로그램에 따라서 많은 작업을 할 수 있단다. 그런 응용 프로그램들은 운영 프로그램을 기반으로 하여 실행되기 때문에 운영 프로그램이 없다면 아무 작업도 할 수가 없거든. 지금은 컴퓨터의 하드웨어적인 기능과 소프트웨어적인 기능이 향상되었고 운영 시스템도 도스에서 윈도우로 전환되었어. 이제 사람들은 컴퓨터를 배울 때 운영 시스템에 대해서 배우진 않아. 그저 컴퓨터를 켜고 자신이 사용하고자 하는 인터넷 탐색기나 한글 프로그램 또는 포토샵을 사용할 뿐이지. 사용자는 인식 못하지만 컴퓨터는 여전히 도스를 근간으로 한 윈도우라는 운영 시스템 때문에 작동하는 거야. 운영 시스템이 없다면 아무리 유용한 응용 프로그램도 무용지물이 되지. 지구상의 생명 또한 마찬가지로 박테리아라는 지구의 생명 운영 시스템을 근간으로 생존하고 있단다.

우리 몸에도 약 10만조(10^{13}) 개의 박테리아 세포가 있단다. 미생물이란 유리된 생물이 아니라 우리와 함께 진화를 계속하고 있는 운명 공동체의 존재야. 그런 눈에 보이지 않는 생물들 덕분에 우리는 살 수 있는 거지. 또 미생물뿐만 아니라 다른 생물들 덕분에 살고 있단다. 인간이 뛰어나서 그들의 우두머리인 존재가 아니라 그들 덕분에 살아가고 있는 존재일 뿐이지.

읽을 거리

마이크로 코스모스
린 마굴리스 · 도리언 세이건 공저 | 홍욱희 옮김 | 김영사
지구 생명의 역사는 어떻게 이루어진 것일까? 그 생명의 역사를 기존에 눈에 보이던 생물체에 초점을 맞추던 시각에서 더욱 깊이 들어가 박테리아에서 생명 역사의 신비를 찾는다. 정말로 박테리아에 지구 생명의 역사가 숨어 있을까?

4
생명은 동적 평형을 이루는 관계다

아빠, 유전자 조작으로 생명의 건강을 이루어낼 수는 없나요?

리수야, 앞에서 물리학적인 시각과 생물의 역사를 통하여 생명의 속성을 살펴보았어. 우리는 흔히 생명이란 강한 것에 의해서 약한 것이 도태된다고 생각해왔지만, 오히려 생명은 서로 간에 협력하면서 더욱 번성하고 진화되어 왔다는 것을 알 수 있었단다. 이번에는 생물 간의 관계에서가 아니라 생명체 자체에 어떤 속성이 있는지를 살펴보자꾸나.

1953년 제임스 왓슨과 프랜시스 크릭에 의해 DNA의 구조가 밝혀지면서 분자생물학 시대의 막이 올랐지. 과학 기술이 발달하면서 DNA상의 유전 정보들이 밝혀지고 이러한 정보들이 어떠한 기능을 하게 되는지 밝혀졌어. 또 이런 유전자에 이상이 생겼을 때 어떤 문제가 발생하는지도 연구되어졌단다. 이러한 연구는 기계에서 부품을 교체하여 원하는 성능 개선 효과를 얻듯이 생명에서도 유전자를 조작함으로써 원하는 결과를 이룰 수 있을 것이라는 사고까지 가능하게 했어. 이러한 사고방식을 환원주의적이고 기계주의적인 사고방식이라고 해.

생물체는 게놈에 새겨져 있는 DNA의 염기 배열에 의해서 필요한 단백질이 만들어진단다. 따라서 게놈에서 특정 염기 배열을 제거하면 코드화되어 있는 단백질을 만들어낼 수 없게 된다는 거지. 이런 발상에서 만들어진 것이 녹아웃 마우스(knock-out mouse)야. 녹아웃 마우스는 어떤 특정 유전자가 작동하지 않도록 유전자를 제거한 마우스거든. 분자생물학자인 후쿠오카 신이치는 췌장에서 효소를 생산하는 세포를 만드는 유전자를 제거한 녹아웃 마우스를 만들었어. 이론적으로 췌장에서 효소를 만드는 유전자가 제거된 마우스는 소화 효소를 만들지 못해 영양 실조에 걸리거나 혈액 내의 당을 조절하는 인슐린을 분비하지 못해 당뇨병에 걸려야 마땅해. 그런데 만들어진 녹아웃 마우스는 아무런 이상 없이 자랐어.후쿠오카 신이치, 《생물과 무생물 사이》, 김소연 역, 은행나무, 2008, 220쪽. 처음에 후쿠오카 신이치는 유전자 조작을 잘못하였거나 조작한 유전자가 다른 정보에 관련된 것이라고 생각했지. 하지만 실험을 반복하여도 결과는 똑같았단다. 또 유전자를 조작한 녹아웃 마우스에 대한 이런 실험 결과는 신이치뿐만 아니라 전세계에 있는 다른 과학자들에게도 비슷하게 나왔지. 그렇다면 무엇이 문제였을까?

루돌프 쇤하이머는 중질소가 함유된 로이신이라는 아미노산이 포함된 사료를 먹여 생체에서 아미노산의 이용 방식을 연구했어. 실험 동물로는 다 자란 어른 쥐를 사용했지. 어른 쥐는 다 자랐기 때문에 사료를 먹으면 필요로 하는 에너지원만 연소시켜 사용하고, 남은 찌꺼기에 포함된 중질소는 모두 배출시킬 것이기 때문이란다. 그런데 투여된 중질소 중에 43.5퍼센트만 배설되었어. 나머지 중질소는 모두 어디로 간 것일까? 분석 결과 중질소는 장벽, 신장, 비장, 간을 포함한 온 몸 곳곳에 퍼져 있었어. 투여된 중질소 가운데 무려 절반 이상인 56.5%가 몸을 구성하는 단백질 속으로 흡수된 것이지.후쿠오카 신이치, 앞의 책, 138쪽. 쥐를 구성하고 있던 몸의 단백질은 단 사흘 만에 식사를 통해 섭취한 아미노산으로 약 50퍼센트 바뀌었다는 뜻이야.

사람들은 몸이 한번 만들어지면 그 상태를 유지하고 필요에 따라 영양분을 축적하거나 혹은 축적된 영양분을 사용한다고 생각하잖아. 예를 들자면 사람의 몸은 자동차와 같고 음식은 휘발유라고 생각하는 것처럼. 자동차가 휘발유를 이용해서 움직여도 자동차는 변하지 않고 단지 휘발유만 연소시키는 것처럼 사람은 음식물로부터 에너지나 필요한 영양소만 이용할 뿐이라고 말이야. 하지만 쇤하이머의 중질소를 이용한 단백질의 흡수와 배설 실험에서 몸의 모든 구성체는 끊임없이 교체되고 있다는 것이 밝혀졌단다. 다시 말해 생명이란 유기체의 구성 요소가 모여 완결된 상태가 아니라 요소의 흐름이 유발하는 효과인 거야. 바닷가의 모래사장은 어제의 그 모래 같아 보여도 끊임없이 파도에 의해 휩쓸려가고 또 새로운 모래가 쌓인 것이거든. 오늘 보이는 모래사장은 어제의 그 모래사장이 아니야. 또 강가에 나가보면 강은 어제나 그제나 같은 모양으로 있는 것처럼 보이지만 지금 흐르고 있는 강물은 어제의 그 강물이 아니야. 이런 예는 얼마든지 있어. 어느 견실한 기업은 밖에서 봤을 때 몇 년을 항상 그러한 모습으로 있는 것 같아도 내부에서는 직원들이 끊임없이 교체되고 있고 다만 그 교체된 직원들이 예전 직원의 역할을 잘 수행하고 있는 거지. 생명체를 구성하는 모든 원자도 바닷가의 모래처럼 휩쓸려가고 새로운 요소들이 쌓인단다. 이렇듯 생명이란 끊임없는 대사의 변화이며, 그 변화야말로 생명의 진정한 모습이라는 거야. 건강한 생명은 그런 끊임없는 변화 속에서 평형 상태를 이룬단다. 쇤하이머는 이러한 상태를 '동적 평형 상태'라고 표현했어. 동적 평형 상태가 깨졌을 때 생명은 병들었다고 말하지.

후쿠오카 신이치는 또 다른 실험으로 특정 유전자 부위에 약간 변형된 유전자를 마우스에 삽입하는 실험을 했어. 이것을 녹인(knock-in) 마우스라고 해. 녹인 마우스는 어떤 결과를 가져왔을까? 마우스는 성장하면서 다양한 문제가 발생하더니 결국은 폐사되었단다.후쿠오카 신이치, 앞의 책, 226쪽. 특정 유전자를 제거한 녹아웃 마우스와 특정 유전자를 변형시킨 마우스 사이에 왜 이런 결과의 차이가 발생한 것일까? 비유를 들어볼게. 작은 회사가 있어. 회사가 작다보니 회계 담당이 따로 없어. 그러니 사장을 비롯한 직원들은 그 역할을 분담하여 회사를 운영해나가. 그렇게 십시일반 협력하니 회계 담당이 없어도 회사는 돌아갔어. 그런데 이번에는 부정한 회계사를 고용해. 사장을 비롯한 직원들은 이제 회계 담당자가 있으니 돈 관리는 모두 회계 담당자에게 일임하고 각자 자기에게 주어진 일에만 충실해. 그 사이 회계 담당자는 자기에게 주어진 업무를 제대로 처리하지 않고 심지어 회계 부정까지 저지르지. 그러한 부정은 회사의 매출이 증가하면서 더욱 커져 결국은 회사를 치명적인 상태에 이르게까지 만든다.

녹아웃 마우스에서 제거된 유전자의 짝이 되는 단백질은 자기의 짝이 되는 유전자가 없다는 사실을 동적 평형계에 SOS 신호를 보내어 알리거든. 그러면 평형계는 이에 대한 반응으로 대체 조직을 만들게 돼. 그렇기 때문에 녹아웃 마우스는 건강을 유지할 수 있었어. 그런데 녹인 마우스는 보완적 시스템이 작동할 만한 SOS 신호가 발신되지 않아. 유전자의 짝이 되는 단백질이 가짜 유전자를 진짜 유전자로 착각하고 아무 문제가 없다고 생각하기 때문이야. 아무것도 모른 채 정보 전달 경로는 더욱 복잡한 네트워크를 만들지. 처음의 작은 틈은 시간이 경과하면 할수록 전체적으로 더욱 확산돼. 그리하여 작은 공백에서 시작된 폐해는 네트워크 전체로 확산되고 결국은 회복 불가능한 치명상을 안겨주게 되는 거지. 세균을 죽이는 항생제도 이러한 메커니즘으로 작용한단다. 세균은 항생제를 자기 몸을 구성하는 성분으로 생각하고 받아들이는데 그것이 제 역할을 하지 못하여 세포벽

이 파괴되어 죽게 돼. 생명체는 유전자 조각이 우발적으로 결여되었을 때
는 유연하게 대처한단다. 하지만 인공적인 위조품에는 대처를 하지 못해.
왜냐하면 인공적인 위조품은 생명의 역사에서 경험한 적이 없기 때문이야.
이러한 상태를 동적 평형이 깨졌다고 한단다.

몸의 상태는 완결된 상태가 아니야. 계속 변화되는 과정 중에 있으며 변
화의 과정 중에 현 상태가 잘 유지되면 건강한 상태라고 하지. 유전자 문제
에서도 이상이 발생했을 때 그 상황에 맞춰 주변 유전자에 의해 적절한 반
응이 일어나면 건강한 상태를 유지할 수 있어. 건강한 상태는 문제가 없는
상태만을 뜻하는 것이 아니야. 어떠한 문제가 있음에도 불구하고 몸이 동
적 평형을 유지하고 있는 상태를 말해. 생명체는 주변 단백질 간에 반응을
하여 환경의 변화에 따라 유연하게 피드백 고리를 형성함으로써 생명의 적
응과 내적 항상성이 유지되거든. 하지만 주변 유전자들과 적절한 관계가
이루어지지 않으면 생명체는 동적 평형이 깨져 문제가 발생하고 말아.

사람들은 휴먼 게놈 프로젝트(Human Genome Project, HGP)를 통해 밝
혀낸 유전자 지도를 가지고 영원한 신비였던 생명의 모든 것을 알게 된 것
마냥 이야기하지. 또 인간의 질병을 해결할 수 있는 마스터키를 얻은 것 같
은 환상을 꿈꾸기도 하고. 하지만 이러한 유전 정보는 겉으로 드러난 지엽
적인 것에 지나지 않아. 생명이란 유전자들의 다양한 상호 관계 속에서 동
적 평형을 유지할 수 있어야 건강한 생명이야.

또 생명은 다른 생명체와 공존의 관계 속에서 생태계라는 동적 평형을
유지한다고 이야기할 수도 있어. 생명은 다른 유전자나 종들과 떼어내어
개별적인 생명만으로는 온전히 이해할 수가 없거든. 생명은 다른 유전자들
이나 다른 생명체들과의 관계 속에서 이해하려고 할 때 온전히 이해될 수
가 있어. 그러기에 생명을 고등 동물과 하등 동물로 나누어 개별적인 것으

로 판단하고 그 생명들이 약육강식의 관계만을 갖는다고 생각하는 것은 생명을 온전히 이해했다고 말하기 힘들어.

약육강식은 어느 곳에나 있지. 하지만 그것이 생명이 서로 관계를 맺는 방식의 모든 것은 아니야. 약육강식이 자연의 법칙이기 때문에 그것을 받아들일 수밖에 없다고 한다면, 우리 사회에서 폭력배들이 약한 이들에게 폭력을 휘두르는 것을 무슨 근거로 막겠어? 신문지상을 덮고 있는 강자가 약자에게 행한 온갖 범죄행위들을 어떻게 금지하겠어? 약육강식이 자연의 법칙이기 때문에 자연스러운 것이고 그렇기 때문에 그런 행위를 방치한다고? 우리는 건강한 사회를 유지하기 위해서 그런 행위를 사회적으로 규제하고 있잖아. 이것은 인간 사회 역시 약자에게 폭력을 휘두르는 폭력배도 있지만, 대다수의 사회 구성원은 서로 협력할 때 사회가 안정된다는 것을 알기 때문에 사회 구성원들이 협력한 결과야. 인간 사회도 구성원의 협력으로 발전하여 오늘에 이르렀거든. 약육강식이라는 측면이 자연 현상 중에 존재하는 것이라고 해서 그것이 인간 사회에서 횡행하는 것을 용인할 수는 없는 거야.

약육강식은 자연의 현상 중 한 부분이지 전체가 아니기 때문이지. 같은 이유로 인간이 약자인 다른 생명들을 대하는 현재와 같은 방식은 문제가 있단다. 약육강식이 자연의 법칙이기 때문에 인간이 동물을 무자비하게 대하는 것도 자연스러운 일이라고 하는 것은 폭력배의 자기 합리화일 뿐이야.

읽을 거리

생물과 무생물 사이

후쿠오카 신이치 지음 | 김소연 옮김 | 은행나무

생명과 무생물의 차이는 무엇일까? 생명은 자기 복제를 하는 존재라고 한다. 바이러스는 숙주 세포에 자기 DNA를 집어넣어 자기 복제를 한다. 그렇다면 바이러스는 생명일까 무생명일까? 저자는 동적평형의 관계로 생명의 이야기를 풀어낸다.

동적 평형

후쿠오카 신이치 지음 | 김소연 옮김 | 은행나무

생명은 고정되고 완성된 형태가 아니다. 유기체는 끊임없는 요소들의 흐름 속에서 동적 평형을 유지하고 있는 상태이다. 저자는 그러한 유기체에 일어나는 여러 현상들을 동적 평형의 개념에서 설명해주고 있다. 다이어트를 하려면 같은 양을 한 번에 다 먹는 것보다는 조금씩 나눠 먹어야 하는 이유나 콜라겐 화장품으로 피부가 재생될 수 없다는 근거 외에도 광우병, 아토피가 왜 발생하는지를 들려준다.

5
그물망으로 연결된 생명들

아빠, 지구의 환경과 생태계가 수많은 외부 자극과 변화를 겪으면서도 항상 비슷한 모습을 유지해온 비결이 있나요?

리수야, 사람들은 자연 친화적인 삶을 꿈꾸지. 지구를 살려야 한다고 하고 생명 존중을 이야기해. 하지만 지구는 오존층 파괴, 남극이 녹는 등 환경 오염으로 심각하고, 멸종 동물의 수도 어마어마해. 가깝게는 우리 식탁에 오르는 육류는 전혀 생명 존중과 상관없는 조건에서 키워지잖아. 이런 상황 속에서 우리는 생명 상호간의 관계가 어떠한 것이며, 또 어떻게 풀어가야 할지 고민해봐야 해.

생명 상호간의 관계를 연구하는 생태학은 표층생태학과 심층생태학으로 구분돼. 표층생태학은 위의 예들처럼 생명들을 인간 중심적으로 바라보는 생태학이야. 이 시각은 인간을 자연보다 우위에 놓인 존재로 생각하고 자연을 도구적 가치로 간주하지. 반면 심층생태학은 인간을 자연이나 그 무엇으로부터도 분리시키지 않아.프리초프 카프라,《생명의 그물》, 김용정·김동광 공역, 범양사, 1998, 23쪽. 이 견해는 세계를 분리된 사물의 나열로 보지 않고, 근본적으로 상호 연결되어 있고 상호 의존적인 현상들의 연결망(network)으로 바라본단다. 이렇게 심층생태학은 모든 생물을 본질적인 가치로 인정하고, 인간 또한 생명이라는 그물 속에 포함되어 있는 하나의 존재로 바라봐. 이러한 심층생태학적인 자각은 모든 현상들의 근본적인 상호 의존성을 인식하며, 개인과 사회로 구성되는 우리들이 모두 자연의 순환적 과정들 속에 깊숙이 의존한다는 인식에서 기인한단다. 이런 생명에 대한 새로운 이해는 기존 데카르트와 뉴턴의 기계론적 세계관에서 전일론적이고 생태적인 세계관으로의 패러다임 전환이라고 할 수 있어.

오랜 세월 동안 지구의 환경이나 생태계는 많은 외부적인 자극과 변화를 겪어왔지만, 중요한 것은 이러한 외적 요인에 대해서 항상성을 유지해왔다는 점이야. 이렇듯 생태계가 외적 자극에 대하여 유연성을 갖는 것은 그 내부에 존재하는 피드백 고리들 때문이지. 이 피드백 고리들은 그 생태계가 변화하는 환경 조건들로 인해 정상 상태에서 일탈했을 때 다시 균형을 되찾게 해주지. 예를 들면 평년과 달리 더운 여름에는 호수의 조류 증가를 불러오고, 이들 조류를 먹이로 삼는 일부 어류가 번성하도록 만들어. 그 결과 늘어난 물고기들이 조류를 고갈시키지. 주 먹이원이 줄어들면, 조류를 먹고사는 물고기도 죽게 돼. 그 물고기의 개체군이 줄어들면 조류는 고갈 상태에서 벗어나 다시 늘어나기 시작해. 이런 방식으로 최초의 교란이 피드백 고리를 통해 다른 교란을 발생시키지. 그리고 결국 이런 과정이 되풀이되면서 물고기-조류 시스템은 안정을 유지하는 거야.

이런 종류의 교란은 모든 시대에 걸쳐 있어왔단다. 그 까닭은 어느 시대를 막론하고, 그 환경 속에 들어 있는 모든 것들이 변화하기 때문이야. 이런 변화 요인들은 지속적인 교란으로 나타나. 우리가 어떤 생태계에서 관찰할 수 있는 개체군의 밀도, 영양물의 이용 가능성, 기후 패턴 같은 많은 변수들은 항상 요동하거든. 그러한 교란들에도 불구하고 생태계가 유연한 상태로 스스로를 유지하고, 항상 변화하는 조건에 적응할 수 있는 것은 이러한 피드백 시스템에 의해서란다. 물리학자인 프리초프 카프라는 생명의 핵심적인 기준으로 세 가지를 제시했어. 그것은 패턴과 구조, 그리고 과정이야. 그는 마뚜라나와 바렐라가 정의한 '자기 제작'을 생명의 패턴으로, 그리고 프리고진이 제기한 '흩어지는 구조'를 생명의 구조로서, 그리고 베이트슨이 정의한 '인지'를 생명의 과정으로 이해할 것을 제안했어.프리초프 카프라, 앞의 책, 214쪽. 카프라는 이러한 조건들을 고려했을 때 항상성을 유지하는 생명체들의 전체 모임인 지구 생태계는 그 자체로 또 하나의 생명체라는 거야.

생태학의 원리들―상호 의존성, 자원의 순환적 흐름, 협동, 그리고 협력―은 동일한 조직 패턴의 서로 다른 측면이거든. 이것은 생태계가 지속 가능성을 극대화시키기 위해 스스로를 조직하는 방법인 셈이지. 그 첫 번째 원리는 상호 의존성으로 생태적 공동체의 모든 구성원들은 거대하고 복잡한 관계들의 연결망, 즉 생명의 그물 속에 상호 연결되어 있다는 거야. 생태계에 포함되는 모든 생물 구성원들의 행동은 수많은 다른 구성원들의 행동에 의존하거든. 생태적 상호 의존성에 대한 이해는 관계에 대한 이해를 뜻해. 그 이해는 시스템적 사고의 특성인 인식의 전환, 즉 부분에서 전체로, 대상에서 관계로, 내용에서 패턴으로의 전환을 필요로 해.프리초프 카프라, 앞의 책, 390~391쪽.

생태학의 두 번째 중요한 원리는 생태적 과정의 순환적 특성이야. 열린 시스템으로서 생태계 속의 모든 생물은 폐기물을 생산하거든. 그러나 한 종의 폐기물이 다른 종에게는 먹이가 될 수 있어. 따라서 전체로서의 생태계는 거의 아무런 폐기물도 남기지 않고 유지되는 것이지. 생물들로 이루어진 공동체는 수십억 년 동안 끊임없이 광물, 물, 공기의 동일한 분자들을 사용하고 재활용하는 방식으로 진화해왔어. 이렇듯 생태계는 물질이 어디

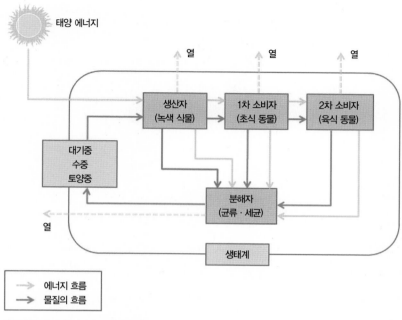

생태계의 에너지 흐름과 물질의 순환.

로 사라지는 것이 아니라 생태계 내에서만 순환을 하고, 에너지는 밖에서 유입되어 다시 흩어져 나가지. 여기에서 에너지 흐름의 가장 중요한 원천은 바로 태양이야.

이 생태적 원리를 인간과 동물의 관계에 적용해보면 어떨까? 인간과 동물은 상호 의존하고 있으며, 물질적인 면에서 순환을 해야 하고, 또 협력을 해야 관계라는 말이 성립돼. 그런데 오늘날 인간과 동물의 관계를 생각해보면 우리는 일방적인 이익만을 취하고 있어. 순환은 단절되었고, 협력은 일방적인 착취의 관계만이 남아 있지. 이는 곧 인간과 동물의 관계는 생태적 원리를 파괴한 형태이며 그로 인해 지속 가능할 수 없는 관계가 되었다는 뜻이기도 해.

생태계 내의 생명을 연결한 그물은 유연하며, 끊임없이 요동하는 연결망이야. 더 많은 변수들이 요동을 계속할수록, 그 시스템 안에는 더 많은 동역학이 존재한단다. 유연성이 높아질수록, 변화하는 조건에 적응할 수 있는 그 시스템의 능력은 더 커지는 것이지. 그 유연성은 종의 다양성에 의해서 높아져. 모든 생태학적 요동은 허용 한도 이내에서 일어나. 어떤 요동이 이러한 한계를 넘어서서 그 시스템이 더 이상 균형을 유지할 수 없게 될 때, 전체 시스템은 붕괴하고 말아.

캘리포니아의 환경보호론자 브라우어는 지구의 연령을 7일로 압축하여 비유했어. '일요일 자정에 창조된 지구에 최초의 생명인 박테리아가 나타난 것은 화요일 아침 8시 정각이고, 목요일 자정이 되자 지구를 뒤덮어 전체 행성 시스템을 조절하게 돼. 토요일 오전 1시30분에 최초의 해양 동물이 생성되고, 오전 9시30분에 식물이 최초로 육지에 상륙해. 오후 4시50분에 거대한 파충류가 탄생하고 오후 5시30분경에 포유류가 모습을 드러내지. 기록으로 남은 인류의 역사는 자정이 되기 2/3초 전에 시작되었어.* 프리초프 카프라, 앞의 책, 344쪽. 인류가 지구상에 출현한 것은 지구역사상 매우 최근의 사건이야. 하지만 인류의 성장과 함께 지금까지 이루어졌던 지구와 지구상의 생물 사이에 이루어졌던 관계는 급격히 파괴되었단다. 몇 억 년에 걸쳐 이루어진 수많은 생물종이 멸종을 맞았고 지구는 급격한 온난화로 인하여 큰 변화를 겪고 있지. 인류는 지구 생태계가 허용할 수 있는 이상의 요동을 일으키고 있어. 카프라는 사람의 진화에서 언어가 결정적인 역할을 한 까닭은 생각을 교환하는 능력 때문이 아니라 협동 능력이 증가했기 때문이라고 했어. 인간 관계의 다양성과 풍부함이 증가하면서, 그에 따라 우리의 언어, 예술, 사상, 문화 또한 전개되었으니까. 동시에 우리는 추상적인 사고의 능력, 즉 우리 자신의 개념과 이미지로 이루어진 내적 세계를 탄생시키는 능력을 개발했지. 이러한 내적 세계가 더욱더 다양하고 복잡해짐에 따라, 점차 우리는 자연과의 직접적인 접촉을 잃고 훨씬 더 파편화된 존재로 바뀌기 시작했던 거야. 파편화된 우리는 스스로를 자연과 분리된, 더 나아가 자연을 초월한 존재라고 여기기에 이르렀지. 우리를 자연에서 소외시키고, 자연의 생명들로부터 소외시키고, 우리 자신을 형편없이 왜소화시켰어. 사람들은 자연으로부터 유리되고 소외됨으로써 왜소화되었는데 오히려 이러한 상태를 지배하고 있다고 생각한단다. 우리는 정원에서 아이들을 내쫓고 추운 겨울만을 보내고 있는 오스카와일드의 어린이 동화 《거인의 정원》에 나오는 거인에 불과할지도 몰라. 우리는 정원을 지배하고 있는 것이 아니라 지구 생태계와 고립되어 왜소화되어 있는 건데 말이야. 우리가 이렇게 왜소화된 상태를 극복하고 생명으로서 온전한 인간성을 회복하기 위해서는 전체 생명의 그물망과의 연결성을 회복해야만 해.

읽을 거리

생명의 그물

프리초프 카프라 지음 | 김용정 · 김동광 옮김 | 범양사

저자는 생명을 인간 중심적인 기계론적 세계관에서 전일론적이고 생태적인 세계관으로 바라본다. 많은 학자들의 연구 성과까지 소개하고 있는 그가 바라본 지구의 생명들은 어떤 모습으로 얽히고설켜 있으며 또 그 철학적 의미는 무엇일까?

3부

진화란 무엇인가

1
다윈은 생명의 진화를
주장하지 않았다

아빠, 생명체는 진화를 통해 좀더 고등한 생명체로 진보한 건가요?

    오늘날 과학적 지식이 보편화되면서 사람들은 기본 교양으로 다윈이 진화론을 주장했다고 알고 있잖아. 리수야, 그런데 다윈은 생명의 진화를 주장하지 않았단다. 이게 무슨 뚱딴지 같은 소리냐고? 1859년 다윈이 《종의 기원》을 발표하고 150년이 지났지만 여전히 다윈이 생명에 대하여 말하고자 했던 것에 대한 오해는 다양한 형태로 계속되고 있어.

    다윈은 영국 해군의 측량선 비글호를 타고 갈라파고스 섬에 도착한 후 5년 간 머물면서 그 섬의 생물들을 연구한 결과 종은 변한다는 것을 깨닫게 되었어. 이를 바탕으로 1838년 진화론을 정리하였지만 발표하지 않고 간직하고 있었지. 생명체가 변한다는 것을 발표하는 경우 그 당시 사회를 지배하고 있던 교회의 창조설과 부딪칠 게 뻔했기 때문이야. 다윈은 발생할 여러 문제들에 대비하여 좀 더 완벽한 자료들을 준비하고자 했던 거야. 그러던 차에 앨프리드 러셀 월리스가 비슷한 내용의 논문을 발표하려고 하자 부랴부랴 발표를 서둘렀어. 과학사에서 넘버 투는 기억에 남지 않기 때문이지.

다윈은 그의 저서에서 '진화(evolution)'라는 단어를 사용하지 않았어. 스티븐 제이 굴드, 《다윈 이후》, 홍욱희 · 홍동선 역, 사이언스 북스, 2009, 42쪽. 다윈은 '변이를 수반한 유전'이라고 표현했단다. 또 당시의 진화론자였던 라마르크는 '형질 변환 이론'이라는 용어를 썼고, 헤켈은 '종간 변이 이론'이라는 용어를 사용하였어. 이들이 진화라는 단어를 사용하지 않은 이유는 무엇일까? 진화라는 단어를 사전에서 찾아보면 '성숙하고 완전한 상태로 발달해가는 과정'이라고 되어 있단다. 그 단어에는 좀 더 나아진다는 진보의 개념이 포함되어 있거든. 그래서 생명의 변화를 진화론이라고 명명하는 경우 생명이 진보한다고 사람들이 생각하게 될 것이 염려스러웠기 때문이야. 생명은 무목적적으로 주위 환경에 적응하여 변화하고 번성하는 것이지 진보하는 것이 아니기 때문이란다.

하지만 이 용어는 당시 식민지 개발에 열중하던 영국의 분위기와 정치적인 성향이 있던 철학자 허버트 스펜서에 의해서 진화론으로 규정되었어. 사람들도 좀 더 나은 상태로 진화했다는 용어를 좋아하였는데, 그 진화의 최종 상태가 바로 자신이라고 생각했기 때문이야. 처음에는 진화론이란 용어를 사용하지 않던 다윈도 여섯 번째 개정판에서 진화론이란 용어를 사용하고 말아. 다윈의 의지와는 상관없이 모든 사람들이 그 용어를 사용하였고, 그것은 거스릴 수 없는 대세가 되어버렸던 것이지.

이 명칭으로 인하여 오늘날 많은 사람들은 다윈이 우려한 대로 진화와 진보를 동일시하게 되었단다. 또 인간을 진화의 단순한 변화가 아닌 진보로 인한 우월한 종이라고 생각하게 되었지. 하지만 다윈은 생물의 변화는 생물과 주위 환경 사이에서 적응성이 증가되는 방향으로 진행되는 것이지, 신체적인 구조가 더 복잡해졌다고 해서 진보라고 할 수 없기 때문에 절대로 고등이나 하등이라는 말을 사용하지 않겠다고 했거든.

다윈은 진화론을 발표할 당시 종교와의 부딪침을 가장 염려했어. 당시 교회는 막강한 힘을 가지고 있었고 교회의 교리에 어긋나는 주장을 하는 경우 처형을 당하거나 사회적으로 매장을 당했기 때문이야. 그래서 다윈은 20여 년 간이나 발표를 미루었고 《종의 기원》에도 인간에 대해서는 "인류의 기원과 역사에 대해서는 머지않아 서광이 비칠 것" 이라고 두루뭉술하게 기술했단다. 이것은 인간을 신의 형상을 본떠 만들었다는 창조설과 대치되는 형태로, 인간을 명확하게 규정하는 경우 이단으로 몰려 곤란을 겪는 것을 피하기 위해서였지.

그런데 《종의 기원》을 발표한 후 정작 많은 부딪침을 가져온 것은 교회가 아니었어. 이미 교회에서도 당시 곳곳에서 발견되는 화석들과 여러 학문적 성과들로 인해서 진화론을 수용할 수밖에 없는 상황이었거든. 정작 다윈이 많이 부닥쳤던 것은 진화론 중 중요한 부분을 차지하고 있는 '자연선택'을 입증하라는 과학계의 반론이었어. 생명이 진화했다는 이론 자체가 아니라 생명이 어떻게 진화했는지 그 과정에 대해 입증하라는 거였어. 유전자의 존재가 밝혀지지 않았던 당시로서는 이 부분을 설명하기 위해 많은 노력을 해야 했어.

생명이 진화했다는 진화론은 여러 지질학적, 생물학적 연구들로 인하여 거스를 수 없는 학설로 자리잡았지. 사람들은 다윈이 갈라파고스 섬에서 약간씩 다른 모습의 생물들을 보고서 생물이 진화했다고 주장하게 되었을 거라 생각할지 몰라. 하지만 생명이 변한다는 것은 당시에도 다윈만의 생각이 아니라 대부분의 과학자들이 하고 있던 생각이었단다. 당시 발견된 많은 화석들이 시기별로 차이가 있었기 때문이야. 발굴 시기별로 모양이 다른 화석들을 보고 학자들은 생명이 변했다는 사실을 공유하고 있었지.

다만 문제는 '어떻게'였거든.

학자들은 진화의 방식으로 정향 진화론이나 관목론이나 사다리론, 유형 성숙설과 반복설, 균일론과 격변론, 생물학적 잠재력과 생물학적 결정론 같은 다양한 논쟁들을 벌인단다.

종의 진화는 아무런 목적이 없어. 종은 단지 생명권에서 퍼져나갈 수 있는 곳으로 종을 번식할 뿐이지. 그러한 번식 방향이 주변 여건과 부합하면 번성하는 것이고 부합되지 않으면 쇠퇴하는 거야. 종의 진화는 인간이 이야기하는 '도덕'이라는 것을 고려하지 않거든.

버섯을 먹고 사는 혹파리 이야기를 해볼까. 이 혹파리는 두 가지 방식으로 번식해. 알에서 깨어나 애벌레와 번데기를 거쳐 껍질을 벗고 날개가 달린 성체가 되는 유성 생식과 암컷들이 수컷과의 교미 없이 번식하는 처녀 생식이야. 처녀 생식을 하는 암컷들은 알을 낳지 않고 새끼들이 어미 몸 속에서 어미의 생체 조직을 먹으면서 자라. 며칠 뒤 어미 몸뚱이를 다 갉아먹으면 밖으로 빠져나오지. 그리곤 이틀 이내에 또 새로운 새끼들이 태어나 어미를 먹어치우기 시작한단다. 어떻게 이런 비정상적이고 구역질나는 방식으로 번식할 수 있을까 놀랍지! 이것도 어미가 자식을 키우는 하나의 방식이란다. 종의 최대 목표는 종의 번식이기 때문에 이런 방식도 있는 거지. 혹파리는 먹이인 풍부한 버섯더미를 찾으면 성체까지 성장하지 않고 무성 생식을 하며 빠른 시간 안에 무수히 많은 자손을 번식시킨단다. 먹이가 풍부하게 남아 있는 한 처녀 생식이 계속되어 자손은 기하급수적으로 늘어나. 그러다가 먹이가 줄어들면 다른 곳으로 날아갈 수 있는 날개가 달린 혹파리로 성장해 유성 생식을 하는 거지.스티븐 제이 굴드, 앞의 책, 125~128쪽.

종은 도덕적 가치관을 실현하기 위해서가 아니라 최대로 많은 후손을 번식할 수 있는 방향으로 진화해. 개체군 생태학에서는 생물들이 환경에 적응하고 번식하기 위한 방식으로 형태를 세밀하게 조정하는 대신에 번식을 극대화하는 방식과 소수의 자손을 낳아서 번식하는 방식이 있다는구나. 혹파리같이 번식할 수 있는 환경이 불안정한 종은 먹이가 있을 때 빨리 번식하는 방식을 선택하고 인간은 후자의 방식이야. 이것은 방식의 차이일 뿐 인간이 혹파리보다 우월한 존재라는 의미는 아니거든. 그런데 사람들은 차이를 차별화하여 받아들인단다.

다윈이 생물은 진보하는 것이 아니라고 주장하였음에도 불구하고 사람들은 생물 진화와 진보를 동일시하는 오류를 계속하고 있어. 이로 인해 많은 불행한 결과를 낳기도 했지. 그 대표적인 것이 인종 차별주의야. 유럽의 백인들은 자신이 가장 많이 진화되었고, 그들이 정복한 식민지에 살고 있던 원주민들은 덜 진화되었기 때문에 지배를 받는 것이 당연하다고 생각했잖아. 진화와 관련하여 인류를 구분하고 사람을 구분하려는 행위는 다방면으로 행해졌어. 유럽의 백인 남성주의 사회는 끊임없이 여성은 남성보다 덜 진화되었기 때문에 남성의 지배를 받아야 한다고 주장하였고, 흑인은 백인보다 미개하기 때문에 백인의 지배를 받아야 한다고 주장했지. 인종별로 진화에 차이가 있다는 주장이 최악의 형태로 현실화된 것은 우생학이지. 나치는 우생학을 근거로 유태인은 인류에 해가 된다며 아우슈비츠에서 인종 청소를 감행했어.

이런 진화의 수준에 따라 생명을 차별하려는 태도는 동물에게도 이어져 동물을 고등 동물과 하등 동물로 구분하면서 지구에 살고 있는 100만 종이 넘는 다른 생물들에게 동료 의식을 갖기보다는 인간의 지배가 당연하다는 믿음을 부채질하는 일차적인 요소가 되었지.

최근에는 생물 진화의 주된 메커니즘으로 생물들 사이의 협조와 공생을 주장하는 진화론 학자들도 있단다. 린 마굴리스는 박테리아가 진핵 세포의 진화에 경쟁 못지않은 상호 협력을 밝혔으며, 러브룩은 가이아 이론에서 생물과 생물 사이를 넘어서 생물과 주위 환경이 공진화하여 오늘에 이르렀다고 주장했어.

다윈은 생명은 끊임없이 돌연변이를 일으키고 그 돌연변이 중에 자연의 선택에 의해서 생물 종이 번성한다는 것을 밝혀냈어. 오늘날 모든 생명들은 생명의 탄생 이후 오랜 기간 진화의 과정들을 거쳐서 이루어졌지. 그러므로 우리 주변의 모든 생명은 누가 더 진화했고 누가 덜 진화한 것이 아니라 모두 진화의 결과로서 동등한 위치에 있는 것일 뿐 위나 아래가 없는거야. 또 지금의 생명은 현재 진행 중인 무구한 진화 과정의 어느 시점일 뿐 최종적인 결과가 아니야. 인류도 진화의 어느 과정일 뿐 완성 단계가 아니라는 거지. 진화는 생물종 단독으로 일어나지는 않아. 각 종은 다른 종과 미시적으로는 경쟁을 하지만 거시적으로는 공생하고 공진화하는 관계를 맺는단다. 오늘날 지구상에서 막강한 영향을 행사할 수 있는 우리가 생물 간의 관계를 고려한 생명관을 가져야 하는 이유가 여기에 있단다.

읽을 거리

다윈 이후
스티븐 제이 굴드 지음 | 홍욱희 · 홍동선 옮김 | 사이언스북스
오랜 시간 동안 진화론의 이해를 위해 노력해온 저자는 사람들이 다윈이 주장한 것을 잘못 이해하고 있다고 지적한다. 또 다윈주의와 관련하여 오늘날 발생하고 있는 여러 가지 문제들을 정리하였다.

다윈의 식탁

장대익 지음 | 김영사

다윈이 진화론을 발표한 이후 진화론은 생명의 역사가 되었다. 하지만 생명의 진화 방식에 대하여 이후 학자들은 많은 논쟁을 벌였다. 대표적인 것이 생물 진화의 핵심적인 역할에 대해 '유전자'의 중요성을 강조하는 유전자 결정론과 '유전자와 주변 환경의 관계'를 강조하는 사회 진화론인데 저자는 가상의 토론회를 열어 진화론과 관련된 다양한 논의들을 풀어낸다.

2

진화는
강한 자만을 목적으로 하지 않는다

아빠, 그렇다면 진화란 약하고 비효율적인 방향으로도 진행될 수 있다는 건
가요?

신의 눈으로 세상을 보려는 사람들을 제외하면 이제는 다윈의 진화론을
부정하는 사람은 드물어. 다만 진화론이 세상을 지배하려는 이데올로기로
이용되면서 또 다른 문제가 야기되고 있어. 그것은 환경에 적응을 잘한 생
명만이 살아남는다는 적자생존(適者生存), 더 나아가 강한 자만이 살아남
는다는 약육강식(弱肉强食)의 논리란다. 다윈은 생물들이 다양한 진화를
하면서 환경에 적응한 종만 살아남았다고 했거든. 오늘날 살아 있는 모든
종은 적응에 의해 살아남은 종들이야. 그런데 이 말을 살아남기 위해서는
강한 종이 되어야 하며, 강자만이 살아남고 약자는 사라지는 것이 자연의
법칙이라는 왜곡된 강자의 이데올로기로 만들었지. 강한 생명이 살아남는
것이 아니라 적응한 생명이 살아남는 것인데 말이야.

리수야, 사람들은 생명이 강하거나 완벽한 방향으로 진화를 한다고 생
각하는데 다음의 예를 살펴볼까? 여름날 풀밭에서 떼를 지어 날아다니는
하루살이의 수명은 얼마나 될 것 같니? 이름이 하루살이라고 정말로 태어

나서 하루 만에 죽는 것은 아니란다. 하루살이에도 많은 종류가 있고 종류에 따라서는 4년을 넘게 살기도 해. 4년을 넘게 사는데 왜 이름이 하루살이일까 이상하지? 이 생물은 대부분의 삶을 얕은 하천에서 애벌레로 살다가 하루살이가 되거든. 애벌레로 살다가 날개가 달린 하루살이가 되면서, 몸무게를 최소화하여 잘 날기 위해 소화 기관은 포기하고 종족 번식을 위한 생식 기관만 남겨. 그래서 하루살이는 애벌레 때 축적된 영양분으로

진화론을 주장한 다윈을 희화한 삽화.

하루만 살다가 죽는 거야. 그리고 하루살이는 영양분이 고갈되기 전에 빨리 짝짓기를 하고 산란을 해야 하거든. 날개가 달린 하루살이는 소화 기관이 없어서 어떤 것도 먹을 수 없어 생존 시간이 한정되어 있기 때문이지.

또 코알라는 다른 동물들이 먹지 않는 유칼리나무 잎을 먹이로 선택했어. 유칼리나무 잎은 독특한 향이 나고 영양가가 별로 없어 다른 초식 동물들이 먹지 않거든. 유칼리나무 잎을 선택함으로써 코알라는 경쟁하지 않고 손쉽게 먹이를 확보할 수 있게 되었어. 이후 코알라는 유칼리나무 잎을 먹기에 적당하도록 진화했단다. 나무에 쉽게 매달려 있을 수 있게 발가락 구조가 바뀌었고, 영양가 없는 나뭇잎을 먹고도 유지될 수 있게 움직임도 둔화되어 심지어 짝짓기조차도 귀찮아할 정도야. 이렇게 한 가지 나무에 대한 편식은 경쟁 상대가 없다는 이점과 먹을 것을 선택하는 것에 대한 고민을 덜어주었지만, 사람들의 주거 지역이 확장되면서 유칼리나무 숲이 사라져 먹이의 부족으로 멸종 상태에 이르게 되었지.

무당벌레 이야기를 하나 더 해보자. 무당벌레는 종족 번식에 뛰어나거

든. 암컷은 1년에 최고 800개의 알을 낳아. 겨울잠에서 막 깨어난 수컷은 왕성한 호르몬의 분비로 인해 성적 욕구를 주체 못해. 수컷은 이때부터 암컷이 보이는 대로 덤벼들어 매달려. 이렇게 매달린 수컷은 최고 18시간 동안 짝짓기가 끝날 때까지 암컷을 놓아주지 않아. 18시간 동안의 마라톤 짝짓기라니! 이런 장시간의 짝짓기를 견딘다는 것이 가능할까? 실제로 많은 암컷들이 이러한 마라톤 짝짓기 중에 죽음을 맞기도 한단다. 이런 암컷을 죽음으로 몰아넣는 수컷의 지나친 성욕을 강한 종을 목표로 하는 진화라고 할 수 있을까? 짝짓기를 잘하는 수컷이 생활 능력이 탁월하다고 말할 수도 없는데 말이야.

많은 동물들을 살펴보면 결코 현명해 보이지도 않고 종족 번식에도 도움이 될 것 같지 않은 다양한 진화의 결과를 볼 수 있어. 좀 더 현명했거나 환경에 적응하기 위한 기질을 가진 동물로만 진보하는 것이 진화의 목적이라 하기에는 필요 없거나 과도한 많은 행태를 보이거든. 포식자의 눈에 쉽게 띄는 공작의 화려한 꼬리, 자기 알도 지키지 못하는 부비새, 잘 날지도 못하는 알바트로스, 육지 생활이 불편한 펭귄, 지나치게 넓은 영역에 집착하는 코뿔소 등 많은 동물이 적자생존의 방식이라고 하기에는 적절치 않은 진화의 결과들을 보여주잖아. 이렇듯 비효율적으로 보이는 다양한 진화를 한 생명들에게서 유추할 수 있는 생명 진화의 방향은 다양성이야.

사람들은 생명의 진화를 지금보다 더 강하거나 우월한 상태로 진행된다고 생각해. '적자생존'이나 '약육강식'이 기준이 되어 그 기준을 통과한 생명만이 살아남을 거라고 하거든. 그러므로 살아남기 위해서 피도 눈물도 없이 강해져야 하며 또 약한 자의 도태는 어쩔 수 없는 자연스러운 결과라고 받아들여. 하지만 자연계에는 인간들이 생각하는 그러한 개념이 없어. 물론 동물의 세계를 들여다보면 조금 더 크고 힘센 동물이 그 보다 작은 동물을 먹이로 잡아먹지. 개구리가 메뚜기를 잡아먹고 뱀이 개구리를 잡아먹고 멧돼지가 뱀을 잡아먹으며 사자가 어린 멧돼지를 잡아먹으니까. 이것을 먹이 피라미드라고 배우지.

하지만 자연계에는 인간들이 생각하는 그런 일방적이고 탐욕스러운 먹이 피라미드가 존재하지 않아. 사자는 벼룩이나 파리, 개구리까지 모두 잡아먹지는 않는다는 말이야. 또 늙고 힘 빠진 사자는 승냥이와 독수리의 먹이가 되고, 죽은 멧돼지나 사자의 시체는 작은 동물의 먹이가 되기도 해. 그리고 사자가 사슴을 잡아먹기도 하지만, 사자보다 훨씬 더 많은 수의 사슴들이 초원에는 살고 있어. 자연계에서의 먹고 먹히는 관계는 사람들이 먹이 피라미드에서 말하듯이 일방적인 관계가 아니라 순환의 관계야. 그래서 《자연의 지배자들》의 저자 이재열 교수는 '먹이 사슬' 이라는 말보다 '먹이 그물' 이라는 말을 사용할 것을 권해. 또 먹이 사슬의 최상위에 있다는 사자나 호랑이도 몇 대에 걸쳐 먹고 남을 만큼의 먹이를 쌓아두지 않지. 때로는 먹이가 없어 굶어죽기도 한단다. 그것이 자연이고 자연스러운 일이지.

그런데도 사람들은 먹이 사슬이나 먹이 피라미드를 이야기하며 인간이 그 먹이 피라미드의 최고 위에 있다고 생각해. 또 진화의 최고봉에 서 있다고 믿어. 이것이 바로 인간 중심적으로 생명을 차별하는 우월 의식이야. 그것은 강한 자가 약한 자를 착취하는 것을 당연시하도록 은연중에 주입시키는 다양한 교육 시스템 내에서 이루어지고 있어. 이 교육 시스템은 어떠한 기준이든지 강한 자가 약한 자를 상대로 더 많은 이익을 얻는 것을 당연시해. 이것을 약육강식 혹은 적자생존의 법칙이라고 하며 자연의 법칙이기에 자연스럽고 당연하다는 거야. 하지만 이것은 힘 있는 자들이 자신들의 폭력을 합리화하기 위한 이데올로기에 지나지 않아. '적자생존(survival of the fittest)' 은 철학자 허버트 스펜서가 제창했던 표어로, 19세기 말에 자본가들이 연소자 노동, 노예 임금, 잔혹한 작업 환경 등 몰염치한 행위를 정당화하기 위해 즐겨 사용했던 말이야. 자연계에는 인간들이 말하는 적자생존의 법칙이란 없어.

사람들은 스스로를 동물과는 비교할 수 없는 최고로 진화된 생명이라면서 강한 생명이 약한 생명을 마음대로 다루는 것은 당연하다는 듯 동물을 가혹하게 다루지. 생명은 강한 자가 되기 위해 높은 방향으로만 향하는 것이 아니라 화선지 위에 먹물이 스며들어가듯이 자신의 생존을 위하여 자신이 존재할 수 있는 다양한 생태계의 여백을 향하여 진화하고 있을 뿐인데 말이지. 생명체의 목적은 성장, 발전, 생존, 번식이야.J. R. 데자르뎅, 앞의 책, 234쪽. 그래서 지구에는 높은 곳에서 땅속까지, 사막에서 바다 깊은 곳까지 다양한 생명체들이 살아 숨 쉬고 있어. 인간만이 진화한 것이 아니라 지렁이도 진화를 했고 거미도 진화를 했고 벼룩도 20억 년에 걸친 생명 진화의 결과물이야.

지구의 생명체들은 수억 년의 시간 동안 공존하는 방식을 익히며 각자의 생존을 위해 진화했어. 각 생명들이 자연계의 여백을 향하여 진화해감으로써 지구는 생명이 넘쳐나는 생명의 별이 되었지. 이렇게 풍부하고 다양해진 생명들은 서로 그물망같이 연결되어 더욱 안정된 생태계를 이룬단다. 생명의 그물망 위에 존재하는 인간 또한 생명의 그물망이 안전하게 유지되어야 지속 가능할 수 있음은 물론이지. 그러기 위해서는 이제라도 인간 중심적이고 폭력적인 사고에서 벗어나 다른 생명체의 존재 방식을 인정하는 사고로의 전환이 필요하단다.

읽을 거리

다윈, 당신 실수한 거야!

외르크 치틀라우 지음 | 박규호 옮김 | 뜨인돌

　저자는 많은 동물들의 예를 들어 생명의 진화가 반드시 환경에 적합하거나 종의 번식에 유익한 방향으로만 진행되는 것은 아니라고 주장한다. 생명들은 환경의 변화에 따라 다양한 진화를 하지만 그것이 인간들이 생각하는 것처럼 강한 것만을 향한 진화는 아니라는 것이다.

3
모든 생명은 서로 돕는다

아빠, 왜 우리는 '생존 경쟁'이라는 말이 더 익숙한 걸까요?

우리는 다윈의 노력으로 생물은 오랜 시간에 걸쳐 진화해왔다는 것을 알게 되었어. 그런데 생물의 진화 방식에 대해서는 여전히 논란이 많아. 다윈은 당시 많은 고고학 자료를 보고 지금은 존재하지 않지만 오랜 옛날에는 존재했던 많은 생물들을 알게 되었지. 또 많은 생물들이 시간이 지나면서 조금씩 변하기도 하고 번성하기도 하고 때로는 사라지기도 하며, 또 지역에 따라서도 다른 모습을 하고 있다는 것도 발견했어. 결론은 생물이 변화해왔다는 것인데, 무엇 때문에 어떤 생물은 멸종하고 어떤 생물은 번성하며 어떤 생물은 진화했을까? 이 문제를 고민하던 다윈은 맬서스의 인구론을 읽고 큰 영향을 받았어. 맬서스는 식량 증가는 산술적인데 반해 인구의 증가는 기하급수적이기 때문에 인구의 증가가 식량의 증가를 앞질러 결국은 부족한 자원을 둘러싸고 투쟁이 벌어질 거라고 했거든. 이러한 투쟁에서 승리한 자가 생존하고 패배한 자는 굶주림으로 죽어갈 것이라고 말이야.

맬서스에게 영향을 받은 다윈은 자연을 1만 개의 쐐기가 들어차 있는 공간으로 비유하며 새로운 종이 이 공간에 들어가기 위해서는 작은 틈새를 비집고 들어가 다른 쐐기를 밀어내야 한다는 거야. 먹잇감, 서식지, 짝짓기 대상 등 한정된 자원을 두고 경쟁을 벌이며 살아남기 위해 끝없는 생존 경쟁을 벌이는 것이 생명의 기본적인 속성이며 생명 진화의 바탕이라는 거지.

이러한 다윈의 생각은 다윈의 추종자들과 당시 제3세계를 식민지로 확장하고 있던 유럽의 분위기와 맞아떨어지면서 강화되고 확산되었어. 생명은 기본적으로 생존하고 번식하기 위해서 경쟁하는 것이고, 경쟁에서 뒤쳐져 도태되는 것도 자연스러운 일이라는 거지. 이것은 강자가 약자를 지배하는 것은 자연스러운 일이고 윤리적으로 문제 될 것이 없다는 자기 합리화의 근거로 충분했지. 유럽이 제3세계를 식민지로 삼거나 인간이 동물을 욕구의 수단으로 삼는 것은 자연스러운 일이라는 거야. 자연의 법칙이 그러하니까 말이야.

정말로 생명체들은 치열한 생존 경쟁에 의해서만 진화해왔고, 우리는 이러한 과도한 경쟁을 받아들이며 살아야만 하는 걸까? 러시아의 동물학자이자 사회주의 아나키즘 활동가였던 표트르 알렉세예비치 크로포트킨은 생물은 경쟁에 의해서가 아니라 서로간의 협동을 통해서 다시 말해 상호 부조를 통해서 진화했다고 주장했어. 크로포트킨은 《만물은 서로 돕는다》에서 동물과 야만인, 미개인, 중세 도시, 근대인 등 다양한 사례를 들며 생물의 진화는 경쟁이 아닌 상호 부조에 의해 이루어졌다고 했어.

우리는 '동물의 세계'와 같은 다큐멘터리에서 사자들이 영양을 뒤쫓아 사냥하여 포식하는 장면을 흔히 보잖아. 그러한 이미지들은 약육강식을 당연하고 자연스럽게 받아들이도록 만든다. 하지만 그것이 전부일까? 야생에서 초식 동물은 맹수들로부터 목숨을 보존하기 위하여 전전긍긍하며 겨우겨우 생존하고 있는 것일까? 초원에는 많은 생물들이 살고 있어. 그중에 다른 동물을 잡아먹는 육식 동물은 전체를 생각했을 때 극소수에 불과하지. 유럽인들이 아메리카 대륙이나 다른 대륙에 진출하여 그곳의 생태계를 붕괴시키기 이전에 그 곳에는 지금 우리가 상상할 수 없는 규모의 동물 군체들이 있었단다. 유럽인들이 목축을 위하여 버펄로를 몰살시키기 이전에 아메리카에는 너무도 많은 버펄로들이 있었어. 길을 가다 버펄로 무리를 만나면 어떤 때에는 끝이 보이지 않는 버펄로 무리가 다 지나가기까지 2~3일씩이나 기다려야 할 정도였다고 해. 또 러시아인들이 시베리아를 차지했을 때, 그곳에도 헤아릴 수 없이 많은 사슴, 영양, 다람쥐 등의 동물들이 있었단다. 그리고 지금도 동아프리카 평원에는 얼룩말, 큰영양, 순록, 사향소 등의 무리로 뒤덮여 있어. 약육강식만이 생물 진화의 법칙이어서 강한 동물만이 살아남는다고 한다면 육식 동물과는 비교할 수 없을 정도로 수적 우위를 점하고 있는 이들 동물들을 설명하기는 힘들 거야.

다윈의 추종자들은 동물 종 사이에서뿐만 아니라 군집 내에서도 끊임없는 경쟁이 이루어진다고 주장하지만, 크로포트킨에 의하면 시베리아의 아무르 지역과 우수리 강 유역 등을 5년에 걸쳐 탐사하는 과정에서 군집 내에서 경쟁하는 경우는 찾기 힘들었다는구나. 많은 군집의 구성원들은 일상적으로 서로 협력하며 군집을 이루고 있었거든. 간혹 경쟁을 하거나 다툼이 있는 경우도 있지만 그것은 극히 예외적인 부분이고 대부분의 생활은 서로 협력하고 존중하는 시간을 보내. 그러한 현상에 대하여 러시아의 동물학자이며 페테르부르크 대학의 학장이었던 케슬러 교수는 "더 많은 개체들이 함께 모이면, 서로 더 많이 도울 수 있고, 지능적으로 더욱더 발달할 수 있을 뿐만 아니라 그 종들이 살아남을 기회를 더 많이 갖게 된다."고도 했어. P. A. 크로포트킨, 《만물은 서로 돕는다》, 김영범 역, 르네상스, 2012, 33쪽. 케슬러 교수의 이러한 지적에 대하여 당시 러시아의 많은 학자들도 타당한 지적이라고 받아들였지. 왜냐하면 그들이 북아시아나 동러시아의 야생 지대에서 동물 군집을 관찰할 때 발견한 모습들이 그러했기 때문이야.

동물들이 상호 협조하는 모습은 너무나 많은 경우에 볼 수가 있어. 예를 들어 개미들은 일과 번식 등 모든 일을 상호 부조의 원리에 따라 처리해. 개미들은 다른 개미가 배고프거나 목마르다고 하면 동료 개미를 위하여 음식을 게워내어 먹이지. 만약 동료들에게 나누어주기를 거절한다면 그 개미는 적보다 더 나쁘게 취급되기도 해. 만약 동족들이 다른 종과 싸우고 있을 때 그런 식으로 거절한다면 개미들은 적들보다 훨씬 더 격렬하게 그 개미를 공격하지.P. A. 크로포트킨, 앞의 책, 39쪽. 또 유럽참새의 경우 어떤 먹이를 발견하든지 자신이 속한 집단의 모든 구성원들과 성실하게 먹을 것을 공유한단다. 몸집이 작은 동물뿐만 아니라 몸집이 큰 동물들도 군집에서 상호협조를 하지. 흰꼬리독수리는 여러 마리가 협력을 하여 먹이를 찾고, 먹이를 찾았을 때 먼저 늙은 독수리가 먹이를 먹고 다음에 젊은 독수리들이 먹이를 먹을 수 있도록 망을 봐줘.P. A. 크로포트킨, 앞의 책, 47쪽.

동물들이 군집을 이루고 상호 부조하는 것은 각 개체를 위해서는 말할 것도 없고 군집을 위해서도 유리하거든. 사회를 이루고 살아가는 야생마와 아시아당나귀, 얼룩말들은 군집을 이룸으로 해서 맹수들로부터 자신을 지킬 수가 있지. 이들이 무리를 이루고 방어하는 상태에서는 늑대나 곰, 심지어는 사자조차도 이들을 사냥할 수 없거든. 경우에 따라 무리에서 떨어진 약한 동물을 찾지 못하는 경우 이들 맹수들은 며칠씩 굶기도 한단다. '동물의 왕국'에서 보듯이 맹수들이 항상 사냥에 성공하고 배부르게 먹고 사는 건 아니야. 야생마들은 가뭄이 들어 초원에 풀이 시들어가면 때로 1만 마리가 무리를 지어 이주하기도 하지. 이렇게 무리를 짓는 것이 맹수는 물론이고 눈보라 속에서 자신을 지키는 데 유리하다는 것을 아는 거야. 이 야생마

동물들은 환경의 변화나 외부의 적으로부터 자신을 지키기 위해 경쟁보다는 상호 부조의 관계를 맺는다.

들에게 단결과 상호 부조는 생존 경쟁을 위한 가장 중요한 수단인 셈이지. 이러한 단결은 상호간에 신뢰심과 동정심에 의해서 유지돼. 이러한 동정심은 눈먼 사다새 한 마리가 동료 사다새들이 48킬로미터 밖에서 구해온 물고기로 연명하거나, 부상당한 동료를 구출해서 데려가는 족제비 등 많은 사례에서 볼 수 있어. 또 이런 동정심이 같은 군집원에게만 해당되는 건 아니야. 벌들은 여왕벌을 중심으로 군집을 이루어 생활을 하며, 각자 맡겨진 업무에 충실하잖아. 그중에 다른 벌들로부터 벌집을 지키는 역할을 하는 벌들은 말벌이 침입하는 경우 목숨을 내걸고 공격을 해. 하지만 다른 군집의 일벌이 꿀을 딴 후에 벌집을 잘못 찾아오는 경우 공격하지 않고 돌려보낸단다.

다윈은 동물들이 집단 내에서 먹이를 얻거나 번식하기 위하여 경쟁이 중요한 요소라고 생각했어. 그러한 경쟁을 통해 좀 더 강한 유전자가 다음 세대로 전달되고 종이 진화된다고 보았지. 하지만 실제로 동물의 생존에 영향을 미치는 요소는 내부적인 요인보다는 외부의 환경적 요소들이야. 동물들이 자신의 유전자를 다음 세대에 물려주느냐 혹은 물려주지 못하느냐의 결과는 동족 내 다른 개체와의 경쟁에서 이기고 지느냐에 따라서 결정되는 것이 아니라, 혹독한 환경 속에서 어떻게 살아남느냐에 의해서 결정되거든. 이것은 폭설에 의해서 수천 마리의 물새들이나 사슴들이 떼죽음을 당하는 상황을 생각해보면 각 개체간의 경쟁은 무의미해진다는 것을 이해할 수 있을 거야. 따라서 동물들은 그러한 환경의 변화나 외부의 적으로부터 자신을 지키기 위하여 경쟁보다는 상호 부조의 관계를 맺고 있단다. 이러한 환경의 변화에 좀 더 유연하게 대처하는 것은 개체가 아닌 종이며, 상호 협동을 잘한 종들이 그런 환경에서 살아남아. 또 동물들은 많은 에너지가 소모되는 경쟁보다는 에너지를 최소로 소비하기 위해 경쟁을 피하는 방법을 선택한단다. 가령 겨울이 다가오면 새들은 추운 겨울에 맞서기보다는 남쪽으로 이동하여 경쟁을 피하고, 많은 설치류들은 먹이 경쟁이 시작되어야 하는 시기가 오면 아예 겨울잠에 들어가버리거든. 이러한 방식으로 동물들은 상호 부조하거나 경쟁을 잘 피하는 종들이 살아남게 되고 더 점진적인 발전을 할 기회를 얻게 되지.

　이러한 상호 부조는 동물들 사이에서만 이루어진 것은 아니야. 인류도 발전해오면서 상호 부조를 통해서 진화해왔어. 크로포트킨은 그러한 사례를 원시 부족에서 찾았지. 초기에 원시 부족에 대한 시각은 편견에 가득 찬 것들이었단다. 그들이 살던 지역에서 그들을 내쫓던 이들에 의해서 만들어진 말들이기 때문에 그럴 수밖에 없었어. 하지만 이후에 알려진 사실은 부시맨은 작은 부족 단위로 살았고 때로는 서로 연합되어 있었으며, 공동 사냥에 익숙했고 서로 다투지 않고 전리품을 나누었으며, 부상당한 사람들을 절대로 내버리지 않는 등 동료에 대해 강한 애정을 드러내는 성향이었다는 거야. P. A. 크로포트킨, 앞의 책, 121쪽. 또 부시맨보다 약간 발전된 호텐토트족은 아무리 배가 고프더라도 혼자서 먹지 않고 지나가는 사람을 불러 음식을 함께 나누어 먹었단다. 이러한 관습은 호텐토트족만의 관습이 아니라 야만인들 사이에 거의 보편적인 습성이었지. 그들을 지켜본 유럽인은 "그들은 극도로 고요한 삶을 살고 이웃들과 좀처럼 싸움을 벌이지 않으며 매우 친절하고 서로에게 호의적이다. 또 포텐토트족에게 가장 즐거운 일은 서로에게 은혜와 호의를 베푸는 것이다."라고 전했단다. P. A. 크로포트킨, 앞의 책, 123쪽. 이러한 생각은 가뭄과 같이 먹을 것을 구하기 힘들어졌을 때 노인들이 스스로 부족에 짐이 된다고 생각된다면 자신을 죽여달라고 공동체에 부탁을 하고 이것이 공동체에 대한 마지막 의무라고 고집하며 부족의 동의를 얻어냈단다. P. A. 크로포트킨, 앞의 책, 138~141쪽. 이와 같이 야만인들은 공동체 구성원들과 경쟁보다는 상호 협력함으로써 공동체를 유지했단다.

크로포트킨은 원시 부족 사회 이후의 인류 역사에서 나타난 수공업 길드나 촌락 공동체, 그리고 노동 조합과 같은 예를 들며 인간 사회의 진화도 경쟁보다는 상호 부조에 의해 유지되고 발전되었다고 주장했어.

동물들은 언제 어떻게 변화할지 알 수 없는 환경 속에서 개체와 종족을 유지하기 위해 개체간의 생존 경쟁이 아니라 상호 부조의 형태를 유지해왔어. 물론 급격한 환경의 변화가 없는 가운데 많은 종들이 빽빽하게 들어차 있는 열대 지방이라면 하나의 생명이 생존하기 위해서 다른 생명과의 경쟁이 중요한 요소일 거야. 하지만 환경이 급변하는 곳에서 살고 있는 대다수의 동물들은 군집을 이루어 살며 상호 협력함으로써 생존경쟁에서 유리한 자리를 차지하거든. 급변하는 환경에 적응하기 위해서는 개별적인 경쟁을 최소화하고 상호 부조를 최고조로 발전시킨 동물 종들만이 번성할 수 있기 때문이야. 실제로도 자연의 많은 생명들은 경쟁보다는 상호 협력 속에서 번성해. 물론 그들 속에서도 경쟁은 있지. 하지만 그 경쟁은 극히 한때이거나 일부분이야.

자연의 상호 부조와 상호 경쟁의 관계가 이러한데, 우리는 지나치게 경쟁만을 강조해온 것이 사실이야. 또 더 나아가 강자만이 살아남을 수 있다고 이야기하며, 강자가 약자에게 폭력을 행사하고 착취하는 것이 현실이잖아. 여기에는 인간 사회 내부에서 벌어지는 차별과 폭력은 물론이고 인간의 동물에 대한 폭력과 착취 또한 포함되거든. 여기에서 우리는 다윈이 생물의 진화에 대해 말한 여러 가지 측면 중 왜 생존경쟁이 강조되었는지를 생각해봐야 해. 그것은 소수의 강자들이 자신들의 폭력과 착취를 합리화하기 위해 생존경쟁과 적자생존, 그리고 약육강식을 수단으로 삼았기 때문이야. 이러한 강자의 이데올로기에서 벗어나 우리는 생명의 관계를 다시 파악해야만 한단다. 만물은 서로 도우며 사는 존재들이니까.

읽을 거리

만물은 서로 돕는다
P. A. 크로포트킨 지음 | 김영범 옮김 | 르네상스

다윈은 생명은 서로 생존경쟁을 통해서 진화했다고 이야기한다. 하지만 크로포트킨이 관찰한 시베리아 벌판의 군집들에서는 경쟁을 벌이는 경우가 드물었다. 오히려 많은 생물들은 서로 협력하여 공동체를 유지하고 있었다. 크로포트킨은 동물과 인간 사회의 다양한 사례를 통해서 생물은 경쟁보다는 상호 부조에 의해서 종을 유지하고 진화해왔다고 이야기한다.

4

인간만의 독특한 언어와 인지는
어떻게 생겼을까

아빠, 인간이 언어와 이성을 가졌다는 것이 왜 고등 동물의 증거가 될 수 없나요?

인간은 다른 생명들과 함께 오랜 시간을 거쳐 진화해왔어. 그리고 오늘날 지구상에서 가장 우월한 종족이 되었다고 스스로 평가하지. 생명은 오랜 세월 동안 다른 생명들과 상호 작용하면서 진화하여 오늘에 이르렀기에 공진화라고 해. 전체 생명 간에 차이는 있지만 사람들이 좋아하는 '우월'과 같은 차별은 없어. 사람이나 코끼리, 소나 개미 등 동시대를 살고 있는 모든 생명은 같은 생명일 뿐이야. 그런데 인간에게는 다른 종과 달라 보이는 인간만의 독특한 무엇인가 있어 보이지. 그것이 무엇일까? 또 그것은 어떻게 생긴 것일까?

인간의 특성이 무엇인지에 대한 고민은 유사 이래로 끊임없이 이루어졌어. 소위 이름난 철학자치고 인간의 특성에 대하여 정의내리지 않은 사람이 없을 정도야. 그런데 그런 정의들 중에 대부분이 종차별적인 정의들이란다. 가령 이런 식이지. "인간은 이성을 가진 존재이기 때문에 동물보다 우월하다." 이런 정의를 보면 인간의 특성을 고민하기 위한 것인지 다른 동물을 차별하기 위한 수단을 찾기 위한 것인지 분간하기 어렵단다. 인간과 동물의 차이를 종차별적인 시각이 아닌 다른 시각으로 이해할 수는 없는 걸까?

약 45억 년 전에 지구는 수소, 헬륨, 탄소, 질소, 산소 등의 기체 구름에서 형성되었어. 초기의 지구는 자외선과 용암이 들끓는 행성이었으며 시간이 지나 뜨겁던 표면이 식으면서 유기 분자 영역 안에 다양성과 신축성이 생김에 따라 자신과 같은 부류의 분자들을 통합하는 그물체가 생겼단다. 이 그물체는 자기를 실현하는 가운데 주위 공간에 대한 경계를 스스로 만들었어. 이처럼 자기 자신을 생산하면서 자신의 경계도 결정하는 분자적 상호 작용들의 그물이 바로 생물로, 초기의 박테리아들이야. 또 이 생물들은 창발적으로 자기 자신을 지속적으로 생성하는데 이를 자기 생성이라고 하지. 이는 생명의 특징이기도 하단다.

초기의 박테리아는 오랜 시간을 거쳐 지구상의 무수한 생명체들로 진화했어. 다윈은 이들 생명의 진화는 자연 선택에 의해서 이루어졌다고 주장했지. 자연 선택은 자연에 의해 환경에 잘 적응한 변이를 갖는 개체가 선택되어 자손을 남기고 번성하며, 이에 따라 각각의 종은 환경에 적응하는 방향으로 변화하는 과정이라는 거야. 이 자연 선택에 대하여 다양한 반론들이 있어. 칠레의 철학자이며 인지생물학의 거장이라는 평가를 받고 있는 움베르또 마뚜라나는 생명체는 환경에 의해 일방적으로 적응 여부를 선택받는 것이 아니라, 유기체와 환경이 '구조 접속'을 바탕으로 유기체가 환경 안에서 역동적 체계로 구조적 양립 상태를 이루는데 이를 적응이라고 했어.

여기에 '구조 접속'이란 낯선 개념이 등장해. 구조 접속이란 개체와 환경과의 관계에 대한 마뚜라나의 독특한 개념이야. 어떤 특정 세포의 특징

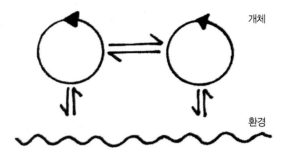

개체는 환경 속에 살고 있다. 하지만 둘의 관계는 개체가 환경의 영향을 일방적으로 받는 것이 아니라, 환경도 개체들에 의해서 변화를 한다. 또 개체 사이의 관계도 마찬가지다. 두 개체는 관계 속에서 새로운 단계로 변화해간다. 이렇게 개체는 주변 환경과 구조접속되어 있다.
그림출처 : 움베르또 마뚜라나, 1984.

을 구성하고 결정하는 것은 그 세포가 혼자서 이루어내는 것이 아니라 주위 환경과 상호 작용 관계 속에서 구조적으로 이루어진다는 거지. 이 상태를 관찰자의 관점에서 바라보면 개체와 환경의 재귀(Rekursion, 再歸, 영향이 자기에게 되돌아옴)적 상호 작용은 둘의 상호 섭동(Perturbation , 攝動, 상호 작용이 극히 작은 주변의 요소들에 의해서 영향을 받음)으로 나타난다는 거야.움베르또 마뚜라나 · 프란시스코 바렐라, 《앎의 나무》, 갈무리, 2007, 91쪽. 낯선 단어들이 등장하니까 좀 어렵게 들리지. 쉽게 이야기하면 개체와 환경은 상호 작용하며 변한다는 거지. 이런 상호 작용에서 환경의 구조는 자기 생성을 하는 개체의 구조에 변화를 유발할 뿐, 그것을 결정하지 않아. 이것은 거꾸로 환경에 대해서도 마찬가지야. 개체와 환경이 해체되지 않는 한, 이런 재귀적 상호 작용은 구조 변화를 서로 주고받는 역사를 만든다. 이것이 바로 구조 접속이야.

앞에서 이야기했던 박테리아의 역사를 다시 생각해보자. 초기 지구 환경에서 원핵세포가 진화하면서 수소를 얻기 위하여 다양한 방식이 이루어진단다. 최초로 광합성을 할 수 있었던 박테리아는 수소 기체 또는 황화수소를 이용했지만 이것들이 고갈되어짐에 따라 자주색과 초록색의 광합성미생물은 수소 공급원을 찾다가 물을 이용하게 되었지. 박테리아들이 물에서 수소를 이용하면서 대기 중의 산소는 급증하게 돼. 산소는 산화력이 강한 기체로 모든 단백질을 산화시켜버려. 이로 인해 많은 박테리아들은 위기를 맞지만 그중에 산소에 적응하는 호기성 박테리아가 생겨남으로써 생명은 또 다른 차원을 맞이하는 계기가 된단다. 이렇듯 생명과 환경은 일방적인 관계가 아니라 상호 작용을 하면서 변화하는 관계야. 박테리아가 산소가 많은 환경을 만들고 또 이 환경은 많은 박테리아를 죽였지만, 또 그중에 살아남은 박테리아는 더욱 진화의 속도를 높이게 된 것이지.

생물은 주변 환경과 자신을 '구별' 시키면서 생명체를 생성해. 하지만 그 구별은 완전히 차단된 구별이 아니라 환경과 자신이 생성한 생성물과 관계를 맺으며 그것들을 생성한 환경 안에서 다시 통합돼. 생물은 증식을 통하여 생식하는데 이 과정에서 조직은 일정하게 보존되면서 구조적 변이가 생겨. 새 개체가 생기면 그 개체는 앞 개체와 같은 점과 다른 점을 가지지. 자식을 낳으면 그 자식은 부모와 비슷한 점도 있고 다른 점도 있는 것처럼. 이런 과정에서 우리는 앞 개체의 구조와 같다고 판단되는 측면을 가리켜 유전이라 부르고 다르다고 판단되는 측면을 가리켜 생식을 통한 변이라 불러.

개체는 유전을 통하여 개체의 특성을 유지하고 또 변이를 통하여 변화되는 환경에 적응한단다. 변이는 어떤 형태로 이뤄질까? 생물의 진화 형태는 높은 산 위에서 물을 부어 물이 흘러내려간 자국과 같아. 물은 어느 위치에 부어졌느냐에 따라 흘러가는 물줄기의 방향이 달라지고 또 흘러가는 과정 중에 어떤 지형지물을 마주쳤느냐에 따라서도 달라지지. 하지만 물줄기는 단지 지형지물에 의해 영향만 받는 것이 아니라 지형지물을 바꾸기도 하며 그로 인해 자기 자신이 재귀적으로 영향을 받기도 해. 강물이 흘러가는 모양을 상상해봐. 강물은 주변과의 관계에 의해 굽이굽이 흐르면서 물줄기를 만들고 시시때때로 물줄기의 방향을 바꾸기도 하잖아. 그러면서 우각호가 생기기도 하고 말이야. 개체 발생은 생물과 환경이 주고받는 상호 작용의 역사 속에서 상호 작용이 유발하는 생물의 구조 변화를 통해 선택된 경로를 밟아. 이렇듯 물이 흘러내려가는 형태를 자연 표류라고 해. 이렇게 자연 표류로 진화된 생물의 형태를 산 위에서 내려다보면 사방으로 흘러내려간 물줄기와 같아. 이것은 지리산에서 흘러내려가는 물줄기를 상상해보면 쉬워. 지리산의 물줄기는 어느 하나만 있는 것이 아니잖아. 물줄기는 사방으로 흘러가며 곳곳에 각각의 골짜기를 만들지.

이러한 과정을 거쳐 모든 생물은 적응을 하거나 때로는 멸종되기도 한단다. 그리고 지금 그 종이 살아 있는 한 더 잘 적응하거나 덜 적응된 상태라는 것은 없다는 거야. 고등 생물이나 하등 생물 같은 것은 없다는 거지.

생물은 진화의 과정 속에 신경계를 갖게 돼. 신경계란 유기체가 환경에서 가져온 정보들로 세계에 대한 표상을 만들고 또 이것을 바탕으로 생존에 필요한 행동을 결정하는 데 쓰는 도구란다. 신경계가 있음으로써 유기체는 다양한 구조로 발전할 수 있게 되었어. 이러한 신경계가 풍부하고 넓게 펼쳐지면서 유기체는 상호 작용을 바탕으로 구조 접속의 새 차원들을 열며 새로운 현상들이 생기지. 그 과정에서 마침내 인간에게는 언어와 자기 의식이 생기게 돼. 생물학적으로 사람다움의 독특함이란 오직 '언어 안에 존재' 함으로써 생기는 사회적 구조 접속에 있을 뿐이거든. 사람은 사회적 삶 속에서 언어를 갖고 있는 유일한 동물은 아니야. 하지만 사람만이 언

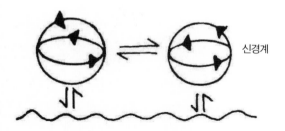

환경과 구조 접속을 하고 있던 개체는 신경이 발달하면서 내부에 신경계가 만들어진다. 이 신경계로 인해 유기체는 주위 환경은 말할 것도 없고 개체 내적으로도 훨씬 다양한 관계가 창발된다.
그림출처 : 움베르또 마뚜라나, 1984.

어를 통해 새로운 현상계인 언어의 나라를 산출한단다.움베르또 마뚜라나 · 프란시스코 바렐라, 앞의 책, 237쪽.

　많은 철학자들은 인간은 이성을 지닌 존재이기 때문에 동물과는 근원적으로 다르거나 또는 차원이 다른 존재라고 이야기하지. 하지만 인간의 이성은 진화론적으로 인간의 적응에서 창발적으로 이루어진 수단일 뿐 그것이 다른 생명을 차별하는 근거가 되진 않아. 인간에게 이성이 있다면 독수리는 튼튼한 날개가 있고 코뿔소는 코뿔이 있고 토끼는 긴 귀가 있으며 박쥐에게는 초음파 감각 기관이 있으니까. 이러한 각 종들의 차이는 차이일 뿐 차별의 근거가 될 수는 없어. 지구상의 생명은 각기 그런 차이점을 가지고 있는 공진화한 다양한 존재들이야.

읽을 거리

앎의 나무
움베르또 마뚜라나 · 프란시스코 바렐라 지음 | 최호영 옮김 | 갈무리

마뚜라나는 칠레의 철학자이며 인지생물학의 거장이라는 평가를 받고 있다. 바렐라는 생물학자로 마뚜라나로부터 가르침을 받고 후에 그의 동료가 되어 '자기 생성 (autopoiesis)' 개념을 생물학에 도입하였다. 마뚜라나는 이 책을 통하여 우리의 존재를 가능케 하는 기제와 우리의 인식 능력을 가능케 하는 기제가 구조 접속이라는 개념 속에서 동일하다는 것을 밝혀냈다. 또 우리가 사랑을 바탕으로 타인들과 함께 산출한 세계만이 우리가 접근할 수 있는 세계이며 따라서 이 세계에 대해 우리가 책임을 져야 한다는 것을 일깨우려고 한다.

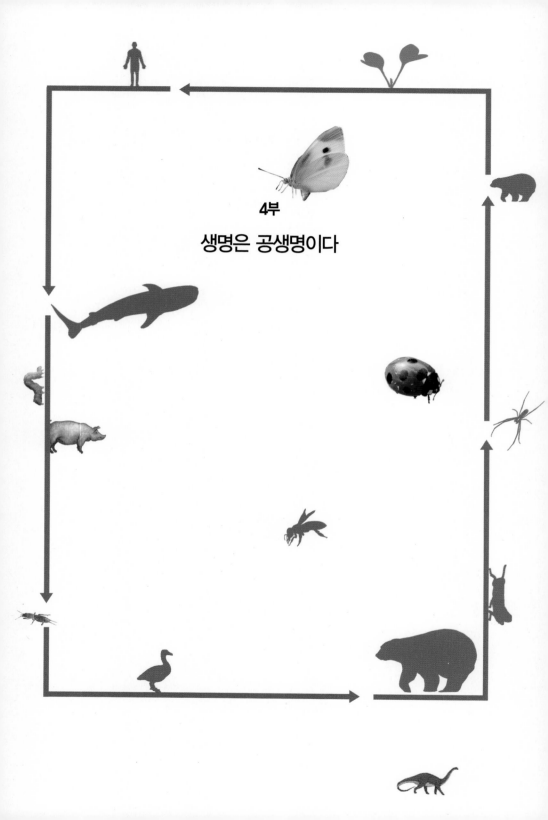

4부

생명은 공생명이다

1
세균은
인간의 적인가

아빠, 내 몸속에 1조 마리의 미생물이 산다구요?

리수야, 우리는 앞에서 생명이 무엇을 목표로 어떻게 진화해왔는지 살펴봤어. 생명은 서로 협력하며 번성할 수 있는 생명권의 여백을 향하여 진화해왔지. 그럼 이번에는 생명체들이 어떻게 다른 생명들과 관계를 맺고 있는지 좀 더 자세히 살펴볼까?

2003년 전 세계는 사스(SARS, Severe Acute Respiratory Syndrome) 공포에 휘청거렸지. 홍콩에서 시작된 사스는 16주 만에 수그러들었지만 그 사이 전 세계적으로 8,737명을 감염시켰고 그중 813명이 사망했단다. 사스가 극성을 부리던 시기에 국내 상황도 국가 비상 사태 못지않았지. 또 2009년 신종플루가 퍼지면서 많은 모임들이 취소되었고 해외 여행 취소 사태도 벌어졌지. 사스와 신종플루는 인플루엔자 바이러스와 코로나 바이러스에 의해 발생한 전염병이야. 그 당시 많은 사람들은 이 전염병들을 예방하기 위하여 예방 접종을 맞았지. 또 신종플루의 특효약이라는 타미플루를 구입하기 위하여 편법을 동원한 사람들도 있었어. TV에서는 전염병을 예방하기 위해서는 위생에 만전을 기해야 한다며 이런 저런 손 세정제들 광고가 나왔고 대박을 터뜨렸지. 손 세정제는 전철역이나 학교 등 공공 장소 곳곳에 설치되었고 사람들은 세균과 바이러스를 예방하기 위해 시시때때로 손을 씻었단다. 그렇게 세균과 바이러스에 대한 두려움은 커져만 갔어.

세균과 바이러스에 대한 반감은 전문가들도 별다르지 않아. 아빠가 대학에서 미생물학과 전염병학을 배우던 시절을 돌이켜보면 세균에는 어떤 것들이 있고 바이러스에는 어떤 종류가 있으며 그러한 세균이나 바이러스들이 어떤 질병을 일으키는지를 배웠지. 그리고 내과학이나 공중보건학, 면역학에서 그런 세균이나 바이러스들이 일으키는 여러 질병들과 그 질병을 진단하고 치료하는 방법도 배었고 말이야. 또 약리학에서 다양한 항생제의 기전과 효능을 배웠어. 적을 알고 적들과 싸우기 위한 무기까지 배우는 셈이지. 그렇게 세균과 바이러스는 무찔러버려야 할 적일 뿐이라고 배운단다.

인류 역사에는 많은 전염병들이 있었어. 흑사병, 홍역, 볼거리, 백일해, 파상풍, 광견병 등 여러 전염병은 수많은 사람들의 목숨을 앗아갔지. 의학이 발달하기 이전에는 왜 수많은 사람들이 죽어가는지 이유를 몰라서 때로는 마녀의 소행이라며 마녀 사냥을 하기도 했어. 그러다가 파스퇴르가 미생물을 발견하면서 전염병의 원인이 눈에 보이지 않은 아주 작은 미생물에 의한 것이라는 것을 알게 되었어. 파스퇴르는 백신 접종법을 개발했고 영국의 세균학자 플레밍이 곰팡이에서 페니실린을 발견했지. 이로써 사람들은 눈에 보이지도 않는 이 작은 미생물들을 백신과 항생제로 정복할 수 있는 하찮은 존재라고 생각하게 되었지. 하지만 그것이 전부일까?

린 마굴리스의 《마이크로 코스모스》를 보면 지구의 생명체가 어떻게 진화해왔는지 알 수 있어. 지구가 생성되고 화산 연기가 자욱하던 때에 처음 나타난 생명은 박테리아야. 이 박테리아들은 20억 년에 걸쳐서 지구를 생명이 생존할 수 있는 환경으로 만들었지. 그리고 변화한 환경에 맞춰서 다양한 생명체로 진화했어. 그렇게 진화하는 과정 속에서 박테리아는 각 생명들과 공진화할 수 있는 방식을 모색한단다. 박테리아의 시대에 다른 생명체가 태어났다고 해서 박테리아의 시대가 끝난 것이 아니라 박테리아를 기반으로 해서 또 다른 생명체가 탄생한 거지.

그러한 결과로 오늘날 지구상에 많은 생명체들이 있는 거란다. 눈에 보이는 생명체도 많지만 눈에 보이지 않는 세균의 수는 정말 어마어마해. 10^{29}개로 추정되지. 이 세균들은 동물들이 섭취한 먹이를 소화시킬 수 있도록 도와주고 동물의 분비물을 분해시키며 오물을 정화시켜주지. 그렇게 하여 자연의 생명체들이 끝없이 순환할 수 있도록 돕는단다.

생태계가 유지될 수 있는 데에는 분명 세균의 역할이 필요하단다. 그럼에도 불구하고 세균에 대한 인식이 부정적이기만 한 것은 안타까운 일이야. 세균의 감염은 질병의 방식만이 아니며 삶의 방식이기도 하거든. 세균은 생명에게 해로운 점도 있지만 이로운 점들이 더 많아. 사람들은 대부분 자신은 무척 깨끗하거나 순수한 존재라고 생각해. 하지만 자신의 몸속에 얼마나 많은 세균이 있는지 알게 된다면 소스라치게 놀랄걸. 2012년 6월 미국 국립보건원(NIH)은 전 세계 80여 개 연구소에서 200명의 연구진이 참여한 '인체 미생물 군집 프로젝트(HMP)' 1차 작업 결과를 발표했어. 분석 결과 사람의 몸에는 1만 종이 넘는 미생물이 살고 있었지. 마릿수로 따지면 1조 마리 이상이었어. 이들 인체 미생물의 유전자 개수는 인간 유전자의 360배에 달해. 무게로 따지면 약 2kg이야. 2003년 인간 게놈 프로젝트에서 인간 게놈의 서열 분석을 마쳤을 때, 과학자들은 인간 염색체 속에서 고작 2만~2만 5,000종의 유전자만을 발견했어. 평균적인 인간의 몸속에서 오직

10퍼센트의 세포만이 '인간 세포'라고 할 수 있단다. 절대 다수인 나머지 90퍼센트의 세포는 세균이야. 또 우리가 인간 세포라고 부르는 10퍼센트 중 단 한 개의 세포도 온전히 인간 세포라고 할 수 없어. 이 세포들 속에도 우리의 유전자가 아닌 다른 유전자를 가지고 있는 미토콘드리아가 들어 있기 때문이지.

만약 생명체에 세균이 감염되어 있지 않다면 어떤 결과가 발생할까? 과학자들은 무균 마우스를 이용하여 다양한 연구를 했어. 연구 결과 세균에 감염되지 않은 동물들은 감염된 동물들에 비해 음식과 물을 더 많이 필요로 했어. 무균 마우스를 대상으로 한 여러 실험에서 무균 상태의 설치류는 정상 설치류보다 3분의 1의 물을 더 마셔야 했지. 물은 대장에서 대부분 재흡수돼. 그러나 무균 상태의 대장은 정상 세균총이 자리잡은 대장에 비해 물을 재흡수하는 능력이 훨씬 떨어졌어. 또 세균은 복합당 등 고열량 식품의 소화를 도와준단다. 미생물의 도움이 없다면 에너지가 풍부한 복합당은 그냥 몸을 빠져나가버리게 돼. 이런 손실을 보충하기 위해 무균 상태의 동물은 30%의 단순당과 지방을 더 섭취해야 한단다.제럴드 N. 캘러헌, 《감염》, 강병철 역, 세종서적, 2010, 37쪽. 또 무균 마우스는 정상 마우스라면 체내에서 합성할 비타민과 기타 영양소를 공급받아야만 해. 우리 위장관에 서식하는 세균이 생명체에게 필수적인 것을 제공하는 셈이지.

건강한 생명체는 세균에 감염되지 않은 상태가 아니란다. 건강한 생명체는 세균이 감염된 상태에서 그 세균들이 과도하게 증식하는 것을 억제하면서 동적 평형을 유지하고 있는 상태를 의미해. 그러기 위해서는 세균에 반복적으로 감염되면서 면역력을 갖는 과정과 면역 세포가 병원균과 싸워서 이길 수 있도록 도와주는 정상 세균총들이 필요해. 우리는 세균에 대하여 배울 때 몸에 질병을 일으키는 병원균에 대해서만 지나치게 경각심을 갖도록 배우고 생명체와 공생하고 있는 대다수의 세균들의 역할에 대해서는 등한시해왔어. 몸을 건강한 상태로 유지할 수 있도록 생명체와 공생하고 있는 세균 집단을 정상 세균총이라고 해. 이들 정상 세균총은 소화 흡수, 3000종 이상의 효소 생산, 위장관 발달, 면역계 발달, 감염 예방, 화학 물질 분해, 위장관 혈관 형성, 수분 흡수 등 숙주의 기능을 향상시킨단다. 또 어떤 세균은 숙주 세포와 상호 반응하여 항생 물질을 생산하여 생명체가 심각한 감염증에 걸리지 않게 해주는 역할을 해. 이렇듯 건강한 생명체는 병원균에 감염되더라도 면역 작용에 의해 병원균이 병적 상태를 만들지 못하도록 스스로 조절해. 이렇게 스스로 조절할 줄 아는 상태는 그냥 이루어지는 것이 아니야. 평상시에 반복적으로 세균들과의 전쟁을 치르면서 이루어지지. 이것은 군인이 훈련을 통해 실전에서 제 역할을 할 수 있는 것과 같아.

위생 가설(Hygiene hypothesis)이라는 것이 있어. 이것은 소아 천식과 알레르기의 원인에 관심을 갖고 있던 소아과 의사인 에리카 폰 무티우스가 통일독일에서 동독과 서독의 아이들을 비교하면서 세운 가설이야. 무티우스 박사는 자란 환경이 지저분했던 동독의 어린이들이 천식과 알레르기가 더 심할 것이라고 예상했어. 하지만 연구 결과는 정반대였어.제럴드 N. 캘러헌, 앞의 책, 42쪽. 또 중국과 오스트리아, 스위스에서 연구를 계속 진행한 무티우스 박사는 어린 시절에 세균에 노출된 정도와 천식 발생률 사이에는 반비례 관계가 있음을 알아냈어. 조금 지저분한 환경에서 자란 아이들이 면역력이 높았다는 거야.

사람들은 페니실린이 발견되면서 세균과의 전쟁이 승리로 곧 끝날 것이라고 생각했어. 하지만 얼마 지나지 않아 페니실린에 저항하는 세균이 생겨났지. 이에 따라 사람들은 연구를 거듭하여 페니실린에 저항하는 세균을 죽일 수 있는 항생제를 개발했지. 하지만 이 항생제에 대해서도 내성을 가진 세균들이 생겨났어. 세균들은 항생제에 의해서 죽어. 하지만 간혹 살아난 세균이 있는 경우 그 세균은 자기가 그 항생제를 어떻게 이겨냈는지 그 정보를 플라스미드를 비롯한 여러 가지 방식으로 다른 세균들과 공유해. 그래서 어떤 항생제에 대한 내성균이 생기는 경우 내성균은 급속히 늘어나지. 인간과 세균의 공방전에서 여전히 세균이 유연하게 방어를 하고 있는 상황이야.

대학에서 약리학을 배울 때 세균 감염증을 치료하기 위한 약으로 항생제를 배워. 다양한 항생제의 종류와 각 항생제의 작용 기전 그리고 항생제가 몸의 세포와 세균에 어떻게 차별적으로 적용되는지를 배우거든. 세균 감염에 대해서는 항생제를 사용해야 된다고 배우고, 임상에서 다양한 항생제들을 처방한단다. 그러한 과정을 통해서 세균에 대한 부정적인 부분을 배울 뿐 긍정적인 부분을 배우지는 못했어. 만약 우리의 몸이 헤아릴 수 없이 많은 세균으로 이루어져 있다는 것을 배웠다면 항생제 사용에 대해서 좀 더 깊이 고민을 했을 거야. 항생제들은 몸의 세포와 세균은 구별하여 작용하지만 몸에 유익한 세균과 몸에 좋지 않은 세균을 구분하여 작용하지는 않거든. 항생제를 투약하는 경우 몸에 나쁜 세균도 죽지만 몸에서 유익한 기능을 하고 있던 세균까지 죽여버리게 되지. 그로 인해 항생제 투여로 여러 가지 문제가 발생하기도 해. 그렇지만 몸과 공생하고 있는 유익한 세균에 대한 배려를 배우지 못했기 때문에 사람들은 최신의 강력한 항생제를 손쉽게 사용하곤 하지.

인간은 파스퇴르에 의해 세균의 존재를 알게 되면서 항생제를 개발하는 등 세균과의 전쟁에 돌입했어. 하지만 이것은 세균과 생명이라는 관계를 인간의 단편적인 시각에서 판단한 오류에서 비롯된 것에 불과해. 지구상의 모든 생명체들은 22억 년에 걸쳐 세균에서 진화했으며 세균의 협조를 바탕으로 생존하지. 세균이 없다면 어떠한 생명체도 존재할 수 없어. 인간은 세균보다 월등하고 우월하게 진화한 존재가 아니라 세균의 도움을 받으며 생명이 존재하기 위한 다양한 진화의 방식 중 또 하나의 방식으로 진화한 거야. 그런 생명 전체의 관계망 속에서 인간을 파악하고 세균을 파악해야 한단다. 그래야만 인간 또한 세균들 속에서 지속 가능할 수 있는 방향을 찾을 수 있거든. 그렇게 보면 나는 단지 '나'가 아니야. 나는 미생물과 함께한 또 하나의 소우주란다.

읽을 거리

감염
제럴드 N. 캘러헌 지음 | 강병철 옮김 | 세종서적

"우리 몸의 99퍼센트가 세균"이라는 충격적인 이야기로 시작하는 이 책은 인간을 비롯한 모든 동물은 세균이 없다면 존재할 수 없다는 주장을 담고 있다. 면역학과 병리학의 권위자인 저자는 우리 몸을 감염시키는 미생물들 중 대부분이 우리가 생명을 유지하는 데 필수적이라고 말한다.

자연의 지배자들
이재열 지음 | 지호

저자는 생활 속의 다양한 예들을 통하여 눈에 보이지 않는 미생물들이 지구 생태계의 순환을 위하여 어떠한 역할들을 하고 있는지 들려준다. 그 미생물들이 없었다면 이 지구는 어떻게 되었을까? 순환이 멈춘 혹성이 되었을 것이다. 그런데 우리는 그들이 보이지 않는다고 그들을 무시하고 있다.

2

생명체의 순환을
가능하게 해주는 균류

아빠, 이것 저것 썩게 만드는 곰팡이는 없었으면 좋겠어요.

리수야, 지구상의 이루 헤아릴 수 없이 많은 생명들은 각자의 삶을 살지만 그 삶은 서로 유기적인 관계를 맺고 있단다. 이 생명들은 태어나서 죽은 이후에도 서로 관계를 맺으며 끊임없이 순환한단다. 그래서 지구상의 생명체들은 수십억 년 동안 지속 가능했고 또 앞으로도 지속 가능할 거야. 이러한 순환의 과정에서 중요하지 않은 생명은 없어. 각 생명은 자신의 삶을 살아간다고 생각하지만, 그 자체가 전체 생물권에서 또 하나의 연결 고리 역할을 하고 있지. 이러한 순환의 고리에서 특히 중요한 역할을 하지만 우리가 그 역할을 잊고 사는 생명체가 있단다. 그 생명체는 흔히 곰팡이라 불리는 균류야.

우리는 흔히 생물을 동물이나 식물로 분류해. 그리고 균류는 스스로 움직이는 동물이 아니라는 이유로 식물로 생각하지. 세계를 3개의 분류 체계로 연구했던 중세의 학자들은 균류를 광물계와 식물계에 양다리를 걸치고 있는 좀비 비슷한 반쯤 죽은 형체라고 생각했어. 그래서 18세기에 프랑스

식물학자인 S. 베이야르는 "곰팡이는 저주받은 종족이며, 신이 창조한 자연을 어지럽히기 위해 악마가 고안해낸 발명품이다" 린 마굴리스·도리언 세이건, 《생명이란 무엇인가》, 250쪽.라고 단언하기까지 했지.

균류는 식물처럼 핵이 있는 진핵 세포로 이루어져 있단다. 식물처럼 단단한 세포벽이 있고 또 뿌리도 있어. 그래서 식물처럼 보이기도 해. 하지만 균류는 광합성을 하지 않아. 또 대부분의 균류에는 세포벽에 통로가 있어서 미토콘드리아나 핵 등의 세포 소기관이 세포 사이를 자유로이 오갈 수 있어. 어떤 균류는 가로막는 격벽이 없어 다세포 개체라기보다는 빨대처럼 자라는 하나의 세포로 보이기도 해. 균류는 식물이나 동물과 달리 배를 형성하지 않고, 염색체 개수가 하나인 포자에서 자라.

우리는 생활 주변에서 곰팡이라고 불리는 많은 종류의 균류를 만나지. 음식물은 조금만 시간이 지나면 곰팡이가 피고 가구나 책, 옷 할 것 없이 습기가 약간만 있어도 여지없이 곰팡이가 피어 못쓰게 돼. 하지만 이렇게 생활을 불편하게 하는 곰팡이만 있는 것은 아니야. 균류는 막걸리, 포도주, 맥주의 알코올을 만들고, 빵을 부풀려주며, 치즈를 숙성시키고 간장과 된장의 독특한 맛을 낸단다. 숲에서 자라는 균류인 살구버섯, 곰보버섯, 느타리버섯, 표고버섯, 팽이버섯, 송이버섯 등은 식용으로 쓰이지. 또 알렉산더 플레밍에 의해 발견된 페니실린은 인류가 세균 감염으로 인한 질병에서 벗어나는 데 지대한 공헌을 했잖아. 플레밍은 푸른곰팡이가 박테리아의 성장을 막는다는 사실을 발견하고 이 자낭균에서 박테리아의 세포벽을 만들지 못하게 방해하여 박테리아를 죽이는 페니실린을 발견한 거야. 또 다른 곰팡이인 톨리포클라디움은 장기 이식 후의 거부 반응을 방지하기 위해 사용되는 면역 억제제인 사이클로스포린을 생성해.

이렇듯 우리가 생활 주변에서 접할 수 있는 균의 모습도 있지만 우리가

영화 아바타의 한 장면. 땅의 정령과의 연결은 그 곳 땅의 순환을 담당하고 있는 균류와의 연결이 아니었을까?

보지 못하는 균의 다양한 면도 있어. 가령 우리는 식빵에 피어난 조그만 곰팡이를 보고 균의 크기는 그 정도일 것이라고 생각하지만 균류는 뚜렷한 경계 없이 이리저리 뻗어나간단다. 미국 미시건 주 크리스탈 폴스의 침엽수림에는 1,500년 동안이나 생장을 계속해온 것으로 추정되는 표본이 있는데, 약 4만 5,000평이나 되는 면적을 차지하고 있어. 여기저기서 이 균류의 유전자를 채취하여 비교해보았지만 같은 개체라는 것이 판명되었단다. 이 균류 하나만의 무게가 11톤 이상이라고 추정되고 있어.린 마굴리스·도리언 세이건, 앞의 책, 253쪽. 먹이를 찾아다니는 균사들로 이루어진 거대한 균사체가 숲의 나무 밑에서 번식하고 있는 거지. 어떻게 보면 그 숲의 실체는 하나의 곰팡이이고 나무는 겉으로 드러나는 치장일 뿐이라는 생각도 가능해. 영화 아바타에 나오는 나무의 정령은 가상이 아니라 현실일 수도 있다는 얘기지.

생명의 역사는 균류와 다른 생물과의 공생의 역사이기도 해. 식물의 선조인 조류는 양분의 흡수를 도와주는 균류가 없었다면 지상으로 진출할 수

바위에서 자라는 지의류는 바위를 분쇄시켜 생물권이 이용할 수 있도록 해준다.

없었을 거야. 당시 지상은 자외선이 너무 강해서 식물의 성장에 절대적으로 필요한 질소나 인산염을 찾기가 힘들었지. 이런 영양분을 균류가 공급해주었어. 지금도 콩의 뿌리에 공생하는 균류가 공기 중의 질소를 식물이 이용할 수 있도록 해주고 있지. 또 식물이 물을 안정적으로 흡수할 수 있도록 균류가 도와주었단다.

오늘날 가장 인상적인 공생의 예로 볼 수 있는 생명체가 균류인 지의류야. 우리가 산에 올랐을 때 메마른 바위에 핀 곰팡이를 볼 수 있는데 그 곰팡이가 지의류야. 조류의 생성을 이끈 박테리아의 합병과 비슷하게, 지의류는 균류와 조류가 결합한, 지표면에 붙어 사는 광합성 생물이지. 균류와 녹조류, 그리고 남조류의 계를 초월한 결합에 의해 약 2만 5,000종으로 추정되는 지의류가 생겨났지. 그 결합으로 스스로 양분을 만드는 조류의 능력과 물을 저장하고 비바람을 막아주는 균류의 능력을 겸비한 전혀 새로운 생물이 탄생한거야. 이들은 자라면서 단단한 바위를 서서히 부스러뜨려 흙으로 만들어 생명권이 이용할 수 있게 만듦으로써 살아 있는 지구의 일부가 되게 해.린 마굴리스·도리언 세이건, 앞의 책, 257쪽. 공생의 결과로 단순히 부분의 합으로 예상할 수 있는 것과는 아주 다른, 놀라운 생물이 출현한 것이지. 이것을 우리는 창발이라고 한단다.

균류는 각 생명들과 공생하는 방식을 통하여 생명의 진화에서 중요한 역할을 해. 균근이라고 불리는 나무의 뿌리 부분은 균류와 식물의 공생 결과로 생겨난 거야. 균근은 독립 영양 생물인 식물에게는 무기 양분을 공급하는 대신, 종속 영양 생물인 균류에게는 광합성으로 생긴 양분을 제공해. 대부분의 관련 식물은 이러한 공생에 의해 토양 속의 인이나 질소를 공급받아. 이렇게 토양 속의 인이나 질소를 식물에게 공급해주는 균류가 없었다면 식물도 생존할 수 없었고, 식물을 먹이의 근간으로 하는 동물 또한 생존할 수 없었을 거야. 균류가 없었다면 식물과 모든 동물이 단백질의 구성 성분인 질소 및 DNA, RNA, ATP의 필수 구성 성분인 인의 결핍을 겪었을 거야. 또 크리스 피로진스키는 과일이 균류와 동물계의 상호 간섭으로 진화했다고 주장했는데 균류의 유전자가 식물의 염색체 DNA에 이식되면서 과일이 생겨났다는 거야.린 마굴리스·도리언 세이건, 앞의 책, 262쪽. 식물에 균류가 감염되어 혹의 형태인 과일을 만들고, 이는 식물 종의 번성에 큰 역할을 했다는 거지. 균혹이 식물과 균류의 시너지 효과의 일례라는 것은 이제 정설로 굳어졌어.

균류와 생명의 공생은 식물에 한정되는 것은 아니란다. 균류는 노련한 능력을 발휘해 다른 생물계의 구성원들과 놀랄 만한 관계를 진화시켰어. 말뚝버섯은 남근 모양으로 생겼는데, 갓 부분의 점액에서 고기 썩는 듯한 악취를 풍겨 파리와 같은 곤충을 유인해. 말뚝버섯에 내려앉은 파리는 끈적한 포자를 다리에 묻혀 멀리 운반해주거든. 한편 아타(Atta)속에 속하는 가위개미는 그들이 먹이로 기르는 균류의 포자를 운반할 수 있도록 손수레처럼 움푹 패인 곳을 진화시켰어.린 마굴리스·도리언 세이건, 앞의 책, 263쪽. 그리고 운반한 포자에 씹어서 잘게 만든 잎이나 나무껍질 등의 식물 재료를 공급해주었지. 포자는 땅에 떨어지면 아주 가늘고 실처럼 생긴 균사를 만든단다. 이 균사는 땅속에서 꾸준히 퍼지면서 양분을 흡수하지. 그러다가 때가 되면 번식을 위한 활동을 해. 그것이 버섯이란다. 보통은 버섯을 만들어 그 버섯의 주름살 안에서 포자를 만들어 퍼뜨리지. 그런데 가위개미가 기르는 균류는 개미들이 포자를 퍼뜨려주기 때문에 굳이 버섯을 만들 필요가 없어. 대신에 이 균류는 버섯 대신에 구근 조직이 생겨나고 개미는 그 구근 조직을 수확하여 군집의 중요한 먹이 자원으로 사용하는 거야.

지구 생명 진화의 역사에서 균류는 다른 생명체와 공생하며 생명의 진화에 다양한 역할을 해왔지만, 무엇보다도 큰 의미를 갖는 것은 순환과 관련된 부분에서야. 지구상의 생명이 오랜 시간 지속 가능하기 위해서는 지금 살고 있는 생명 못지않게 앞으로 태어날 생명이 살아갈 수 있는 여건이 마련되어야 하거든. 생명체에게 중요한 것은 물질적 토대와 에너지야. 지구 생명체가 갖는 에너지의 근원은 지구 밖 태양에 의존해. 하지만 물질은 밖에서 들어오지 않고 현재 지구에 있는 것으로 한정되지. 따라서 한정된 물질로 지속 가능하기 위해서는 생명권에 사용된 물질은 재활용되어야 해. 만약 사용된 물질이 순환하지 못하고 죽은 나무나 죽은 동물이 그대로 방치된다면 더 이상 다음 세대는 없다는 거지.

그 순환에서 핵심적인 역할을 하는 것이 바로 균류야. 생물체가 죽음을 맞이하여 균류가 뒤덮으면 생물체는 탄소가 풍부한 부식토로 돌아간단다. 그러기에 균류는 사체를 분해하여 재순환시키는 생물권의 재활용 센터라고 볼 수 있어. 자낭균은 나무의 셀룰로오스나 리그닌, 손톱의 케라틴, 포유

동물의 뼈와 결합 조직에 든 콜라겐 등 내구성 있는 식물과 동물의 화합물을 분해해. 이들 균류는 그러한 화합물을 분해하여 생긴 이산화탄소, 암모니아, 질소, 인 등을 내보냄으로써 생물권의 다른 생물들이 이용할 수 있게 한단다. 균류는 빵, 과일, 나무껍질, 곤충의 외골격, 머리카락, 뿔, 건물 기둥, 면, 깃털, 손톱이나 두피의 케라틴 등 별의별 것을 다 분해시키지. 그들의 왕성한 식욕으로부터 벗어날 수 있는 것은 아무것도 없어. 또 균의 재활용에 대한 열정은 너무나 뜨거워서 어떤 균류는 생물이 죽기도 전에 활동을 시작한단다. 무좀, 옴, 버짐 같은 질병은 균류가 생물권의 구성 원소를 재순환하는 작업을 너무 빨리 시작했기 때문에 생기는 예들이야. 이런 복잡한 다세포 생물을 분해하는 균류와 박테리아가 없다면 식물과 동물의 사체가 쌓일 것이고, 인과 질소의 순환은 멈추겠지. 이렇게 균류는 먹이 그물의 틈을 메워주고 있단다. 생물권의 폐기물은 균류에 의해 순환되는 거지.

읽을 거리

생명이란 무엇인가?

린 마굴리스 · 도리언 세이건 지음 | 황현숙 옮김 | 지호

다양한 생명체들의 관계를 통하여 생명에 접근한다. 그는 고대부터 현대까지 생명관의 역사적 변천, 생명의 기원, 지구 생명체의 선조로서 박테리아의 역할을 탐구한다. 또 공생에 의한 합병을 통해 박테리아가 원생생물로 진화하며 이후 동물, 균류, 식물로까지 진화하는 과정을 살핀다. 그 과정에서 생명체들은 상호간에 어떠한 관계를 맺으며 진화했는지를 살펴본다.

3
소리 없이 땅을 살리는 일꾼,
지렁이

아빠, 다윈은 왜 노년에 이르러 지렁이 연구에 전념했나요?

커다란 사체는 작은 육식 동물을 살리고 또 나머지는 곤충과 앞에서 살펴보았던 균류에 의해서 분해되어 다시 순환의 고리 속으로 스며들지. 이렇게 생명의 순환에서 중요한 역할을 하는 것은 눈에 두드러져 보이는 커다란 동물들이 아니란다. 리수야, 생명의 순환에서 중요한 역할을 하는 것은 눈에 잘 띄지 않는 작은 생명체들이야. 이러한 작은 생명체들이 있기 때문에 생명은 끝없이 순환할 수 있는 것이고 인간을 비롯한 다른 생명체들 또한 존재할 수 있는 거란다.

울창한 숲이 있어. 이 울창한 숲을 이루고 있는 나무들이 시간이 흘러 늙어서 죽은 후에 썩지 않고 그곳에 그대로 형태를 유지하고 있다면 어떻게 될까? 그 숲은 죽은 고목만 가득한 숲이 되고 다른 나무들은 자리를 잡을 수 없겠지. 그런데 다행스럽게도 흰개미를 비롯한 많은 곤충과 균들이 이 나무를 갉아 먹고 썩게 만들어서 흙으로 돌아갈 수 있도록 돕기 때문에 다음 세대의 나무들이 그것을 자양분으로 하여 성장할 수 있단다. 진드기나

개미, 거미, 노래기, 전갈, 딱정벌레, 쥐며느리, 톡토기, 바퀴벌레와 같이 숲속의 벌레들은 낙엽이나 나무껍질 부스러기 등의 유기물을 분해하는 역할을 해. 이렇듯 생명의 순환에서 중요한 역할을 하는 것은 눈에 띄는 거대한 덩치의 생명들이 아니라 소위 우리가 미물이라고 표현하는 작은 생명체들이란다. 그 생명체들 중에 하나로 지렁이가 있어. 지렁이도 밟으면 꿈틀거린다는 속담처럼 사람들은 지렁이를 힘 없는 생물의 대명사로 생각하지만, 지렁이의 역할에 대한 사람들의 관심은 갈수록 커지고 있어.

도시의 아파트에서 살다보면 지렁이를 접할 일이 흔하지 않아. 그런데 비가 온 다음날 아침에 길을 나서면 도로 곳곳에 지렁이들이 나와 있는 것을 볼 수가 있지. 어디에 있다가 나왔을까 싶은 그 큼직한 지렁이들은 햇살이 따가와지면서 흙 속으로 들어가는 것들도 있지만, 간혹 햇살을 피할 곳을 찾지 못해 말라 죽기도 한단다. 왜 비 온 다음날 지렁이들은 땅 위로 나와서 죽음을 당하는 것일까? 지렁이는 땅속에 굴을 파고 다니면서 살아. 땅속의 좁은 굴에서 살다보니 공기가 희박해. 그런 환경에서는 사람과 같이 폐로 호흡을 하는 방식은 적합하지 않거든. 그래서 지렁이는 온 몸으로 피부 호흡을 하지. 그런데 땅이 물에 잠기면 피부 호흡을 할 수 없기 때문에 물을 피해서 땅 위로 나오는 거야. 그러지 않으면 익사하거든. 땅속에 사는 지렁이가 물에 빠져 익사를 한다니? 당연히 지렁이도 호흡을 하는 생명이기에 물에 빠지면 익사해.

지렁이는 줄지렁이와 붉은큰지렁이, 회색지렁이가 있는데 비 오는 날 땅 위에서 눈에 많이 띄는 지렁이는 붉은큰지렁이야. 다윈은 노년에 이르러 지렁이에 대한 연구에 전념하여《지렁이의 활동에 의한 부식토 형성》이라는 책을 출간했는데, 거기에서 지렁이는 밭 흙 4,000평방미터에 100만 마리 이상이 살 수 있으며, 일년에 18톤의 거름을 만들어낼 수 있다고 말했어.

에이미 스튜어트, 《지렁이, 소리 없이 땅을 일구는 일꾼》, 이한중 역, 달팽이, 2005, 26쪽. 지렁이가 주로 하는 일은 낙엽 등 식물의 잔해를 먹어서 분해시키고, 흙의 거친 입자를 부드럽고 작게 만들며, 창자 분비물로 흙을 적시는 거야. 지렁이는 땅의 성분을 바꾸고, 물을 흡수하며 저장하는 능력을 향상시키고, 영양분과 미생물을 늘어나게 해준단다. 이것은 앨리스 아웃워터가 쓴 《물의 자연사》에서 프레리도그가 아메리카 대륙에서 했던 역할과 같아. 지렁이가 파놓은 구멍을 통해 토양에 공기가 공급되고 배수도 용이해지며 식물도 뿌리를 자유롭게 뻗어. 지렁이 덕에 토양 속 박테리아의 질소 화합 능력이 배가되며 토양의 부식도 줄어들거든. 유기물은 지렁이의 소화관을 통해 분해되어 배출되는데 이 분비물 덕분에 토양은 더욱 비옥해져. 이런 식으로 지렁이는 흙을 농사짓기 알맞게 해준단다. 나일 강에 사는 지렁이는 4,000평방미터당 1,000톤에 달하는 똥을 내놓는다는구나. 에이미 스튜어트, 앞의 책, 30쪽. 지렁이 한 마리가 할 수 있는 일은 작지만 수만 마리의 지렁이가 하는 역할은 결코 작지 않아. 지렁이의 힘이란 개체에서 비롯되는 것이 아니라 집단적인 역량에서 비롯되는 것이니까.

19세기 유럽에서 뉴질랜드로 이주한 정착민들은 목초지 1평방미터 당 들지렁이 25마리 꼴로 섞어 넣었더니 땅속에 새로 들어온 지렁이의 패턴을 따라 땅위의 푸른 식물들이 건강하게 자라게 되었다고 해. 지렁이를 도입한 지 처음 몇 해 안에 농지와 목초지의 생산성은 70퍼센트나 늘어났지. 줄지렁이는 탄산칼슘을 분비하는 샘을 가지고 있어 먹이 속의 칼슘 성분을 처리하여 그 여분을 똥으로 배설해. 칼슘은 식물의 생장에 필수적인 것으로 식물이 질소를 받아들이게 해주거든. 질소는 잎의 생장을 촉진해주며, 단백질 합성과 식물의 기타 필수적인 기능을 도와주는 요소야. 붉은큰지렁이는 굴속에 살다가 밤이면 지면으로 올라와 낙엽을 땅으로 끌고 들어가 먹어. 그

지렁이 상자는 음식물 쓰레기를 퇴비로 만드는데 유용하다(좌). 지렁이들은 힘이 세다(우).

리고 식물의 성장에 유익한 많은 분변토를 만들어놓지. 지렁이 굴의 내벽에는 박테리아와 균류가 풍부하단다. 이는 지렁이가 배설하는 특별한 점액질, 그리고 지렁이가 흙 속을 돌아다닐 때 남기는 자취가 섞인 결과야.

하지만 지렁이가 모든 토양에 유익한 것은 아니란다. 미네소타 연구팀이 알아낸 바로는 지렁이의 능력이 단 한 철에 숲에 떨어진 낙엽을 몽땅 먹어치울 정도라고 해. 작은 식물들과 어린 나물들은 촉촉하고 향기로운 냄새가 나며 서서히 썩어가는 숲의 바닥층에서 잘 자라지. 이 썩은 나뭇잎 층은 여러 해에 걸쳐 만들어져. 토착 식물들 중 상당수는 환경의 영향을 받아 발아하는데 폭신폭신하게 썩은 나뭇잎 층에 의존하여 씨앗 하나가 발아하는 데 2~3년이 걸리기도 해. 그런데 숲에서 작은 식물들이 자랄 수 있도록 역할을 해주던 바닥층이 지렁이에 의해 사라지게 되면서 대부분의 작은 식물들이 사라져버린 거야. 지렁이가 없이 진화해온 숲에는 지렁이가 토착 식물들에게 부정적인 영향을 끼친 거야.에이미 스튜어트, 앞의 책, 149쪽. 그런 곳에서는 지렁이도 외래종인 셈이지.

다윈은 지렁이에 대한 연구에서 다음과 같이 이야기했어. "그들이 주로 하는 일은 흙의 거친 입자를 더 부드럽게 체질하듯 걸러내고, 식물의 부스러기를 흙 전체와 섞고, 창자 분비물로 흙을 흠뻑 적셔버리는 것이다. (중략) 이런 사실들을 고려할 줄 아는 사람이라면 (중략) 앞으로 나처럼 자연에서 지렁이가 중요한 구실을 하고 있다는 점을 믿지 않을 수가 없을 것이다."

생명은 순환이야. 지구상의 생명들은 살아가는 과정도 그러하지만 마지막 죽는 순간도 다른 생명을 살리는 과정이 된단다. 그렇다면 지구상에서 가장 위대하다는 우리 인간은 지구상에 살고 있는 생명들의 지속 가능한 순환을 위하여 어떤 역할을 하고 있는지 되돌아봐야 해.

읽을 거리

지렁이, 소리 없이 땅을 살리는 일꾼
에이미 스튜어트 저 | 이한중 옮김 | 달팽이

비 오고 다음날 길가 곳곳에 기어다니는 지렁이들. 길가에 기어다니는 그 작은 생명들이 생태계에서 하는 일이 적지 않다. 도대체 무슨 일을 할까?

4
지구는 생명들과 유기적 관계를 맺고 있는 커다란 생명체다

아빠, 계속 태양이 내리쬐는데도 바닷물은 왜 더 짜지지 않나요?

리수야, 지구에 생명이 살기 시작한 이후로 지구 밖은 외적인 변화가 있었지만 지구의 환경에는 큰 변화가 없었단다. 그것은 태양광이 세지거나 자외선 양이 많아지는 등의 변화가 있더라도 행성과 생명체가 서로 공조하여 일정한 상태를 유지했기 때문이야. 태양은 지구가 형성되고 난 이후 현재까지 35억 년 동안 외부로 방출하는 에너지의 양이 약 30%나 증가되었지만 현재까지 생물이 지속적으로 유지되어 왔다는 것은 지구가 외적 환경에 대하여 일정한 상태를 유지했다는 것을 의미하지. 이는 지구의 온도가 단지 외부의 환경에 따라서 결정되는 것이 아니라 그 외부 환경에 따라 지구의 적절한 적응 반응이 있었다는 거야. 이것은 행성의 생명은 "생존하기에 적합한 환경이 되었을 때 발생하여 번식하고, 생존이 힘든 상황이 되면 사라져버린다"는 환원주의에 반하는 것이며, 행성과 생명체가 어떤 일정한 상태의 항상성(homeostasis)을 유지하기 위해 협동해왔음을 말해준다.

현재 지상에 사는 인간을 포함한 모든 동물은 산소로 호흡을 해. 그러므로 사람들은 산소에 대해 매우 친근함을 갖고 있지. '산소 같은 여자' 라는 광고까지 등장했잖아. 하지만 산소는 안정적인 기체가 아니란다. 지구가 형성된후 원시 생물이 생겨났을 때 대기 중에 산소는 없었거든. 그 이후 태양 에너지를 이용해 광합성을 하는 생물이 생기면서 대기 중에 산소가 존재하게 되는데, 이렇게 대기 중에 산소가 존재하는 것은 기존 생명에겐 치명적인 사건이었어. 그로 인해 많은 박테리아가 산화되어 죽고 더러는 땅속 깊은 곳으로들어갔지. 그 후로 산소에 적응하는 생명들과 산소의 농도를 유지시켜주는생명들이 대지 위에 등장하면서 오랜 세월 동안 대기의 산소 농도는 21%를유지하고 있어. 만약 산소 농도가 높아져서 25%를 넘어가면 지구는 모든 것이 다 타버릴 때까지 불바다가 될 것이고 또 18% 이하가 되면 생명들은 질식사하게 돼.제임스 러브룩,《가이아》, 홍욱희 역, 갈라파고스, 2003, 154쪽. 그런데 지구의 대기는 25억년 동안 생명이 생존하기에 적정한 일정 농도를 유지하고 있단다.

또 매년 강물을 통하여 육지의 염분을 포함한 황, 요오드, 인 등 많은 성분들이 바다로 흘러들어가는데 매년 바다로 흘러들어가는 염분의 양이 5억 4,000만 톤 정도나 돼.제임스 러브룩, 앞의 책, 179쪽. 바다로 흘러들어간 강물은태양열에 의해 증발되어 빗물이 되어 순환하지만 염분은 바다에 계속 누적되는데, 그렇게 누적되었다면 45억 년 전에 바다가 생긴 이후 얼마나 많은염분이 누적되었겠어? 바다의 염분이 6퍼센트를 넘으면 생명이 생존할 수없는데 다행히 바다의 평균 염분 농도는 오랜 동안 3.4퍼센트를 유지하고있어. 또 육지의 동물들에게 반드시 필요한 요오드, 황, 인 등도 강물에 씻겨 바다로 흘러들어가지. 이렇듯 모든 물질들이 45억 년의 시간 동안 바다로 흘러들어가기만 했다면 육지의 생명체는 생존에 위협을 느꼈을 거야.하지만 다행히도 지구 전체적으로 각 성분은 일정 농도를 유지하고 있어.

어떻게 지구는 여러 가지 측면에서 항상성을 유지하고 있을까? 러브룩은 이 부분에서 자기 조절 장치인 사이버네틱 시스템(cybernetic system)을 이야기해. 가령 보일러로 집안 온도를 맞추어놓으면 센서에 의해 집안 온도가 떨어져도 자동으로 피드백되어 보일러가 켜지는 것처럼 말이야. 또 집안 온도가 너무 올라가면 보일러가 자동으로 꺼져서 집안 온도를 유지해 줘. 이렇게 자기 조절이 되는 사이버네틱 시스템은 생명체의 특징이기도 하단다. 요오드는 육지 동물의 성장에 반드시 필요한 성분이거든. 그런데 이 요오드가 강물에 떠내려가 모두 바닷물 속에 잠겨버린다면 육지의 동물은 생존할 수 없게 돼. 하지만 바다로 떠내려간 요오드는 다시마 류에 의해서 요오드화메틸이 되어 수면 위로 증발된단다. 바닷물에서 탈출한 요오드화메틸은 태양 아래에서 불과 몇 시간 지나지 않아 완전히 분해되어 모든 생물체의 필수 원소인 요오드를 방출하지. 요오드는 휘발성이 높아서 공기에 실려 육지로 운반된단다.제임스 러브록, 앞의 책, 230~232쪽. 이와 같이 많은 부분들에서 지구는 환경과 생물의 공조에 의해 자기 향상성을 유지해왔어. 그러므로 지구와 지구상의 생명체는 하나의 거대한 사이버네틱 시스템이라고 러브록은 주장해. 이를 또 '가이아' 라고 표현했어.

지구는 생명이 나타난 이후 35억 년의 오랜 기간 동안 일정한 상태를 유지하고 있지. 이러한 항상성은 지구라는 혹성 자체만의 능력으로 이루어진 건 아니야. 그 과정에는 연어가 육지로 올라가 산란을 하고 죽음으로써 바다의 영양분을 육지로 이동시키거나, 새떼들이 계절마다 대륙을 횡단하며 배설물을 통해 미네랄을 이동시키는 것처럼 인간의 눈에 가시적으로 보이는 부분도 있지만, 우리가 미처 인지조차 못하는 부분들도 많아. 다만 알 수 있는 것은 지구라는 행성과 수많은 생명은 서로 유기적인 관계 속에서 환경의 변화에 반응하며 환경의 항상성을 유지하고, 또 환경을 자신의 생존에 적당하도록 조절하고 있다는 거야. 그러한 항상성이 유지되어야만 지구상의 생명체들은 지금 생존하고 있는 것처럼 앞으로도 지속적으로 생존이 가능하단다.

지구가 이렇게 항상성을 유지할 수 있었던 것은 지구상에 다양한 생명체들이 있었기 때문이야. 그런데 인간은 당장의 이익을 위하여 수많은 생명들을 남획하고 멸종시키고 있어. 지구상의 생명체를 인간의 도구 정도로밖에 여기지 않지. 이러한 방식으로 수많은 생명들을 멸종시키는 한 지구의 항상성을 유지하던 그물망들은 끊겨나가게 돼. 지구의 항상성은 수많은 생명들에 의해 유지되기 때문이야. 우리는 다른 생명들을 지금과 같은 방식으로 대하는 것을 바꾸어야만 한단다. 그것만이 우리를 포함한 모든 생명들이 지속할 수 있는 길이거든.

읽을 거리

가이아
제임스 러브록 지음 | 홍욱희 옮김 | 갈라파고스

'가이아(Gaia)'란 고대 그리스 신화에 등장하는 대지의 여신으로 저자는 지구 자체를 지구의 생물들을 어머니처럼 보살펴주는 자비로운 신인 가이아로 비유했다. 그는 지구 생물권과 주위 환경이 반응하여 항상성을 유지하는 것을 두고 지구를 '살아 있는 하나의 거대한 유기체'라고 주장한다.

가이아의 복수
제임스 러브록 지음 | 이한음 옮김 | 세종서적

저자는 전작 《가이아》에서 지구가 단순한 혹성이 아니라 지구의 생명체들과 상호 작용하는 거대한 사이버네틱 시스템이라고 이야기했다. 이 가이아가 인류에 의해 심각하게 손상받고 있다. 주원인은 지구 온난화. 항상성을 손상받은 가이아는 항상성을 유지하기 위해 복수를 시작하고 있다. 저자는 인류가 어떻게 생존할 것인지를 고민한다.

5
우주에 가서
인간이 살 수 있을까

아빠, 환경이 너무 오염되고 자원이 고갈되어 지구에서 생명이 살 수 없게 된다면, 인간이 살 수 있는 별을 찾아야 하지 않을까요?

리수야, 2008년 대한민국은 최초의 한국인 우주인이 탄생한다며 열광했단다. 우리가 광활한 우주를 생각하고 별을 생각하고 감성을 키우며 꿈꾸는 것과 그 우주를 상대로 우리가 무엇인가 일을 추진하는 것은 별개의 이야기인 것 같아. 천체 망원경을 들여다보며 우주를 연구하는 것은 순수한 학문이라고 할 수 있지만, 그 별로 떠나는 프로젝트를 진행하는 것은 전혀 다른 이야기거든. 우주 개발 사업을 하는 데는 말 그대로 천문학적인 비용이 소요되기 때문이지.

막대한 세금이 쓰여지는 우주 개발 계획에 사람들이 열광하는 이유가 무엇일까? 보통 우주를 연구해야 하는 이유를 보면 미래에 지구의 자원이 모두 소모되고 난 후 대체 자원을 조달할 곳을 찾기 위해서라거나, 환경이 너무 오염되어서 지구에 생명이 살 수 없게 되면 인류가 살아갈 새로운 별을 찾기 위해서라고 하지. 상상으로만 가능했던 수없이 많은 일들이 현실화된 것처럼, 인류의 과학이 발달하면 은하철도999를 타고 우주를 여행하게 될 것을 꿈꾸는 것이지. 하지만 여기에는 중요한 한 가지가 빠져 있어. 생명 활동이란 무엇으로 가능하며 과연 지속될 수 있는가 하는 고민 말이야. 이 문제가 해결되지 않는 한 거창한 우주 개발 계획들은 그야말로 공상 과학 소설로 끝나게 될 거야.

인간이 우주에 나가서 살 수 있는지를 생각해보자. 이것은 인간이 무엇으로 사는가를 생각해보면 해답이 간단하게 나와. 인간은 먹고 자고 숨 쉬고 배설을 하기에 살 수 있는 것이고, 2세를 생산·양육하기에 인류가 앞으로도 지속 가능할 수 있는 거야. 이것은 누구나 다 아는 이야기지만 미처 생각하지 못하고 간과해버리는 것이 그 행간에 숨어 있단다.

밥을 먹었다고 치자. 그러면 그 밥을 내가 온전히 소화시켜서 살 수 있을까? 그렇지 않아. 나는 밥을 씹어서 입안으로 삼키지만 그것을 소화시키기 위해서는 소화 효소와 위와 장에 있는 수많은 미생물들이 그 음식을 분해시키기 때문에 그 밥에서 에너지를 얻을 수 있는 거야. 우리는 쇠고기를 먹어. 사람들은 소가 풀을 뜯어 먹고 산다고 생각하지. 하지만 풀이 직접적으로 소의 에너지원이 되지는 못해. 소는 풀을 소화시킬 수 없기 때문이야. 소가 풀을 뜯어 먹으면 되새김질을 하는 동안 위에 있는 수많은 미생물들이 그 풀을 발효시키고 분해시키면서 증식되고, 소는 그 결과물을 소화시켜 에너지원을 얻는 거야. 여기서 말하고자 하는 것은 살아 있는 생명은 혼자가 아니라 수많은 생명체가 공생한다는 거야.

그렇게 음식을 먹은 후 소화를 시키고 나머지를 똥으로 배설하잖아. 그 똥이 그대로 여기저기 흩어져 있으면 어떻게 될까? 세상은 똥 천지가 되고 말겠지. 이 똥이 땅속으로 들어가 썩어 다시 흙이 되어야, 그 흙에서 곡식이 자랄 수 있는 거야. 이때 똥을 썩게 하는 것은 누굴까? 인간이 할까? 아니야. 자연에 있는 수많은 미생물이 한단다. 지구상에는 수많은 미생물들이 있지만 그 종류는 무엇이며 어떤 특성이 있는지 인간이 아는 것은 극히 일부분이란다. 그러한 미생물들 덕분에 똥은 흙 속에서 분해되어 흙으로 돌아가는 거야. 보이지 않는 곳에서 알 수 없는 역할을 하는 수많은 미생물들 덕분에 인간은 지속적으로 땅에서 곡식을 키울 수가 있는 거고.

또 우리는 신진대사를 위해서 물을 마시지. 그리고 화장실에서 배설을 해. 또 생활 중에도 많은 물을 사용하지. 물은 수도를 틀면 나오니까 수돗물은 정수 처리장에서 처리해서 공급해주려니 여겨. 아니면 생수를 사다 마시면 된다거나 우리가 마시는 물은 지구상에서 공짜로 무제한으로 생기는 거라 여겨. 하지만 우리가 배설한 하수를 정화하는 것은 인간이 아니야. 사람이 먹기 위해서 정수 처리장에서 처리하는 것은 하수 중 아주 일부일 뿐, 대부분은 물속이나 뻘 등에 사는 수많은 미생물들이 더러워진 물을 정화해주고 있어. 사람들은 육지에서 만든 엄청난 폐기물 중에 처리하지 못하는 것을 바다 한가운데에 배로 실어다 버린단다. 그렇게 국가적으로 바다에 버리는 폐기물 양이 가장 많은 나라가 우리나라라는 사실을 아는 사람은 드물어. 그렇게 버린 폐기물을 분해하는 것도 자연의 미생물을 포함한 생명체의 몫이야. 하지만 인간이 바다에 버린 폐기물이 너무 많아 바다 곳곳이 사막화되어 또 다른 환경 문제로 대두되고 있어. 또 우리가 숨 쉬는 공기 또한 인간이 자력으로 생산해낸 것이 아니라 지구상의 식물들이 오염된 공기를 걸러내고 생산해준 산소를 들이마시는 거야. 그렇게 먹고 마시고 숨 쉬며 살다가 죽어서 흙에 묻히면 또 수많은 미생물 덕분에 흙으로 돌아가는 거야. 죽어서 썩을 수 있기 때문에 그 땅에 다음 세대가 자리잡고 살 수 있는 거지. 시체가 썩지 않고 쌓이기만 한다면 지구는 시체로 산을 이루고 말 거야. 인간이 자연으로 돌아갈 수 있는 것은 인간의 위대함 덕이 아니고 자연에 있는 수많은 미생물들 덕분이지.

우주 과학관에서 본 미래 도시 모형. 이런 미래 도시 모형에는 인간이 무엇으로 사는가에 대한 기본적인 고민이 배제되어 있다.

이렇듯 지구상의 수많은 생명들이 인간이 살아갈 수 있는 환경을 만들어주고 그 항상성을 유지해준 덕분에 지구에서 살아갈 수 있는 거야. 지구라는 행성에 살아 숨 쉬는 수많은 생명들에 의하여 배설물이나 폐수, 그리고 사체 등이 끊임없이 순환할 수 있는 시스템이 되어 있기 때문에 인간 또한 지속 가능한 삶을 살아갈 수 있는 거지. 그런데 그러한 생명적 토대가 전혀 되어 있지 않은 우주의 외딴 별에 가서 인간이 살 수 있을까? 우주선에 싣고 간 식량과 에너지로 얼마간은 가능할지 몰라도 지속적인 삶은 애당초 불가능해.

지구상의 생명 시스템과 인간은 떼려야 뗄 수 없는 관계를 맺고 있어. 지구는 단순한 혹성이 아니라 많은 생명들이 유기적 관계를 맺고 있는 커다란 공생명체이지. 이 거대한 공생명체는 이루 헤아릴 수 없는 수많은 생명체들이 유기적인 관계를 맺기에 건강한 모습을 유지할 수 있단다. 인간은 그 수많은 생명체 중의 하나일 뿐이야. 차이라고 한다면 자신이 생산한 것

이상의 에너지를 과도하게 소모한다는 거지. 우리는 지구상에 어떤 생명체들이 있는지조차 알지 못하기 때문에 그들이 어떠한 관계를 맺고 있는지는 더더구나 알 수 없어. 하지만 분명한 것 하나는 그 수많은 생명들이 얽히고 설킨 그물망을 이루어 건강한 지구를 유지하고 있다는 거야.

인간이 파괴시킨 환경 때문에 인간이 인식하고 있는 것 이상의 수많은 생명들이 죽어가며, 알 수 없는 순환의 고리들이 끊겨나가고 있어. 이로 인해 생태계에 많은 문제가 발생해. 물론 생명은 나름의 치유력을 갖고 있단다. 또 지구는 나름의 치유를 위하여 어떠한 작용을 일으키곤 해. 최근에 발생하고 있는 엘리뇨를 비롯한 다양한 기상 이변은 그 한 예야. 이전에 보이지 않던 지구의 작은 변화도 인간에게는 재앙이 될 수 있어. 더불어 인간의 행위로 인하여 다른 생명들 또한 재앙을 당하게 돼. 인류는 이렇게 지구의 환경을 파괴시켜 생명들을 앓게 만들어놓고는 최후에 지구라는 별에 생명이 살기 힘들어지면 다른 별을 찾아간다고 하고 있어. 그것은 생명과 그 생명이 사는 환경이 오랜 세월을 거쳐 상호 작용에 의해 생겼다는 사실을 간과하기 때문에 하는 말이지.

인간은 지구라는 별에 적응하여 진화한 생명체야. 그 적응의 측면은 무수히 많은 요소들이 있단다. 습도, 온도, 공기의 농도, 기압, 중력, 빛, 자외선, 행성의 속도 등등 인간이 인식하는 부분과 인식하지 못하는 많은 요소에 대해 적응한 거지. 이러한 적응은 몇 백 년의 시간에 이루어진 게 아니거든. 사람들은 영하 0도만 되어도 춥다고 하고 섭씨 40도만 되어도 덥다고 하는데, 영하 100도나 섭씨 100도가 되는 곳에서 인간이 살 수 있겠어? 불가능한 이야기야. 그 온도 차이가 너무 극단적인 것 아니냐고 할지 모르지만 태양계에 있는 수성은 낮에는 350도이고 밤이면 영하 170도까지 내려가. 또 해왕성은 영하 200도까지 떨어지고.

인간은 지구라는 별에서 적응하면서 진화되었기 때문에 지구에서 살 수밖에 없단다. 누구에게는 안타깝게 들릴지 모르겠지만 인간은 지구와 운명 공동체야. 우주에 가서 무엇을 하겠다는 상상도 좋지만 지구상의 다른 생명들과 공존하는 방법을 모색하는 것이 훨씬 유익해. 인류가 오래 유지될 수 있는 유일한 방법은 가지고 있는 것으로 어떻게 지속 가능한 삶을 살아갈 수 있을 것인가를 궁리하는 일이야. 다른 생명체들과 공존하면서 지속 가능한 방법이 무엇인가를 찾는 것이지. 지금처럼 흥청망청 에너지를 소비해서는 안 되고 태양이 제공하는 에너지 범위 내에서 소비가 이루어져야 지속 가능할 테니 말이야.

읽을 거리

공생자 행성

린 마굴리스 | 이한음 옮김 | 사이언스북스

저자는 지구와 지구 위의 생명체의 관계, 생명의 진화적 단계, 원핵 생물과 진핵 생물의 관계, 성의 진화와 죽음의 관계, 초바다의 개념으로 바라보는 육지 생물들, 그리고 가이아 이론에 의한 생명체와 지구 행성과의 관계를 통하여 생물권 전체는 공생하는 존재임을 이야기한다.

오카방고, 흔들리는 생명

닐스 엘드리지 지음 | 김동광 옮김 | 세종서적

생명은 순환이다. 순환하지 않는 생명은 죽은 생명이다. 생명의 순환은 다양한 생명이 있기에 가능한 것이다. 지구의 생명은 인간의 눈에는 보이지 않는 그 다양한 미생물에 의해 유지된다. 그런 미생물은 지구의 역사이며 다른 우주별에서는 만날 수 없는 존재들이다.

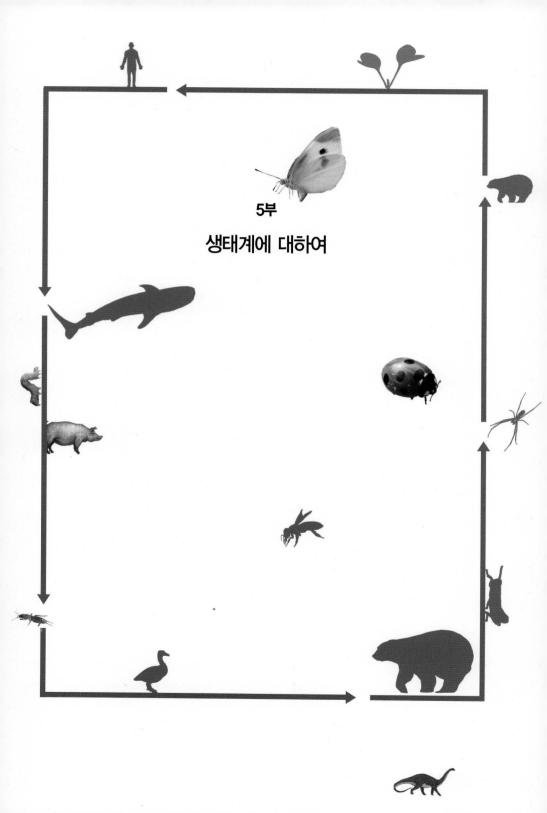

5부

생태계에 대하여

1
과학으로 포장된
반생명적인 것들

아빠, 벌레를 없애주는 살충제에 대해 유용하다고 생각해왔는데, 얼마나 심각한 문제점이 있는 건가요?

리수야, 새소리가 요란하던 앞 숲에서 어느 날인가부터 새소리가 들리지 않는다면 어떨까? 미국에서 1950년대에 실제로 그런 일이 일어났어. 그 원인이 무엇인지 조사해봤더니 알에서 새끼들이 부화되지 않았고 또 부화한 새끼들도 얼마 살지 못하고 죽었기 때문이었어. 왜 새끼들은 알에서 부화되지 못했고 부화한 새끼들은 금방 죽은 것일까? 왜 따스한 봄날 지저귀어야 할 새들은 침묵을 하게 된 것일까?

자연의 생명들은 환경의 변화에 따라서 늘어나기도 하고 줄어들기도 해. 건강한 생태계는 다양한 생명들에 의해 서로 견제하고 순환하며 균형을 이루거든. 하지만 인류의 농업은 생산성 향상을 이유로 여러 작물을 함께 심는 혼작에서 단일 작물 경작으로 바뀌었어. 단일 작물 경작으로 작물은 면역력이 저하되고 주변 생태계를 단순화시킴으로 인해서 해충이 늘어나는 원인이 되었지. 이 늘어난 해충을 손쉽게 제거하겠다고 사용하는 것이 살충제란다.

사실 자연에 해충이란 없어. 단지 인간의 배타적인 이익을 침해하기 때문에 해충이라고 부르는 거지. 해충이 급증하는 이유는 생태계의 관계가 손상을 받으면서 그 해충을 견제할 천적이 사라졌기 때문에 어느 특정 생물이 늘어난 것일 뿐이거든. 또 거시적인 관점에서 볼 때 그러한 불균형적인 부분을 해소하기 위한 과정으로써 특정 생물종이 늘어나는 것이기도 해. 그런데 인간은 당장 인간의 이익이 침해를 받기 때문에 살충제를 사용한단다. 살충제는 제2차 세계대전 때 과학자들이 화학전에 사용할 약제를 개발하는 과정 중에 곤충에게 치명적인 화학 약품이 우연히 만들어진거야. 일부러 곤충을 죽이기 위한 화학 약품을 만든 것이 아니라 어떤 화학 약품을 만들었는데 그 화학 약품이 곤충을 죽이는 성질을 가진 거지. 이 부분을 강조하는 이유는 살충제가 과학적이라는 포장을 할 만한 약품이 아니기 때문이야. 단지 우연히 만들어졌을 뿐 그것이 곤충을 죽인다는 것 이외에 어떤 특성을 가졌는지 잘 모른다는 거야.

하지만 살충제를 상품화한 회사는 돈벌이를 위해서 살충제는 과학적으로 만들어졌으며 환경에서 분해되고 인체를 비롯한 자연의 생물에는 무해하다고 선전했어. 또 그것은 과학적으로 입증된 사실이며 미국식품의약국(FDA, Food and Drug Administration)에서 보장한 제품이라고 말이야. 그런데 사실 FDA는 살충제를 만든 회사가 제출한 실험 성적표만을 가지고 평가할 뿐 따로 실험 분석을 하는 것은 아니거든. 그럼에도 FDA가 보장한다는 말은 굉장한 무게감을 주고 살충제 광고를 더욱 신빙성 있게 해주었지.

DDT는 1874년 처음 합성되었지만 1939년 스위스의 파울 뮐러(Paul Müller)에 의해 살충제로서의 효능이 밝혀졌고, 베트남 전쟁 당시 수천만 명의 군인, 피난민, 포로들의 몸에서 이를 박멸하는 데 사용되었단다. 너무도 광범위하게 사용되어져서 사람들은 DDT의 안전성에 의문을 품지 않았어. 또

DDT는 안전하다는 홍보 이미지.

하얀 분말 형태였기 때문에 털어내면 몸에 해가 되지 않는다고 생각한 거야. 하지만 DDT는 지용성으로 지방 성분에 녹아 흡수되면 부신, 고환, 갑상선 등에 축적돼. 음식을 먹을 때 DDT를 0.1ppm만 흡수해도 몸에는 100배나 많은 10~15ppm이 축적되거든.레이첼 카슨, 《침묵의 봄》, 김은령 역, 에코리브르, 2011, 45쪽. 살충제의 문제는 미량일지라도 그것이 조금씩 조금씩 몸에 축적되며, 당장은 심각한 증세를 보이지 않지만, 몸속에 잠복해 있다가 몇 개월 또는 몇 년 후에야 문제를 일으키는데, 그때는 그 원인을 추적하기가 힘들다는 거야. 그리고 독일 화학자 오토 딜스(Otto Diels)에 의해 개발된 디엘드린은 메추라기와 꿩을 대상으로 실험한 결과 독성이 DDT보다 강한 것으로 나타났어. 디엘드린과 같은 계열에 속한 알드린을 먹은 꿩은 알을 거의 낳지 못했고 새끼들은 태어나자마자 바로 죽었어.

실제로 살포된 살충제들은 자연계에 어떤 영향을 끼칠까? 1954년 샌프란시스코에서는 모기와 비슷하게 생긴 각다귀를 제거하기 위하여 DDD를 살포했어. 이때 호수에서 농병아리 100여 마리가 죽었다고 보고되었단다.

1957년 각다귀에 대한 3차 살충제 살포를 하고 난 후 더 많은 농병아리들이 사라졌는데, 죽은 농병아리의 지방 조직을 분석한 결과 1600ppm이라는 엄청난 DDD 농축이 발견되었지. 호수에 투입된 DDD 최대 농도는 0.02ppm이었는데 말이야. 이렇게 낮은 농도로 살포한 DDD가 어떻게 죽은 농병아리에게서는 높은 농도로 검출된 걸까? 물속을 조사해본 결과 플랑크톤에는 5ppm, 물풀을 먹는 물고기에서는 40~300ppm, 물고기를 잡아먹는 메기에서는 2500ppm까지 DDD가 검출되었어. 살충제가 먹이 사슬을 따라 체내에 농축된 거지.

미국 삼림국은 목축업자의 요구에 따라 더 넓은 초지를 만들기 위하여 와이오밍 주의 브리저 국유림에 있는 세이지를 제거하기 위하여 1만 에이커의 땅에 제초제를 뿌렸어. 계획한 대로 세이지는 모두 사라졌지만 녹지와 시냇가를 따라 자라던 버드나무들이 죽으면서 뜻밖의 결과가 나타났어. 비버는 버드나무를 잘라 작은 시냇물을 가로지르는 튼튼한 댐을 만들고 자기 집을 만들잖아. 비버 덕분에 강가나 시냇가에는 작은 호수들이 만들어지고 그 호수에는 수많은 물고기들이 살고 또 이 물고기들로 인하여 물새들이 날아들지. 버드나무들이 만든 그늘과 날아드는 물새들, 그리고 많은 물고기들로 인해 호수 일대는 낚시 등의 매혹적인 휴양지가 되었거든. 그런데 버드나무가 없어지고 비버가 사라지면서 관리가 되지 않는 비버의 댐들은 부서졌어. 이로 인해 작은 호수들은 사라지고 커다란 송어들도 떠나가 버렸어. 레이첼 카슨, 앞의 책, 89~92쪽. 잡초는 사람의 필요성에 따라 잡초라고 불리지만, 생태계에서는 없어서는 안 될 존재들이야. 작은 풀과 꽃들은 작은 곤충들에게 양식을 제공하기도 하고 보금자리가 되어주기도 하거든. 잡초가 없는 농지를 만들기 위해 제초제를 사용해 관목과 잡초를 제거하면, 꽃가루를 날라주는 곤충들의 보금자리가 파괴되고 근거지가 파괴된 곤충들도 사라지지. 이는 곤충의 가루받이에 의해 종을 유지하고 번식하는 초원과 삼림의 생태계를 파괴하는 결과를 가져온단다.

또 미시간, 켄터키, 아이오와 등 여러 주에서는 풍뎅이 방제를 위하여 대규모로 알드린을 공중 살포했어. 알드린이 살포된 후 주민들은 곳곳에 너무 많은 새와 다람쥐가 죽어 있다고 신고했어. 조류 감시인은 새의 80퍼센트가 희생되었다고 했지. 또 산토끼, 사향쥐, 주머니쥐, 물고기 들이 숱하게 죽었어. 풍뎅이가 심각한 폐해를 끼친 것이 아니었음에도 불구하고 일리노이 주 동부의 셀던에는 1961년 풍뎅이를 없애는 방제 사업으로 13만 1,000에이커에 디엘드린이 살포되었고, 많은 곤충과 야생 동물들이 죽었어. 얼룩다람쥐는 자취를 감추었고 지역 농장에서 키우던 고양이의 90퍼센트가 희생되었지. 감염된 장수풍뎅이의 유충을 먹은 많은 새들이 죽었으며, 새들이 낳은 알들도 부화가 되지 않거나 부화가 되어도 며칠 살지 못하고 죽었어.

이런 화학 살충제와 제초제의 집단 폐사 사례는 많이 보고되었고, 미국 각 주의 자연 보호 관련 부서, 연방 정부의 자연 보호 관계 당국, 생태학자, 심지어 곤충학자들까지 당시 농무부 장관이던 에즈라 벤슨(Ezra Benson)에게 긴급 항의서를 보냈단다. 하지만 이런 항의는 무시되었고 오히려 1958년에만 100만 에이커에 살충제가 추가로 살포되었어. 방제 사업이 진행되면서 야생 동물 보호 기관을 비롯한 여러 단체에서는 살충제가 뿌려진 지역에서 몇몇 야생 동물이 완전히 사라졌다고 하였지만 농무부는 이런 피해의 증거를 과장되고 오도된 것이라고 무시하였지.

레이첼 카슨은 이러한 생태계를 파괴시키는 살충제의 문제를 매우 많은 사례들과 함께 정리하여 《침묵의 봄》이라는 책을 펴냈어. 이 책은 인간의 자연환경 파괴 행위에 경종을 울렸고, 오늘날에도 환경 운동의 바이블과

DDT에 의해 껍질이 약해져 깨진 매의 알.

같은 존재가 되었단다. 하지만 당시 책을 출간한 카슨은 정부와 화학업계의 집중적인 공격을 받았지. 심지어 시카고 벨시콜 화학 회사는 카슨이 미국과 유럽의 여러 나라들이 농화학 물질의 사용을 줄여 결국 식량 생산을 공산권 국가 수준으로 떨어뜨리려는 음흉한 배후 세력의 조종을 받고 있다고 주장했어. 전 농무부 장관이었던 에즈라 벤슨도 "아이도 없는 노처녀가 왜 그렇게 유전학에 관심이 많은 거냐?"며 카슨이 "아마도 공산주의자" 이기 때문이라고 주장했단다. 린다 리어, 《레이첼 카슨 평전》, 김홍옥 역, 산티, 2004, 672쪽. 또 살충제 제조·개발업계 1위였던 몬산토는 독자적으로 카슨을 조롱하는 홍보물을 만들었어. 역사는 반복되는 것일까? 우리나라에서도 광우병이나 4대강 사업, 원자력 발전소와 같은 반생명적인 사안에 대한 시민이나 양심적인 과학자의 문제 제기에 대하여 국가나 관련 이익 단체의 공격은 반복되고 있지.

《침묵의 봄》이 출간된 지 50년이 지났고 그 동안 살충제가 생태계에 어떤 해악을 끼치는지 더욱 자세히 밝혀졌단다. 그럼에도 불구하고 인간의 탐욕에 의한 대규모 GMO 작물(유전자 변형 작물)의 단작 농업이 확대되면서 더 많은 살충제와 제초제가 사용되고 있어. GMO도 인류의 식량 문제를 해결하기 위해 과학적으로 만들어졌다고 선전되고, 살충제와 제초제들도 과학적이며 친환경적인 제품이라고 홍보되고 있단다. 우리는 과학적이라고 포장한 반생명적인 것들을 항상 경계하지 않으면 안 돼.

읽을 거리

침묵의 봄
레이첼 카슨 지음 | 김은령 옮김 | 홍욱희 감수 | 에코리브르

오늘날 환경 운동의 성전 같은 책이다. 무분별한 살충제 사용으로 파괴되는 생태계의 모습을 적나라하게 공개해 큰 충격을 줬던 이 책은 환경 문제에 대한 새로운 대중적 인식을 이끌어내며 정부의 정책 변화와 현대적인 환경 운동을 촉발시키기도 했다.

레이첼 카슨 평전
린다 리어 지음 | 김홍옥 옮김 | 샨티

《침묵의 봄》으로 자연의 위대함과 인간의 무지를 역설했던 레이첼 카슨을 인간적으로 이해할 수 있게 만드는 책이다. 또 카슨이 《침묵의 봄》을 출간하면서 겪었던 어려움들도 느낄 수 있다.

2

가시박에서
생명의 공존을 생각하다

아빠, 가시박은 원산지인 미국에서는 문제가 없는데, 왜 우리나라에서는 괴물처럼 번지죠?

리수야, 우리는 종종 외래 생물들이 우리 생태계를 파괴하고 있다는 기사를 볼 때가 있지? 황소개구리, 배스, 붉은귀거북, 중국발 꽃매미 등 말이야. 이렇게 우리의 생태계를 교란시키는 생물 중에 하나로 가시박이라는 식물이 있어. 가시박은 미국이 원산지로 1990년 호박의 연작 피해를 막기 위해 호박의 접붙이기용으로 들어왔는데, 그것이 자연으로 퍼져나간 거야. 가시박은 가을이 되면 덩굴에 열매가 맺는데 가시가 촘촘히 돋은 여러 개의 호박씨가 붙어 있는 형태를 하고 있어. 가시박은 성장이 빠르고 덩굴을 뻗어 다른 식물을 타고 올라가 뒤덮음으로써 다른 식물이 광합성을 하지 못하게 하여 고사시키고, 다른 식물의 성장을 저해하는 화학 물질을 내뿜어 성장을 억제시키고 죽게 만들어. 이런 강력한 경쟁력으로 가시박이 번지기 시작한 곳은 통제 불능 상태가 되어 온통 가시박으로 뒤덮이게 된단다.

또 가시박의 씨앗은 가시로 뒤덮여 있어 자신을 보호하고 다른 동물의 몸에 잘 달라붙어 먼 곳까지도 이동이 가능해. 씨앗은 생존력이 뛰어나 여건이 좋을 때까지 60년 정도를 기다렸다가 발아하기도 해. 또 이 씨앗들은 어느 시점에 한꺼번에 발아하지 않고 순차적으로 발아하기 때문에 제초작업을 한다 해도 일주일 뒤면 다시 다른 싹이 트고 하루 최고 20센티미터씩 자라기 때문에 완전히 제거하는 것이 불가능해. 이 가시박은 여름철 폭우에 불어난 물을 타고 하천을 따라 곳곳으로 번져갔어. 가시박의 문제가 심각해지자 KBS에서는 환경 특집으로 가시박을 다루기도 했지.

가시박은 초기 한강 상류의 춘천과 충주에서 자리잡기 시작하여 한강 하류와 서해안까지 폭발적으로 퍼져나가 지금은 춘천, 팔당호, 충주, 섬강, 양평, 올림픽공원, 한강공원, 여의도 샛강생태공원, 밤섬, 강서습지 등을 거쳐 인천과 강화도로 번져나갔어. 가시박은 강을 따라서 급속도로 번져나가 이미 4대강 곳곳이 가시박으로 뒤덮였어. 작물을 심기 위한 비닐 하우스에 가시박이 번진 경우 어떻게 손을 쓸 수도 없게 되어 결국 농사를 포기해야만 하는 상황이 되기도 했어. 가시박이 온통 뒤덮인 돌미나리 비닐 하우스 농장 주인도 농사를 포기하고 말았어.

우리는 이렇게 가끔 '외래종 생물들로 인한 생태계의 교란'에 대한 기사를 접하게 돼. 황소개구리, 양식 달팽이, 배스, 붉은귀거북 등으로 한바탕 시끄러웠지. 왜 이런 외래종 생물들이 문제가 될까? 외래종은 모두 괴물인가? 저런 외래 생물들이 원래 자기가 살던 곳에서도 문제가 되었을까? 가시박의 원산지인 미국에서는 어떨까. 미국에서도 가시박이 자리잡은 곳은 다른 식물들이 성장을 하지 못하고 작물 등의 농사를 포기하는 상황이긴 마찬가지야. 그런데 큰 차이라고 한다면 가시박이 자리잡은 곳이 그렇게 광범위하지 않다는 거지. 그곳에서는 좁은 곳에 한정되어 가시박이 분포해. 또 급속도로 주변 지역으로 확산되는 것도 아니고.

원산지에서는 큰 문제가 되지 않는 가시박이 우리나라에 유입되면서 생태계 파괴범이 되었어. 가시박이 우리나라에 와서 문제를 일으키는 것처럼 우리나라의 식물이 미국에 가서 문제를 일으키는 것도 있단다. 그중에 대표적인 것이 칡이야. 칡은 빠른 성장 속도 때문에 담장과 울타리의 장식용으로 사용하기 위해 미국으로 건너갔지. 그런데 칡이 사람의 통제 밖으로 벗어나 자연으로 번지면서 미국의 산을 뒤덮고 있어. 우리나라에서도 칡이 문제가 되긴 하지만 심각성이 그 정도는 아니었거든. 그런데 왜 우리나라에서는 문제가 심각하지 않는데 미국에서는 심각한 문제를 발생시킬까? 그것은 칡이든 가시박이든 원래 자생하던 곳에서는 주위 생명들과 서로 간에 공생할 수 있는 방식을 오랜 시간에 걸쳐 익혔기 때문이야. 우리나라에는 칡을 갉아먹는 곤충이나 세균 또 곰팡이 같은 것이 있기 때문에 심각한 문제를 야기하기 전에 생태계 내에서 적절한 조절이 가능하지만, 미국에는 칡과 관련된 생명체들이 없기 때문에 조절이 되지 않는 거야. 이렇게 생태계의 관계를 무시했을 때 문제가 발생하는 예는 우리나라 안으로 시각을 한정해도 마찬가지야. 우리나라 곳곳에는 까치들이 살고 있어. 농촌에서는 까치가 농작물을 망치기도 하지만 우리는 그래도 아침에 까치가 울면 손님이 온다며 길조로 여기고 있거든. 이러한 까치를 1989년도에 어느 기업이 까치가 없던 제주도에 53마리를 방사했어. 20여 년이 지난 지금 제주도에서 천적이 없는 이들 까치는 10만 마리로 늘어났고 딸기, 수박, 감귤, 단감 등 농사에 큰 피해를 주는 유해 조수가 되어 제주도 농민의 골칫거리가 되었단다.

가시박이 내뿜는 화학 물질이 다른 식물을 죽게 한다고 해. 그럼 가시박만이 그런 화학 물질을 내뿜는 것일까? 아니야. 동물들이 영역 다툼을 하면서 자신의 영역을 지키듯이 식물들도 자기 자신을 방어하고 자기가 생존할 공간을 확보하기 위하여 그런 화학 물질을 내뿜어. 그런데 왜 가시박만이

180

가시박이 뒤덮힌 한강변. 가시가 촘촘히 박힌 가시박 열매(오른쪽).

유달리 문제가 되는가? 그것은 국내 식물들은 다른 식물들이 내뿜는 화학 물질에 대하여 서로 간에 어느 정도 내성을 가지고 있거든. 모든 식물들이 자신의 영역을 확보하기 위하여 다른 식물들이 자라지 못하게 하는 화학 물질을 내뿜지만 그것이 수천 년의 시간이 지나면서 지나치게 강한 독성은 서로에게 해가 되기 때문에 서로 생존 영역을 지키는 정도에서 기능을 유지하게 된 상태가 지금의 생태인 거야.

그러므로 지금 어느 지역에 있는 다양한 풀과 나무들은 그냥 아무렇게 나 자라고 있는 것처럼 보여도 수천 년의 시간 동안 공존한 결과인 거지. 그런 곳에 전혀 '낯선 놈'이 나타나서 '낯선 물질'을 뿜어대는 거거든. 그래서 다른 식물들이 방어를 하지 못하고 고사되는 거야. 이 가시박이라는 식물이 원산지에서 이곳에서와 같이 생태를 파괴하는 식물로 지목되지 않은 까닭은 그곳의 식물총이 가시박이 내뿜는 화학 물질이나 생존 방식에 서로 내성을 가진 까닭이지.

어떤 생태계를 평가할 때 인간의 이해 관계에 의해 인간 중심적인 시각으로 평가해서는 안 돼. 어느 곳이든지 오랜 기간에 걸쳐 생태계가 형성된 곳이라면 그 곳의 생태계는 나름의 이유가 있고 모두 '옳거든'. 인간의 눈으로 그 생태계의 모습이 기형이냐 아니냐는 의미가 없어. 어떤 생물이 그곳 생태계에 적합한가 아닌가를 인간의 이해 관계로 판단할 수 없다는 얘기야. 그 판단은 오직 '시간'만이 할 수 있단다. 새로운 식물이 나타나면 오랜 시간이 걸려서 그곳과 어울릴 수 있는지 없는지가 판명되어 새로운 모습의 생태계가 형성되는 거야. 오랜 시간 동안 서로간의 관계를 조절하면서 스스로 어떠한 모습이 되어 간단다. 그것이 자연(自然)이지.

가시박이 물줄기를 따라서 번져나가는데 어떤 지역에서는 그다지 번식하지 못한 곳이 있었어. 그 이유는 그곳의 강변 생태계가 건강하게 유지되고 있기 때문에 후발주자인 가시박이 자리잡는 것이 쉽지 않았던 거야. 그에 반해 강변 생태계가 안정적이지 못한 곳에서는 가시박이 강력한 경쟁력으로 다른 식물을 압도해버려. 그래서 강변 생태계가 건강하게 유지되었던 곳은 가시박이 뒤덮지 못했지만, 강변을 개발한다며 수시로 공사를 벌였던 곳은 생태계가 안정적이지 못해서 가시박에 대한 저항력이 떨어져 속수무책으로 가시박에게 점령당했지. 한강은 양쪽에 콘크리트 블록으로 제방을 쌓아 놓았어. 이곳은 강과 강변이 단절된 생태계로 건강한 생태계가 존재하지 않아. 그렇기 때문에 가시박의 침입에 저항하지 못하고 괴멸된 거야. 캘리포니아 주립대의 테디 케이스는 컴퓨터 군집 모델을 통해서 "많은 종이 강하게 상호 작용하는 군집은 외래종의 침입 가능성을 제한한다. 이들 군집은 침입자가 설령 막강한 경쟁자라 할지라도 일종의 '활성 장벽'을 구축하여 적은 수로도 능히 침입하는 경쟁자들을 물리친다."고 했어.

낯설면서 강한 가시박은 한동안 우리의 강변 생태계를 파괴해나갈 거야. 뙤약볕에 가시를 피하기 위해 인부들이 두꺼운 옷을 입고 제초 작업을 하지만 그것은 헛수고로 그칠 뿐, 일주일이 지나면 다시 가시박으로 뒤덮여. 가시박을 없애기 위해서 천적 곤충을 살포하거나 제초제를 살포하는 등의 방법을 연구하는데 그 같은 인간의 또 다른 행위는 또 다른 문제를 야기할 뿐이야. 거문도에 쥐가 많다고 외지에서 고양이를 데려다 풀어놓은 적이 있어. 이 고양이들이 기하급수적으로 늘어났고 잡으라는 쥐는 안 잡고 주변 산에 있는 동물들을 잡아먹는 포식자가 되어버렸지. 가시박을 제거하겠다고 천적인 곤충을 수입하는 경우 그 곤충이 또 어떤 문제를 일으킬지 아무도 알 수가 없단다. 지금 우리 산하에 있는 나무들을 말려 죽이고 있는 꽃매미의 뒤를 이어 제2의 꽃매미가 되지 않는다고 누가 보장할 수 있겠어? 결국 가시박을 이겨내는 것은 온전히 자연의 몫이야. 가시박을 극복할 수 있는 때가 언제 올지 알 수는 없지만 말이야. 그때까지 우리의 강변은 가시박으로 뒤덮일 것이고 그것을 극복해내는 날 우리의 강변 생태계는 식물의 다양성이 보장되는 곳이 될 거야.

자연의 생태계를 볼 때 인간의 도덕률이나 이해 관계에 의한 시각으로 파악해서는 안 돼. 생태계에는 좋은 것도 없고 나쁜 것도 없단다. 생태계에 존재하는 것은 모두 나름의 존재 이유를 가지고 있을 뿐이지. 그러기에 인간이 생태계의 생명을 볼 때에는 생태계에서 어떤 역할을 할지를 중층적으로 관찰하는 것으로 그쳐야 해. 또 그러한 관찰에서 조급한 결론을 내려서도 안 돼. 안다고 생각한 것이 전부가 아니고 일부분일 수도 있기 때문이지.

인간이 인위적인 행위를 가하지 않은 곳의 생태계는 그 자체가 지속 가능한 공존의 공간이야. 그 생명들 간의 공존의 여부를 심판하는 것은 인간의 도덕률이나 이해 관계가 아니라 수천 년 수만 년의 시간이거든. 그 오랜 시간을 거쳐서 서로 공존할 수 있는 것만이 존재할 수 있게 돼. 어떤 것이 강하고 어떤 것이 약하고 그런 것이 중요하지 않아. 다른 품종과 비교되는 특별한 성장 방식 등도 중요하지 않아. 중요한 것은 그러한 생물들이 다른 생물들과 함께 어우러지는 데 나름의 역할을 하기에 그 생태계에서 공존하여 몇 만 년의 시간을 거쳐온 것이지. 그러므로 현재 보이는 모든 생명들은 나름의 존재 가치와 이유가 있는 것이고, 사람은 그들 사이의 관계에서 생태계를 해석해야 해. 단편적인 인간의 이해에 따라서 외래의 생명을 들여오는 것은 기존의 생태계를 이루고 있는 생명들 간의 균형을 깨뜨리지. 제3 세계의 생태계가 파괴된 원인 중에 하나는 침략자들과 함께 들어온 쥐나 고양이 같은 생물들 때문이었어. 그러기에 인간의 이익을 위해서 강하고 뛰어난 어떤 특성을 이용하겠다고 외래 생물을 들여오는 것은 매우 경계해야 한단다. 이익이 될 것이라고 생각한 것이 언제 양날의 검이 될지 알 수 없기 때문이야. 자연은 자연 상태로 두는 것이 가장 자연스러워.

읽을 거리

생명의 다양성
에드워드 윌슨 지음 | 황현숙 옮김 | 까치
　지구에는 이루 헤아릴 수 없이 많은 생명체들이 있다. 이렇게 생명이 다양한 이유는 무엇일까? 저자는 지구 생명의 다양함이 갖는 의미를 탐구한다. 그리고 축산업으로 인해 벌목되어 파괴되는 열대림의 위기를 말하고 해결 방법을 고민한다.

3
끝없이 펼쳐진 옥수수 밭,
이상하지 아니한가

아빠, 트랙터로 씨를 뿌리고, 비행기로 살충제를 뿌리는 건 농업 기술이 꽤 발달됐다는 걸 의미하지 않나요?

리수야, 강변 생태계의 다양성을 모두 뒤덮은 가시박을 보며 섬뜩함을 느끼듯이 그에 못지않게 섬뜩함을 느끼게 하는 광경이 있어. 그것은 미국의 끝없이 펼쳐진 옥수수 밭이야. 그런데 사람들은 가시박에 대해서는 문제 의식을 갖지만 드넓게 펼쳐진 옥수수 밭에는 거부감을 갖지 않아. 거부감은커녕 풍요로움의 상징처럼 생각하기도 해. 또 미국 영농 기술의 승리처럼 생각하기도 해. 어떻게 '생명의 다양성'이라는 말은 눈 씻고 찾아볼 수도 없는 그런 풍경을 보고서도 괴기스러움을 느끼지 못하고 오히려 풍요로움이라고 생각할 수 있을까? 그것은 생명은 무엇으로 사는가에 대한 가장 근본적인 이해의 부재에서 오는 것이 아닐까 하는 생각이 들어. 이 글에서는 옥수수 자체에 대한 이야기보다 옥수수밭에 대한 생태적 평가를 다루려고 해. 옥수수에 대해서는 다음 장에 좀 더 자세히 이야기할 거야.

우리는 생태계를 이야기할 때 다양성을 이야기하고 순환을 이야기하지. 생태계의 다양성과 순환의 관계를 보여주는 간단한 예를 살펴보자. 풀이 자라. 풀이 자라서 울창해지면 이 풀을 먹으려고 다양한 곤충들과 애벌레들이 모여들어. 작은 곤충과 애벌레는 거미나 사마귀 같은 것들이 잡아먹고, 이 곤충들은 새들이 잡아먹어. 그렇게 풀은 여러 곤충과 새들의 보금자리가 되고, 이 곤충들은 풀이 꽃을 피우면 화수분 시켜 씨를 맺도록 해주지. 또 초식 동물은 자라난 풀을 먹고 변을 보아 흙으로 돌아갈 수 있게 만들고 곤충과 애벌레들도 풀을 갉아먹고 배설물을 분비해. 이들이 풀을 갉아먹고 변으로 배설함으로써 다음 세대를 위한 영양분이 되도록 한단다. 그 다음부터 보이지 않는 단계에서 균류와 박테리아들이 배설물의 순환을 위하여 큰 역할을 해. 이렇게 다양한 생명들이 있기에 생태계는 순환되고 지속 가능할 수 있단다. 이것을 어렵게 이야기하면 물질은 닫힌계에서 순환하고, 다만 에너지만 태양에서 유입되어 생물들의 생명 에너지가 된다고 하지.

그렇다면 미국의 드넓은 옥수수 밭은 어떤 순환 구조를 갖는지 한 번 보자. 이 옥수수 밭에는 옥수수 외에는 아무것도 없어! 시시때때로 제초제와 살충제를 뿌리기 때문에 다른 풀도 없고 어떤 곤충도 찾기 힘들어. 다시 말해 순환이 가능하지 않다는 거야. 그런데 이상한 점은 매년 옥수수가 자란다는 거지.

어떻게 이런 일이 가능할 수 있을까? 미국의 드넓은 옥수수 밭의 겉모습만 보면 사람들은 인류의 과학 기술이 생태계의 법칙을 초월했다고 생각하지. 씨앗은 매년 트랙터로 뿌리고, 다른 풀들이 자라지 못하도록 제초제를 뿌리지. 벌레가 생기지 않게 살충제를 뿌리고 영양분을 공급하기 위하여 비료를 주지. 인위적인 처방 속에서 자연의 순환 구조는 찾아볼 수가 없어. 그중에 특히 중요한 역할을 하는 것은 비료야.

옥수수가 자라서 열매를 맺고 다음 해에 또 그 땅에 다음 세대의 옥수수가 자라기 위해서는 먼저 자란 옥수수들이 땅속으로 분해되어 들어가야 순환이 가능하지. 그런 순환을 가능하게 해주는 것은 초식 동물과 곤충들이야. 그런데 영농화된 미국의 옥수수 밭에는 초식 동물이 없어. 또 수시로 뿌려대는 살충제 때문에 곤충들도 없어. 그렇기 때문에 옥수수는 땅속으로 들어갈 수 없어. 또 지상의 생물들에게 중요한 영양분은 단백질이나 DNA 등의 원료가 되는 질소거든. 질소는 공기 중에 풍부하지만 그것을 지상의 생물들이 바로 이용할 수는 없단다. 그것을 이용할 수 있도록 해주는 것이 콩과 식물의 뿌리에서 공생하고 있는 균류들이야. 그래서 대부분의 농촌에서는 농사를 지을 때 윤작을 하거나 작물 사이사이에 콩을 심는단다. 그런데 미국의 옥수수 밭에는 오직 옥수수만 있어. 그럼 다음 세대의 옥수수는 어떻게 영양 물질을 공급받을까? 그 해답이 막대한 석유를 소모시켜서 만든 화학 비료야.

여기서 또 잠깐 의문이 생기는 것이 있어. 옥수수 씨앗을 심고 옥수수 꽃이 피어서 옥수수 열매가 열리기 위해서는 화수분을 해주어야 해. 보통의 농촌에서는 그런 걱정을 할 필요가 없지. 화수분은 꿀벌을 비롯하여 모기, 나비, 파리 같은 온갖 곤충들이 해주기 때문이야. 그런데 미국의 옥수수 밭에서는 수시로 살충제를 뿌려 이들 곤충들을 모두 죽여버리거든. 물론 모든 곤충들이 죽지는 않아. 모든 곤충이 죽는다면 왜 수시로 살충제를 뿌리겠어? 많은 곤충이 죽지만 죽지 않고 살아남는 곤충도 있기 때문에 수시로 살충제를 뿌리지. 그것이 생명의 힘이야. 하지만 이렇게 살아남은 소수의 곤충이 그 드넓은 옥수수 밭의 옥수수들을 화수분 시키기에는 택도 없지. 그렇다고 화수분을 시키지 않으면 열매가 맺지 않아. 그럼 이 문제를 어떻게 해결할까? 그 해답은 우리나라에서는 보기 힘들지만 미국에는 'Bee truck'이라고 꿀벌을 실고 다니는 트럭이 있어. 이 트럭이 화수분을 원하는 지역에 가서 꿀벌을 풀어놓으면 꿀벌들이 그 부근의 작물들을 화수분 시켜

끝없이 펼쳐지는 옥수수밭.

준다고 하는구나. 그런데 최근 들어 이 꿀벌들이 벌집을 찾아오지 못하고 사라지는 사태가 발생했어. 이렇게 꿀벌들이 사라지는 현상을 '군집체 붕괴 현상(CCD)'이라고 하는데, 그 원인으로 살충제, GMO 작물, 휴대폰 기지국에서 발생하는 전파, 이상 기온 등 여러 가지 설이 있고 아직 정확히 밝혀지지는 않았어. 중요한 것은 꿀벌들이 사라지면서 많은 문제를 야기하고 있다는 거야.

이렇듯 미국의 드넓은 옥수수 밭의 경작이 매년 가능하도록 하는 또 하나의 원동력은 인류의 과학 기술 이전에 석유가 있기 때문이야. 제초제나 살충제 그리고 비료는 석유로 만들어지지. 비료 또한 막대한 석유 에너지를 소모하는 하버-보슈 공법에 의해서 생산돼. 그리고 트랙터로 파종을 하고 헬기로 제초제와 살충제를 뿌리고 또 관개 시설을 작동시켜 물을 공급할 수 있는 것도 모두 석유가 있기 때문에 가능한거야. 그렇기에 매년 옥수수가 자랄 수 있는 것은 모두 석유 때문에 가능한 것이고, 이것을 달리 표현하면 옥수수는 석유를 먹고 자라는 식물인 셈이지.

꿀벌을 실고 다니는 Bee Truck.

　여기에 중요한 부분이 있어. 태양 에너지를 생명의 근원으로 하는 건강한 생태계는 태양이 사라지는 그날까지 지속 가능해. 하지만 석유를 근원으로 하는 옥수수 밭은 스스로 지속 가능할 수 없고 석유가 끝나는 순간 자취를 감추게 된다는 점이야. 과학자들은 30년 후를 '석유 피크'라고 추정하고 있어. 그때가 지나면 석유가 고갈되는 시대가 와. 그러면 지금까지 막대한 석유로 가능했던 모든 것이 불가능하게 돼. 그 대표적인 것이 미국의 옥수수 밭이야. 석유의 종말이 닥치면 옥수수도 종말을 맞게 돼. 그러면 오늘날 싼 옥수수를 기반으로 하고 있는 공장식 축산과 그에 따른 과도한 육식 또한 종말을 맞게 되는 거지.

　우리는 집 주변의 산과 들판 등 자연을 보며 왜 그곳에는 '언제나 그러한 모습'으로 수많은 생명들이 있는가를 생각해보아야 한단다. 그런 생명의 다양성이 그곳 생태계가 지속 가능할 수 있도록 해주는 근원이거든. 그에 비해 옥수수만이 끝없이 펼쳐진 미국의 옥수수 밭은 결코 자연스러운 풍경이 아니야. 이것은 인위적인 조작이 아니라면 가능할 수 없는 풍경이지. 하나의 종만이 끝없이 펼쳐지는 공간은 지속 가능할 수 없으며 그러기에 자연에서는 존재할 수가 없어. 그런데 그런 풍경이 또 하나 있지. 그곳은 멀리 있지 않아. 그곳은 바로 우리가 살고 있는 도시야. 다른 동물은 눈 씻고 찾아보려고 해도 찾기가 힘든 이 곳, 이 도시 또한 그다지 자연스러운 공간은 아니란다.

4
제6의 멸종은 지금 우리에 의해
진행되고 있다

아빠, 매년 3만 종의 생명이 인류 때문에 사라진다는데, 그게 정말이에요?

리수야, 35억 년 전 지구상에 생명이 나타났단다. 그리고 생명은 진화를 거듭하여 오늘날과 같은 생태계를 이루었어. 오늘날 이렇게 번창한 생태계가 되기까지 생명체가 지속적인 발전만 해온 것은 아니야. 고고학과 지질학이 이루어낸 성과에 의해 우리는 지구 생명의 역사에 다섯 번의 거대한 멸종과 크고 작은 고난의 역사가 있었음을 알게 되었어. 그런데 고고학과 지질학, 그리고 생태학 연구들은 우리에게 또 다른 사건을 알려주고 있단다. 바로 제6의 멸종에 대한 것이야.

생명의 역사와 관련하여 진화론에 대한 평가는 어느 정도 정리가 된 상태야. 창조론을 믿는 일부 종교인은 진화론을 거부하지만 학계에서는 진화론을 생명의 역사로 받아들이고 있어. 창조론적 시각에서는 인간이 신의 모습을 본떠 만들어졌고, 신이 인간에게 다른 동물을 다스리라고 하였기 때문에 인간과 다른 동물은 차원이 다른 생명이라고 평가를 해왔지. 그럼 창조론에서 진화론으로 생명의 역사가 바뀌면서 사람들의 이러한 생각이 달라졌을까? 안타깝게도 근거만 달라졌을 뿐 인간과 동물은 차원이 다른 생명이라는 생각에는 변화가 없어. 사람들은 인간만이 언어와 도구를 사용하고 지각을 하며 이성과 자의식을 갖는 존재로 진화했기 때문에 다른 동물과 뚜렷이 구별된다고 하지. 또 가시적으로 오늘날 인간이 지구를 장악하고 있으므로, 인류가 진화의 정점이며 다른 동물들보다 우월한 존재의 증거라는 거야. 하지만 안타깝게도 진화생물학, 생태학, 고생물학의 관점에서는 그러한 주장은 인간의 희망 사항일 뿐이라고 하지.

지구상의 대멸종은 오르도비스기 말(4억 4,000만 년 전), 데본기 후기(3억 6,500만 년 전), 페름기 말(2억 2,500만 년 전), 쥐라기 말(2억 1,000만 년 전), 그리고 백악기 말(6,500만 년 전)에 있었어. 이 중에서 페름기의 대멸종에서는 전체 종의 96%가 자취를 감추었고, 마지막 백악기 대멸종에서는 모든 공룡 종이 놀랍도록 짧은 기간에 사라졌지. 대멸종의 원인에 대해서는 해수면의 감소나 소행성의 충돌 등 많은 이론들이 있단다.

페름기 말기에 세계의 모든 대륙은 하나로 뭉쳐 초대륙 '판게아(Pangea)'를 이루었지. 이로 인해 생물이 무성하던 해안 지대는 최소화되고 서식처가 사라진 많은 종들이 멸종되었음에 틀림없어. 또 다른 가설로 운석의 충돌설이 있단다. 운석이 충돌하는 순간 상공으로 치솟은 먼지 입자는 지구를 사실상의 암흑 상태에 빠뜨렸고, 그것은 동물이 의존하고 있던 식물을 죽이기에 충분한 정도로 장기간 지속되었어. 행성 충돌 가능성에 대해 의문을 제기할 수 있는데, 달의 표면을 보면 행성의 충돌로 인해 생긴 무수히 많은 분화구들이 있어. 지구와 멀리 떨어지지 않은 달에 그렇게 많은 행성의 충돌 흔적이 있는데 지구라고 예외일 리는 없겠지. 소행성의 충돌로 인한 극심한 환경의 변화는 기존 환경에 적응하고 있는 생물들에게 치명적인 상황이 되어 페름기의 대멸종에서는 전체 종의 96%가 멸종되었단다.

그럼 여기서 멸종된 종과 살아남은 종의 차이는 무엇일까? 가령 어느 지역에 핵폭탄이 터졌을 때 살아남는 자와 죽는 자의 차이는 무엇일까? 살아남은 자는 우월한 유전자를 가졌거나 신의 선택을 받았기 때문에 살아남고 죽은 자는 열등한 유전자를 가졌기 때문에 죽은 것일까? 그렇지 않아. 죽은 자는 핵폭탄이 터졌을 때 피폭 범위에 있었기 때문에 죽은 것이고 살아남은 자는 핵폭탄이 터질 때 운이 좋아 때마침 먼 곳으로 여행을 갔기 때문에 살아남은 것일 뿐이야. 백악기 멸종기에 멸종한 공룡과 살아남은 생물을 비교했을 때 살아남은 생물이 공룡보다 우월하다는 증거는 어디에도 없어.

대략 100만 년이 넘는 기간 동안 포유류는 공룡과 함께 존재했지. 당시 인류의 기원인 포유류의 대부분은 몸집이 작고, 공룡을 피해 밤에 활동하며, 나무 위에서 살았어. 아무런 사건이 발생하지 않았다면 공룡은 여전히 우세한 생물로 살았을 거야. 하지만 소행성의 충돌은 공룡의 멸종을 가져왔고 유인원은 살아남아 공룡이 사라진 공간을 차지하며 우세종이 되었지. 거기에 유인원이 공룡보다 우수한 종이라는 증거는 어디에도 없단다. 다만 유인원이 공룡보다 운이 좋았을 뿐이야. 스티븐 제이 굴드는 이것을 '지상 최대의 제비뽑기가 행해졌으며 우리는 우연히 그 운 좋은 승리자들 가운데 하나의 후손이 된 것'이라고 표현했어.리처드 리키 · 로저 르윈,《제6의 멸종》, 황현숙 역, 세종서적, 1996, 282쪽.

생물 진화의 결과 오늘날 지구에는 얼마나 되는 종이 있을까? 그 수는 학자에 따라 1000만에서 1억 정도로 추정해. 이렇게 추정 폭이 넓은 이유는 은하계에 별이 몇 개인지, 우리의 몸을 구성하는 유전자가 몇 개인지 등에는 많은 관심을 갖지만, 우리를 떠받치고 있는 지구 생태계에 대한 관심이 적고 또 그에 따른 투자 또한 적기 때문이야.

46억 년 전 지구는 태양계의 먼지가 응축되어 형성되고 불 뿜는 열기와 방사능이 서서히 가시면서 생물의 서식이 가능한 상태가 되었단다. 가장 단순한 형태를 가진 핵이 없는 원핵 생물이 약 37억 5000만 년 전에 나타났으며 약 18억 년 전 비로소 진핵 생물이 등장했지. 그리고 또 다시 10억 년 이상이 더 흘러 약 6억 3,000만 년 전에 다세포 생물이 나타나고 무척추 동물에서 척추 동물로, 양서류와 파충류에서 포유류로, 마침내 약 15만 년 전 호모 사피엔스에 이르게 된단다. 생물 종의 최대 번성은 고생물학자들이 '캄브리아기 대번성'이라 부르는 시기에 이루어졌어. 캄브리아기 동안 전체적으로 약 470과가 새로 등장했고, 페름기 이후에는 450과가 새로 등장했지. 다윈과 지질학자 찰스 라이엘은 생물의 진화는 자연 선택에 의해서 점진적으로 진행된다고 주장했지만, 연구 결과 생물의 진화는 어느 순간 급진적으로 진행되고 그 이후는 안정된 상태가 되었어. 이를 '단속 평형'이라고 해.

캄브리아기 대번성기에 다세포 생물이 처음 진화한 이후로 지구상에는 약 300억 종의 생물이 살았던 것으로 추정돼. 지구상에는 왜 이렇게 많은 종류의 생물이 존재했고 또 끝없이 생성되는 것일까? 종의 다양성과 관련해서는 리벳 포퍼 가설과 종 과잉설이 있단다. 리벳 포퍼 가설은 에를리히에 의해 전개되었는데 못같이 생긴 많은 리벳이 모여 비행기를 지탱해주는 것처럼 각각의 종이 생태계의 작용에서 작지만 나름대로 중요한 부분을 담당한다는 거야. 몇몇 종의 손실은—마치 리벳 몇 개가 빠져나가는 것처럼—전체를 서서히 약화시키지만 그것이 바로 표시나지는 않아. 하지만 난기류와 같은 어려운 상황에 닥쳤을 때 치명적인 결과로 드러나지.리처드 리키·로저 르윈, 앞의 책, 178쪽. 이에 비해 오스트레일리아의 생태학자 브라이언 월커는 대부분의 종은 과잉되어 있다고 주장했는데, 이 주장은 지지를 받지 못하고 있어. 제임스 러브록의 데이지 월드 실험 결과에서도 생태계에 종

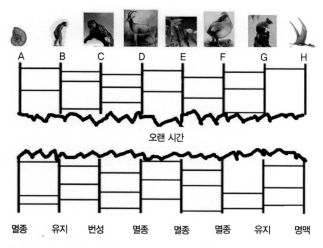

オ랜 시간

멸종　유지　번성　멸종　멸종　멸종　유지　명맥

오랜 시간 후에 어느 종이 멸종되고 또 어느 종이 번성할까? 그것은 아무도 알 수가 없다.

이 많을수록 안정성은 더욱 커졌거든.

　지구상의 모든 지역 생태계에서 미생물과 고등 식물, 무척추동물, 척추 동물은 서로 미로처럼 얽힌 상호 의존 관계를 맺으며 공존한단다. 이루 헤아릴 수 없이 많은 균사가 식물 뿌리와 긴밀하게 공생하여 필수 무기물을 이용할 수 있도록 해주지. 가이아 이론에서는 개별 생태계의 생존력이 그것을 구성하는 생물 종의 상호 관계를 통해 유지돼. 이것처럼 지구 생물상의 환경적 안녕은 모든 생태계의 상호 관계로부터 나온다는 거야.

　하지만 사람들은 생태계의 존재들과 동일한 선상에 자신을 놓고 평가하는 것을 좋아하지 않아. 줄리언 헉슬리는 인간을 나머지 자연 세계와 완전히 독립시켜 분류해야 한다고 주장하지. 인간은 세상에서 유일무이한 존재라고 여겨. 그런데 생태계의 모든 종들 역시 유일무이한 존재거든. 또 인간은 스스로를 필연성에 의해 진화의 정점에 있다고 하지. 하지만 생물의 역사를 처음으로 거슬러올라가 다시 반복한다면, 과연 호모 사피엔스가 생물의 거대한 다양성 속에서 또다시 등장할 수 있을까? 그것은 앞에서 살펴보았듯이 대멸종기에 멸종되는 종과 살아남는 종은 단지 우연의 결과일 뿐이기 때문에 오늘날과 같은 모습이 반복될 것이라고 단정할 수는 없어. 굴드의 말처럼 우리 호모 사피엔스라는 존재는 '일어날 성싶지 않은 진화적 사건'에 불과해. 진화생물학, 생태학, 고생물학에서의 새로운 통찰을 종합해보면 이 세상에 존재하는 호모 사피엔스의 진정한 본질은 그저 역사의 우연한 산물일 뿐이야.

1600년에 5억이었던 인구는 1940년에는 30억 그리고 2012년에는 70억이 넘었어. 이렇게 증가한 인구 수를 근거로 사람들은 인간이 월등한 존재라고 생각해. 월등한 존재이기 때문에 적자생존의 법칙에 따라 우점종이 되었다는 거지. 하지만 현존하는 생물 중 가장 많은 숫자를 차지하는 것은 절지동물이야. 약 85만 종의 절지동물은 현존하는 생물 종의 약 40%를 차지하고 있지.리처드 리키·로저 르윈, 앞의 책, 146쪽. 그런데 이것도 확실하다고 말할 수 없어. 우리는 지구상에 생물을 약 3,000만 종으로 추정하지만 정확하게 얼마나 많은 종류의 생명이 살고 있는지는 알 수 없어. 더군다나 눈에 보이지 않는 박테리아와 같은 미생물은 빙산의 일각만 인지하고 있을 뿐이야. 그러하기에 가시적으로 눈에 보이는 것만을 가지고 인간이 우점종이라고 이야기하는 것은 어리석은 일이야.

오늘날 인류가 증가하는 것에 반비례하여 매년 적어도 3만 종의 생명이 인류가 원인이 되어 사라지고 있으며, 이 비율은 놀랍도록 정확히 이전 다섯 차례의 대멸종에 필적한단다. 인간은 사냥과 직접적인 개발, 외래종 도입과 같은 생물학적 파괴, 그리고 열대 우림의 무분별한 벌목과 같은 서식처 파괴의 3가지 방식으로 생물 종의 존재를 위협하고 있어. 오늘날 생태학자들이 다양성의 가치를 빈번히 들먹이는 이유도 최근 생물 다양성의 파괴가 점점 가속화되고 있기 때문이야.

　이렇듯 우세한 종인 '호모 사피엔스'는 놀라운 속도로 생물 다양성을 파괴함으로써 엄청난 생물학적 재앙을 야기시키고 있어. 인간이 생물 다양성을 파괴하는 것을 두고 에드워드 윌슨은 우리 인간을 가리켜 '환경의 비정상적인 암'이라고 표현했어. 제6의 멸종은 먼 미래의 이야기가 아니야. 제6의 멸종은 지금 진행되고 있으며, 그 범인은 외계의 그 무엇도 아닌 바로 우리 자신이거든.

　생물은 다른 생물들과의 건강한 관계망 속에서 온전히 유지되어질 수 있어. 다른 수많은 종들이 멸종된다면 호모 사피엔스 역시 역사 속의 다른 종들과 마찬가지로 멸종의 운명을 피할 수 없단다. 그러하기에 우리는 생태학자들의 경고에 귀를 기울여야 해. 그러함에도 반경고주의자들은 우리의 노력 여하에 관계없이 시간이 흐르면 종은 자연히 사라지는 거라고 이야기하지. 이에 대해 스티븐 제이 굴드는 "이러한 관점은 모든 인간이 결국은 죽게 되어 있으므로 쉽게 고칠 수 있는 어린아이의 병을 치료하지 말아야 한다고 주장하는 것과 같다."고 응수했어. 리처드 리키 · 로저 르윈, 앞의 책, 314쪽. 또 어떤 이는 다른 행성에 우주 식민지를 건설하면 된다고 말하는 이도 있지. 이는 호모 사피엔스가 나머지 다른 자연 세계로부터 완전히 분리되어 존재하며 더 나아가 그 위에 지배하고 있다는 거만한 믿음에서 나온 망상이야. 어쨌든 오늘날 호모 사피엔스는 지구의 생물 역사상 그 어느 종보다 높은 우위를 차지하게 되었으며 심각한 영향을 끼칠 수 있게 되었어. 그렇기에 우리가 어떠한 행위를 하느냐에 따라 지구 생명의 미래가 달라질 수도 있단다.

읽을 거리

제6의 멸종

리처드 리키 · 로저 르윈 지음 | 황현숙 옮김 | 세종서적

인류의 기원과 발전의 역사를 재미있게 그려내 과학계 서적으로는 초유의 베스트셀러가 되었던 《오리진》의 저자 리처드 리키와 로저 르윈이 지구 생명의 위기를 다루었다. 이 책은 멸종과 관련된 고고학과 지질학, 그리고 생태학의 연구 결과들을 종합하여 그러한 연구 결과 밝혀진 사실과 또 현재 심각하게 진행되고 있는 생태계의 파괴를 경고하고 있다.

5

생명의 보고(寶庫) 오카방고,
그리고 흔들리는 생명

아빠, 자연 환경은 항상 바뀌는 것이고 생물은 적응하며 사는 건데, 왜 유독 인간에 의한 환경 변화는 문제가 되는 걸까요?

리수야, 아프리카 보츠와나에는 면적이 2만 5,000제곱킬로미터인 세계에서 가장 넓은 삼각주가 있단다. 이 삼각주는 다른 삼각주와 달리 바다로 통하지 않아. 나미비아를 통과해서 흘러온 카방고 강은 천천히 서쪽으로 흘러 광활한 퇴적물을 남기며 칼라하리 사막으로 사라져. 밖에서는 보이지 않게 감추어진 이 비옥한 땅이 바로 오카방고 델타라고 불리는 오카방고 삼각주야. 이 삼각주에는 파피루스가 울창하게 자라고 수많은 야생 동물들의 집단이 풍부하게 있어 원시 생태계가 보존되어 있다는 평을 받으면서 많은 생태 관광자들이 찾고 있지.

　오카방고의 아름다운 광경은 2009년 KBS 공사 창립 특집으로 방영한 자연 다큐멘터리 '야생의 오카방고'를 통해서 소개된 적이 있어. 그런데 다큐멘터리는 오카방고의 '수많은 생명들'이 함께 만들어놓은 경이로운 생태계를 담기보다는 '동물의 왕국' 류의 다큐멘터리에서 흔히 볼 수 있는, 사자나 표범이 임팔라를 사냥하는 모습이나 사자와 코끼리가 기싸움을 하는 모습, 또 코끼리 떼, 버팔로 떼, 기린 떼 등이 대이동을 하는 모습 등만을 다루었어. 생물 다양성의 보고(寶庫)에 가서 기껏 찍은 것이 그런 것이었어. 오카방고의 경이로운 생태계의 주인공은 두드러지게 눈에 띄는 몇몇 동물이 아니라 그곳에 사는 모든 생물들인데 말이야.

오카방고 삼각주에는 지금 164종의 포유류가 살고 있는 것으로 알려져 있단다. 그 외에 38종의 양서류, 157종의 파충류, 그리고 540종의 조류 등이 있지. 곤충은 최소한 5,000종 이상으로 다양하며, 그중에는 거미, 전갈, 나비, 메뚜기, 딱정벌레들과 다양한 종류의 개미들이 있단다. 동물 종의 다양함 이외에 100종 이상에 달하는 나무들과 다양한 풀 등 모두 약 3,000종의 식물들이 있어.닐스 엘드리지,《오카방고, 흔들리는 생명》, 김동광 역, 세종서적, 2002, 51쪽. 그 외에도 동물들의 창자, 식물의 조직에서 기생하는 미생물과 토양 속에서 독립적으로 살아가는 미생물들이 있지. 이 생태계에 넘치는 생기는 그것을 구성하는 부분들의 단순한 합보다 크며, 단지 그곳에서 발견되는 모든 생물 종을 열거하는 것만으로는 설명될 수 없어.

이렇게 다양한 생물들로 이루어진 오카방고의 생태계가 위협을 받고 있단다. 그중 가장 큰 피해를 주는 것은 목초지 확보를 위한 벌목, 농업, 수렵, 사육 소의 과도한 방목과 생태 관광이야. 1950년에서 1985년 사이에 마다가스카르 동부 열대우림의 50퍼센트가 인간의 벌목으로 상실되었어. 또 아프리카물소나 영양으로부터 초지를 보호하기 위하여 설치한 3,000킬로미터에 달하는 울타리는 가뭄 시기에 물을 찾아 이동하는 동물들을 가로막아 몸집 큰 초식 동물들의 떼죽음을 몰고왔지. 그리고 또 다른 요인으로는 앙골라, 잠비아, 짐바브웨에서 일어나는 전쟁과 코끼리와 같은 동물의 자연 서식지를 농토와 농장으로 전용하면서 벌어지는 서식지 파괴 등이 있어.

오카방고는 종 다양성의 보고라고 불릴 만큼 많은 종이 살고 있단다. 열대지방의 생물들은 풍부한 먹이원을 갖고 있거든. 이렇게 풍부한 먹이원을 가지고 있기 때문에 열대 종들은 좁은 환경의 범위에 적응되어 살아가. 먹이가 풍부한데 굳이 다양한 환경 변화에 적응할 수 있는 능력을 갖출 필요가 없거든. 열대 지역에는 많은 종들이 좁은 지역에서 특화되어 생존하고 있단다. 이들 열대종들은 약간의 환경 변화에도 적응력을 잃고 멸종의 위기를 맞아. 그렇기에 열대종에게 있어 적응하고 있는 서식지의 파괴는 치명적일 수밖에 없어. 이에 비해 고위도에 사는 생물종은 다양한 환경의 변화에 적응할 수 있는 능력을 가지고 있지. 생태학자들은 이러한 종을 '니치가 넓은' 종이라고 부른단다.

서식지의 파괴를 비롯하여 여러 원인으로 오늘날 많은 종들이 멸종되고 있어. E.O. 윌슨은 매년 2만 7,000종이 멸종되는 것으로 추정한단다. 닐스 엘드리지, 위의 책, 272쪽. 이것은 시간당 3종이 계속 사라지는 속도야. 이렇게 많은 수의 종이 멸종하는 것은 지구상에 있었던 다섯 차례의 대멸종과 버금가는 수준이지. 그래서 리처드 리키는 이를 두고 '제6의 멸종'이라고 했지. 많은 종들이 사라지면 어떤 일이 벌어질까?

모든 생물은 우리가 생각하는 것보다 훨씬 풍부하고 복잡한 관계를 맺으며 생태계 속에서 중요한 역할을 하고 있어. 과학자들은 최소한 175만 종의 생물 종을 확인했지만, 최소한 지구상에 1,000만 종 이상이 존재할 것이라고 추정해. 이렇게 많은 종들은 생명의 순환에서 각기 나름의 중요한 역할을 하고 있단다. 균류에는 생물들이 살아가는 데 필수적인 부식, 양분 재이용, 화학적 원료의 제공 등에 기여하는 버섯과 그 동류들이 포함돼. 이들 균류와 박테리아, 원생동물 등 미생물들은 유기체의 잔해를 재처리하고, 양분을 만들어내서 생명이 세대를 거쳐 영원히 지속될 수 있도록 해주는 결정적인 역할을 해. 이들은 말하자면 지구의 청소부이자 재활용 담당자야. 만약 균류가 없다면 모든 것은 그대로 멈춰버리고 말 거야. 왜냐하면 죽었지만 전혀 썩지 않은 식물들이 금세 하늘 높이 쌓이게 될 테니까. 식물들은 태양 에너지를 당의 형태로 저장시키며, 이 당은 다른 모든 생물의 에너지원으로 사용돼. 에너지 흐름과 물질 교환의 복잡한 그물망은 빛을 포획하는 식물에서 시작되지. 새들은 생태계 내에서 에너지 전달이라는 일반적인 역할 이상을 하며, 열대 식물종의 씨앗을 널리 퍼뜨려준단다. 곤충은 화수분, 소비, 그리고 분해에 이르는 순환 과정에서 근본이 돼. 건조한 열대 지방에서 곤충은 목질 조직을 분해하는 유일한 통로야. 곤충은 생물 다양성의 상징이지. 지렁이는 육생 생태계에 중요한 영향력을 발휘해. 지렁이는 더러운 물질들을 몸속으로 통과시켜서 토양에 양분을 뿌리고 표토를 갈아엎고 밤이면 표면에 똥을 눠서 탄산 가스를 제공해준단다. 지렁이는 이러한 전체적인 과정을 통해 토질을 회복시키는 중요한 역할을 해.

또 생물 이외의 환경도 지구 생태계 유지에 중요한 역할을 한단다. 바다는 지구에 절대적으로 필요해. 바다는 대기와의 상호 작용을 통해 기후 패턴을 근본적으로 결정하거든. 지구는 대기, 토양, 암석, 물, 그리고 표면에 달라붙어 있는 생물들이 상호 작용하며 지속돼. 제임스 러브룩은 이 시스템을 '가이아' 라고 불렀고, 많은 생물학자들은 이런 표현이 무생물인 지구를 지나치게 공상적으로 비유한다며, '생물권' 이라는 말을 더 선호하지.

이렇게 유기적인 관계를 맺고 있는 생물들에 대하여 인간은 단지 이용의 수단으로 여길 뿐 각각의 존재 의미를 파악하지는 못하고 있어. 다양한 종의 구성원들이 복잡한 방식으로 긴밀한 관계를 맺으며 살아가는 국부 생태계는 에너지와 양분이 물리적인 환경에서 추출되어 복잡한 상호 의존성의 연결망을 통해 순환하는 체계야. 생태계는 에너지가 한 생물 구성원에서 다른 성원으로 끊임없이 흐르는 장이란다. 모든 구성 요소들이 한데 뒤

하늘에서 바라본 오카방고.

섞이면서 국부 생태계인 생물의 역동적인 그물망을 만들어. 이들 국부 생태계는 서로 연결되어 하나가 돼.닐스 엘드리지, 위의 책, 241쪽.

어떤 사람도 섬처럼 고립되어 살아갈 수 없듯이, 어떤 생태계도 전적으로 독립되어 유지될 수 없어. 이 모두는 에너지 흐름을 통해 서로 연결돼. 그럼에도 불구하고 우리는 우리 자신이 더 이상 자연계의 일부가 아니라고 생각한단다. 이것은 우리가 국부 생태계에 국한되어서 살지 않기 때문이야. 그것이 가능하게 된 것은 농업의 발달 덕택이라 할 수 있지. 인류는 농업이 발달하면서 국부 생태계가 지탱할 수 있는 이상으로 과다하게 증가했거든. 또 그 영향으로 인류는 국부 생태계를 초월해서 존재할 수 있다는 환상을 갖게 되었지. 그래서 우주 도시를 만들겠다는 공상까지도 한 거야.

하지만 인류는 한 번도 국부 생태계를 벗어난 적이 없어. 단지 느끼지 못하고 있을 뿐이야. 그러는 사이 환경은 인류에 의해 급변했지. 농업의 발명으로 삼림과 초원이 통제된 단일 경작지로 변화되었어. 거대 곡물 산업은 비료와 제초제 사용을 크게 증가시켰고, 그로 인해 토양, 강, 그리고 그와 인접한 생태계에 해로운 영향을 미쳤어. 바다는 사막화되고 기후 온난화로

기상 이변이 수시로 일어나고 있지.

그럼 환경의 변화는 있어서는 안 되는 것일까? 영원한 것은 아무것도 없어. 환경은 항상 변화하는 것이었고 그것에 적응하기 위하여 생물은 끊임없이 이동하고 변이하거든. 이렇게 변화가 자연적이라면, 왜 인간에 의해 야기된 지구 표면의 변화는 비난받을까? 그 답은 간단해. 인간은 초지와 삼림을 농장, 도시, 교외, 그리고 공장 지대로 바꾸어놓으면서, 하나의 생태계를 다른 생태계로 바꾸는 것이 아니라 생태계를 파괴하고 엄청난 숫자의 종들을 부양하는 데 필수적인 서식지를 줄어들게 했기 때문이야.

생태적 변화는 자연적인 것이야. 종들은 이러한 변화에 뒤떨어지지 않는 한 멸종하지 않아. 그러나 변화가 지나치게 빠르거나 적응할 수 없는 것일 경우 멸종으로 이어질 수 있어. 멸종은 대부분 너무 많거나 너무 빠른 생태학적 변화의 결과거든.

지구의 생물은 다양한 유기적 관계에 의해 지속되어질 수 있어. 생물의 다양성은 인류에게 유용한지 여부가 아니라 그 자체로서 본질적인 가치를 가지지. 각각의 생물 종들은 제각기 고유한 생태학적 지위(niche)를 가지면서 구체적인 역할을 수행해. 인류를 비롯한 생태계 전체의 지속 가능성은 바로 이 다양성을 통해서만 이루어질 수 있지. 그러하기에 인류는 지상의 모든 생물체와 조화롭게 균형을 유지하며 살아가는 법을 배워야 해. 우리의 미래가 거기에 달려 있기 때문이야. 우리가 지구상의 생물들과 지속 가능할 수 있는 방법은 무엇일까? 우리가 계속 살아남으려면 우리가 자연계와 맺고 있는 동반자 관계를 이해해야 해. 지속 가능성이란 순환이 가능한 방식으로 자연계의 자원을 사용할 때에만 가능하니까.

읽을 거리

오카방고, 흔들리는 생명

닐스 엘드리지 지음 | 김동광 옮김 | 세종서적

오카방고는 수많은 생명들이 숨 쉬고 있는 생명 다양성의 보고이다. 이 오카방고 삼각주 또한 지구의 다른 생태계와 마찬가지로 생태계 파괴로 인한 위기에 직면하고 있다. 저자는 오카방고의 다양한 생물들과 오카방고 생태계의 위기, 그리고 생물 다양성의 의미를 깊이 있게 들려주고 있다.

숲 그리고 희망

마크 런던 · 브라이언 켈리 공저 | 조윤경 옮김 | 예지

우리는 아마존을 지구의 허파라고 알고 있다. 지구의 더럽혀진 공기를 정화하는 데 큰 역할을 하고 있기 때문이다. 매우 다양한 생명이 살고 있는 그곳의 수풀이 벌목되어 사라지는 것은 오늘날 지구 환경의 큰 문제 중에 하나다. 파괴되어지는 아마존을 어떻게 구할 것인가? 저자들은 '사람이 살아야 숲도 산다'고 이야기한다. 굶주리는 사람들에게 벌목을 하지 말라고 해도 그들이 그만둘 리가 없다. 그럼 어떻게 이 문제를 해결할 것인가. 저자는 갈등과 대립 속에서 인간과 자연이 공존하기 위한 방법을 들려준다. 그 속에 희망이 있다.

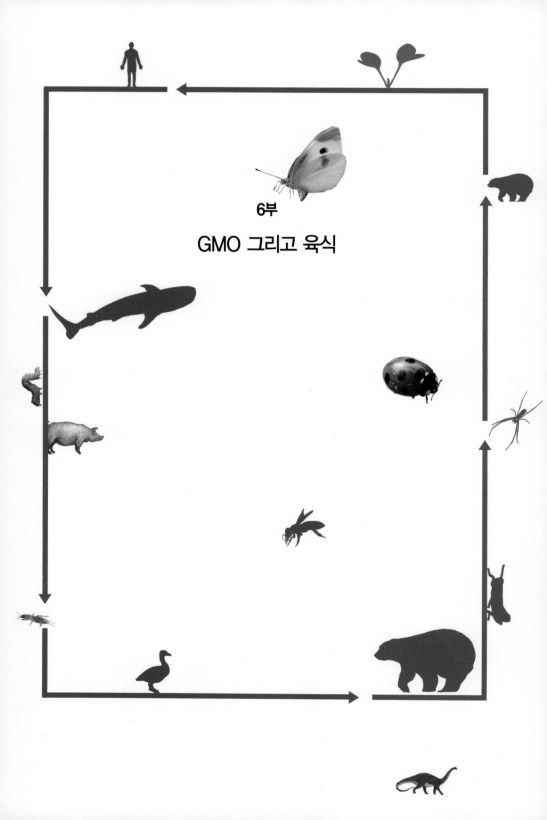

6부

GMO 그리고 육식

1
우리가 먹는 것은
무엇일까

아빠, TV를 보면 옥수수가 끝없이 펼쳐진 미국의 들판을 볼 수 있는데, 그게 소의 사료래요. 원래 옥수수가 소의 먹이였나요?

리수야, 오늘날 우리는 물질적으로 너무나 풍요로운 시대를 살고 있단다. 도시 곳곳에 있는 대형 마트에 가면 많은 물건들이 산더미처럼 쌓여 있지. 그 물건들 중에는 공산품은 말할 것도 없고 먹거리 또한 산처럼 쌓여 있어. 그 먹거리의 한쪽을 차지하는 것은 다양한 육류들이야. 각 부위별로 포장되어 있는 닭고기와 돼지고기, 그리고 쇠고기. 우리는 이런 고기들을 사다가 요리를 해먹곤 해. 불과 얼마 전만 해도 우리는 고기를 이렇게 많이 먹지 못했단다. 특히 쇠고기는 비쌌기 때문에 보통 사람들은 생일날 미역국에 넣어 먹는 것이 전부거나 또는 아주 특별한 날에만 소갈비를 먹을 수 있었어. 그런데 지금은 너무나 쉽게 쇠고기를 먹을 수 있게 되었지. 어떻게 우리는 이렇게 쇠고기를 쉽게 다량으로 먹을 수 있게 된 것일까? 많은 사람들은 우리가 G20에 가입할 정도로 경제가 성장했기 때문이라고 생각해. 하지만 그것만은 아니란다.

프리츠 하버라는 과학자를 들어본 적이 있니? 오늘날 전 세계적으로 많은 사람들이 고기를 풍부히 먹을 수 있고, 또 인류가 오늘날 급속히 증가할 수 있게 된 것은 하버의 공로 때문이란다. 하버는 독일의 천재적인 화학자로 공기 중의 질소를 고정시키는 하버-보슈 공정을 발명하였지. 제1차 세계대전 중 독일은 폭발물 제조에 필요한 질산염을 칠레의 광산에서 수입하여 사용했는데, 영국에 의해 차단되자 하버가 합성 질산염을 만드는 기술을 발명하여 독일은 계속해서 폭탄을 만들 수 있었지.마이클 폴란,《잡식동물의 딜레마》, 조윤정 역, 다른세상, 2007, 64~67쪽.

생명이 생존하고 번식하기 위해서는 탄소와 질소가 필요하단다. 질소는 생명체에서 아미노산과 단백질, 핵산 등을 만드는 데 필수적인 요소거든. 질소는 지구의 공기 중에 80퍼센트를 차지할 정도로 풍부하지만 아쉽게도 매우 안정적인 기체이기 때문에 쉽게 이용할 수 없지. 질소 원자를 생명체가 이용할 수 있도록 유용한 분자에 결합시키는 것을 '고정' 시킨다고 하는데, 자연계에서 질소 고정은 대부분 콩과 식물의 뿌리에 공생하는 박테리아에 의해 이루어져. 하버가 질소를 고정시키는 방법을 찾아내기 이전에는 이 콩과 식물의 뿌리 박테리아가 고정시키는 만큼만 질소를 이용할 수 있었고 그것을 소비할 수 있는 만큼만 생명은 번식할 수 있었어. 그런데 하버가 그 한계를 풀 수 있는 열쇠를 찾은 거야. 하버가 질소 고정법을 찾아냄으로써 식물 생산이 획기적으로 늘어났지. 하버는 '농업과 인류의 복지 수준을 향상시킨' 공로로 1920년에 노벨상을 수상했단다. 이렇게 인류에 지대한 공헌을 한 하버를 기억하는 사람은 별로 없어. 그것은 전쟁이 끝날 때쯤 하버가 독가스를 개발하여 수많은 사람의 목숨을 앗아갔기 때문이지.

지리학자 바클라프 스밀은 프리츠 하버의 발명이 없었다면 오늘날 지구상의 다섯 명 중 두 명은 살아 있지 못했을 거라고 했어. 군수 산업체에 의해 생산된 질산암모늄이 제2차 세계대전 종료 후 소비할 곳을 찾다가 화학

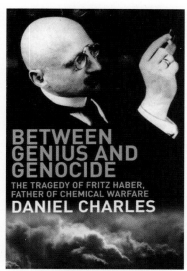

프리츠 하버를 소재로 다룬 영화 포스터.

비료로 개발되었거든. 예전에는 콩을 심은 후에 다른 작물을 심는 윤작을 하여 콩과 식물의 뿌리 박테리아가 고정한 질소를 이용할 수 있었는데, 그 족쇄가 풀린 거야. 여기에서 혜성과 같이 등장한 식물이 옥수수란다.

중미가 원산지인 옥수수는 물 손실을 최소화하기 때문에 건조한 지역에서는 최고의 작물이지. 같은 양의 태양광과 물 등이 주어지는 환경에서 옥수수만큼 많은 유기물과 칼로리를 생산할 수 있는 식물은 거의 없단다. 옥수수는 덥거나 춥거나, 건조하거나 습하거나 또는 모래땅이거나 점토질 땅이거나 해가 길거나 짧거나 상관없이 잘 자라지. 이 옥수수가 질소 화학 비료를 만나면서 생산량이 급증했어. 1920년대 옥수수의 평균 생산량은 대략 1에이커 당 20부셸이었는데(1에이커 : 약 4,047미터 1부셸 : 약 27킬로그램) 50년대에는 70부셸 정도로 늘어났고 지금은 200부셸 정도로 늘어났지. 이렇게 급격히 생산량이 늘 수 있었던 것은 예전에는 1에이커 당 8,000개의 씨앗을 심었지만 현재는 3만 개의 씨앗을 트랙터로 심기 때문이야. 그리고 트랙터로 재배가 가능하도록 줄기는 두껍고 뿌리는 단단하며 키는 짧게 성장하도록 옥수수가 개량되었단다.

이렇게 값이 싸고 생산량이 남아도는 옥수수를 소비할 수 있는 방법으로 여러 가지 것들이 모색되었는데, 그중 하나가 초식 동물인 소에게 옥수수를 먹이자는 것이었어. 이로써 축산업자들은 싼 가격의 옥수수로 소를 대량으로 키울 수 있게 되었고 쇠고기 가격은 떨어졌단다. 예전에 미국의 농장에는 각종 동물과 식물들을 길렀어. 말이 첫 번째였고 소, 닭, 그리고 돼지였지. 또 옥수수, 사과, 감자, 체리, 밀, 자두, 포도, 배 등과 같이 다양한 작물들을 재배하며 자급자족을 했단다. 그런데 턱없이 저렴한 옥수수로 집중 가축 사육 시설(concentrated animal feeding operation, CAFO)에서 사육한 공장식 축산의 소, 닭, 돼지의 가격이 일반 농장에서 사육한 가축보다 낮아지자 결국 일반 농장에서는 가격 경쟁에 밀려 소, 닭, 돼지의 사육을 포기하게 되었지. 이들에게는 가축 사육에 사용되던 말도 소용없어지고, 말에게 먹일 목초를 키우던 땅이나 방목지들도 필요 없어졌어. 소, 닭 등을 키우던 공간들도 필요 없어지면서 그 공간까지도 모두 옥수수를 심게 되었지. 이로 인해서 옥수수의 생산량은 더욱 증가하고 가격은 폭락하게 되었으며, 자급자족하던 농가들은 옥수수 외에는 재배하는 작물이 사라짐으로써 싼 가격에 옥수수를 팔아서 비싼 가격에 식료품을 구입하는 처지가 되어버렸지.

많은 종류의 작물과 가축을 키우던 농가들은 트랙터를 몰고 제초제를 뿌리는 일로 노동이 단순화되었단다. 500에이커의 땅에 옥수수를 재배하기 위해서는 트랙터를 몰고 제초제를 뿌리는 일로 고작 몇 주의 시간이면 충분하게 되었지. 따라서 농장은 더 커졌고 생산되는 옥수수의 양은 늘어났지만 계속 떨어지는 옥수수 가격으로 인하여 더 이상 가족을 부양할 수 없게 되면서 사람들은 농장을 떠나갔어. 그렇다고 남아 있는 농장들이 경제적으로 좋아진 것은 아니었지. 더 많은 농경지를 경작하기 위하여 더 많은 땅을 매입하고 광활한 땅을 경작하기 위한 농기계 구입과 또 농기계 유지를 위한 연료비, 그리고 화학 비료와 제초제 비용이 들어갔으니까. 농가들은 낮은 옥수수 출하가를 만회하기 위하여 더 많은 경작지를 경작하게 되었지만 소요되는 비용의 상승으로 실제적으로 남는 것은 형편없었어.

옥수수 생산량이 폭증하면서 옥수수 매입 가격은 생산 원가 이하로 떨어졌지. 농부들은 생산 원가 이하로 옥수수를 매입시키면서도 어떻게 농사를 지속할 수 있었을까? 그것은 부족분에 대해서 정부가 국민의 세금으로 보조금을 지불해주기 때문이었어. 이렇게 낮아진 옥수수 가격은 카길이나 ADM과 같은 세계적인 곡물 유통 기업이나 옥수수를 사료로 사용하는 축산업자들이 세계적인 가격 경쟁력을 가질 수 있도록 만들었어. 이들 곡물 유통업자들이나 축산업자, 그리고 식품 가공업자들은 낮은 곡물 가격을 유지하는 정책을 위해 지속적인 로비를 펼쳤고, 연방 정부는 값싼 옥수수에 대한 농업 보조금을 위해 국민의 세금에서 한 해 최대 500만 달러를 지출했단다.마이클 폴란, 앞의 책, 78쪽. 이로 인한 최고의 이익은 종자업자, 농약 제조업자, 초국적 곡물 유통업자, 식품 가공업자, 석유 사업자에게 돌아갔지.

가격이 낮아진 옥수수들이 홍수같이 쏟아져나오자 주체할 수 없을 정도로 넘쳐나는 옥수수를 처분하기 위하여 1950~60년대부터 초식 동물인 소에게 옥수수로 만든 사료를 먹이는 방법들이 개발되었어. 대학교에서 수의학을 공부할 때 소의 수술 중 '위 전위술'이라는 것을 배웠단다. 이것은 소의 위에 다량의 가스가 생겨서 위가 뒤집혀 꼬여버리는 고창증이라는 병을 바로잡아주는 수술이야. 또 소에게는 '대사성 산증'이라는 것이 있는데 이것은 위 내에서 발생한 다량의 산으로 인하여 위궤양을 비롯한 산중독을 일으키는 병이야. 대학 시절 빈번히 발생한다는 소의 고창증을 배우며 소라는 동물은 정말 어처구니없는 동물이라고 생각했단다. 수의사가 빠른 시간 안에 적절한 조치를 취해주지 않으면 위가 꼬여 죽어버리는데 수의사가 없던 시절에는 어떻게 생존할 수 있었을까? 수의학의 외과 수술이 오늘날과 같이 발달하지 않은 시절에도 소들이 멸종되지 않고 존속을 했다는 것이 신기했지. 그런데 그게 아니었어. 소는 초식 동물로 풀을 뜯어 먹고 되새김질하여 위 내에서 미생물에 의해 서서히 발효된 결과물을 소화시켜서 성장하는 동물이거든. 그런 소에게 옥수수를 먹이면서부터 문제가 발생하기 시작한 거야. 위 내에서 급격하게 세균이 증식되고 가스가 발생했어. 소의 고창증이나 대사성 산증과 같은 문제는 선천적인 질병이 아니고 인간이 이윤 추구를 위해 옥수수를 먹이면서 발생한 문제였던 거지. 이밖에도 옥수수를 먹이면서 발생하는 문제들은 많아. 그중에 지속적으로 발생하는 장 내의 과도한 세균 증식은 소에게 치명적인 문제를 일으킨단다. 또 비위생적인 사육장의 환경도 소에게 많은 세균 감염성 질병을 일으켜. 그래서 소에게는 성장 촉진제라는 명목으로 다량의 항생제를 상시 복용시킨단다. 지속적인 항생제의 복용은 항생제 내성과 같은 2차적인 문제도 유발하지만, 결국은 세균의 과다 증식으로 간에 농양을 유발해. 사육장 소 가운데 15~30퍼센트는 도살장에서 처리된 간에 농양이 발견된단다. 심한 곳에서는 70퍼센트 가량의 도축 소에서 간농양이 발견되기도 해. 이렇듯 간을 비롯한 여러 문제들이 생기기 때문에 CAFO(집중 가축 사육 시설)에서는 "소에게 사료를 150일 이상 먹이면 문제가 생긴다."고 했단다.마이클 폴란, 앞의 책, 106쪽. 그러므로 최단기간에 많은 사료를 먹이고, 문제가 발생하기 전에 도축을 하는 것이 경제적인 이익이 된다는 거야. 현 축산 시스템에서 소는 생명이 아니고 단지 옥수수를 고기 단백질로 교환하는 기계일 뿐이란다.

하버에 의해 질소를 고정하는 방법이 개발되고 질소 비료를 만들게 되면서 옥수수를 재배하고 그 옥수수를 가지고 소와 닭을 대량 길러낼 수 있었어. 그에 따라 인구도 폭발적으로 늘어났지. 이렇게 늘어난 인류를 보며 사람들은 과학의 승리라거나 위대함의 반증이라고 이야기하기도 한단다. 하지만 이것은 겉으로 드러나는 표면에 불과해.

앞에서 보았듯이 옥수수의 대량 생산은 태양 에너지가 아닌 화석 연료가 없다면 불가능한 일이었어. 공기 중의 질소를 이용할 수 있도록 해준 하버 공정은 질소와 수소를 결합시켜 고정시키는 데에 엄청난 열과 압력이 필요한데, 화석 연료가 없다면 불가능하지. 또 화학 비료와 살충제를 만들고, 트랙터를 몰고 옥수수를 수확·건조·수송하며 경비행기를 이용해서 화학 비료를 살포하는 데 쓰인 화석 연료를 모두 합하면 산업용 옥수수 한 부셸을 생산하는데 3분의 1갤런의 석유가 필요하거든. 옥수수 밭 1에이커당 약 50갤런의 석유가 소요되는 셈이야.마이클 폴란, 앞의 책, 67쪽.

사람들은 오늘날 인류가 급증하여 표면적으로 지구를 장악하고 있는 것을 인류가 위대한 종이라는 증거라고 간주해. 또 풍족한 육식 생활을 할 수 있는 것을 경제 성장 때문이라고 생각하지. 하지만 이런 것들은 모두 막대한 석유의 소비가 가져온 결과물일 뿐이야. 석유가 있어서 옥수수 생산량이 늘어났고 옥수수 생산량이 늘어나서 가축이 늘어날 수 있었던 거지. 우리의 과도한 육식의 이면에는 화석 연료로 인한 환경 오염과 경작지 마련을 위한 밀림 파괴가 존재하고 있음을 알아야 해. 또 생명인 수많은 가축들이 고통스러운 환경에서 길러지고 있다는 것도.

읽을 거리

잡식동물의 딜레마
마이클 폴란 지음 | 조윤정 옮김 | 다른세상
저자는 오늘날 식품 산업의 구조를 치밀하게 추적한다. 그 중심에 있는 것이 옥수수다. 옥수수는 식품 산업의 손에 들어가면서 다양한 형태로 변화한다. 그리하여 우리는 우리가 무엇을 먹어도 그것이 정말로 무엇인지 알 수 없게 되어버렸다. 그것이 바로 잡식동물의 딜레마다.

2

지구 생태계와 생명을
파멸로 이끄는 육식

아빠, 사막화, 온난화, 물 부족이 어떻게 과도한 육식과 연관되나요?

　리수야, 우리는 지금 정보화 사회를 살고 있지만, 산업 사회를 거슬러 농경 사회를 경험한 것도 그리 오랜 이야기가 아니냐. 농경 사회에서는 논이나 밭을 갈 때 소를 이용했어. 농사를 짓는 데 소는 몇 사람의 몫을 했기 때문에 집안의 큰 재산이기도 했지. 소는 때로 자식들 교육을 위해 큰 역할을 했단다. 소 판 돈으로 자식들 등록금을 마련한다고 해서 대학을 우골탑(牛骨塔)이라고 부르기도 했어. 그러한 시절 쇠고기는 귀한 것이었고, 마음껏 먹는다는 것은 상상도 못할 일이었지.

　오래 전부터 나약한 인간은 자신들의 나약함을 보호해줄 강한 대상을 찾아서 신으로 삼았어. 그리고 그 신에게 종족의 번영을 기원했지. 세계적으로 농경 민족들이 믿었던 신앙의 대상들에는 공통점이 있어. 풍작과 또 종족의 무궁한 번식을 기원하는 대상이었지. 태양신, 바람신, 물의 신 등이 대표적이고 농사에 큰 역할을 한 소 또한 신성시되곤 했어. 또 뱀을 다산의 상징으로 섬기기도 했단다. 잭 랜돌프 콘라드에 따르면 소 숭배 의식은 이

집트로부터 나일 강을 따라 점차 북아프리카로 확산되어 최종적으로 동아프리카 전역과 현재의 짐바브웨와 남아프리카까지 이르렀다고 해.제레미 리프킨, 《육식의 종말》, 신현승 역, 시공사, 2002, 27쪽. 위 지역뿐만 아니라 농경 민족은 대체적으로 소를 신성시했어. 소에 대하여 신성시하던 관습이 깨지지 않았다면 오늘날처럼 소를 마구 도살하는 것은 불가능했을 거야.

이에 농경 민족을 정복한 유목 민족은 농경 민족이 믿던 많은 신들을 사악한 존재로 만들어 자기 부정을 하도록 만들었어. 그 대상에는 다산의 상징이던 뱀을 비롯하여 소 등이 포함되었지. 447년 톨레도 공의회에서 교회는 최초로 악마에 대한 공식적인 묘사를 다음과 같은 모습으로 발표했단다. "머리의 뿔, 갈라진 발굽 혹은 갈라진 하나의 발굽, 당나귀 귀, 무성한 털, 발톱, 이글거리는 눈, 무시무시한 이, 거대한 음경, 고약한 유황 냄새가 특징인 크고 검은 험악한 형체가 악마이다." 정확히 소의 모습이지.제레미 리프킨, 앞의 책, 33쪽.

유럽에서 가장 쇠고기를 탐한 민족은 영국인이었어. 중세 영국의 귀족들은 서로 경쟁하듯이 호화로운 쇠고기 만찬을 위해 개인의 재산과 에너지를 쏟아부었지. 부유층에게 성대하게 차려진 음식은 그의 지위와 특권을 과시하는 수단이 되었거든. 근대 초기에 경제력을 기반으로 전면에 등장하게 된 부르주아 계급 또한 귀족처럼 보이고 싶은 과시욕에 과도한 육식 생활을 했어. 산업 혁명 직전 영국은 세계적인 쇠고기 육식 생활의 중심지로 자리잡으며 1726년 즈음에는 런던 시장에서 해마다 10만 마리의 소들이 도살되었지. 영국의 급속히 늘어나는 쇠고기 수요는 영국의 식민지 정책에 영향을 미쳤으며 17세기 영국은 새로운 목초지를 찾아나서기에 이르렀어. 첫 번째 식민지화된 목초지가 스코틀랜드와 아일랜드이며, 뒤이어 북아메리카, 아르헨티나, 오스트레일리아, 뉴질랜드의 초원이 영국에 쇠고기 공급을 위한 식민지가 되었지. 스코틀랜드의 토착민들은 대형화되는 소 사육지에 땅을 빼앗기고 고향을 떠나 도시 공장의 미숙련 노동자로 전락했어.

한편 신대륙으로 발견될 당시 북미 대륙은 버펄로로 뒤덮여 있었단다. 1870년대 이전만 하더라도 서부 초원에서 버펄로의 수를 세는 것보다 숲의 나뭇잎 수를 세는 것이 훨씬 쉽다고 할 정도로 버펄로가 많았어. 버펄로가 지나가면 그 행렬은 끝이 없어보일 정도였지. 하지만 1871년에서 1874년 사이 버펄로 전문 사냥꾼들에 의한 대량 학살이 자행되면서 버펄로는 순식간에 사라져버렸단다.제레미 리프킨, 앞의 책, 92쪽. 인디언을 내쫓기 위해 30년 넘게 싸움을 하던 미 육군도 인디언의 식량줄이던 버펄로를 몰살시키는 것이 인디언을 몰아내는 효과적인 방법임을 알고 버펄로 사냥에 동참하게 돼. 이로 인해 식량줄이 끊긴 인디언들은 생존을 위하여 미 정부에 굴복하고 보호지에서 정부의 식량 배급에 의존하는 삶을 살게 되지.

인디언을 쫓아내고 서부의 질 좋은 천연 목초로 키워진 소들은 서부 지역으로 확장된 철도와 냉동고가 장착된 대형 선박으로 영국에 공급되었단다. 미국에서 영국으로 쇠고기 수송 문제가 해결되자, 미국의 쇠고기 수출량은 급증했어. 영국인들은 지방이 촘촘히 박힌 쇠고기를 선호했단다. 이러한 쇠고기를 만들기 위한 방법이 연구되었으며, 개발된 방법은 도살하기 전에 옥수수를 먹이는 것이었어. 이것이 목축업과 옥수수가 결합된 시작이야. 1900년경 서부 초원은 이미 소들로 고갈 상태가 되었고, 더 이상 소 떼를 방목할 수 없게 되자 옥수수 의존도는 더욱 커졌단다. 거기에다 제2차 세계대전 후 질소 비료의 사용으로 옥수수 수확량이 급격히 늘어나자 옥수수에 의존한 소 사육은 더욱 확산되었어. 영국에서 소 떼에게 옥수수를 먹이기 시작한 지 한 세기가 지난 오늘날, 1억 600만 에이커에 달하는 미국 농경 지대에서 재배된 2억 2,000만 톤의 옥수수가 소를 비롯한 다른 가축들에게 소비되고 있어. 급성장한 쇠고기 산업으로 인해 제1차 세계대전이 끝날 무렵 미국의 정육업체는 미국 경제를 거의 장악하다시피 했단다. 쇠고기가 대량생산되면서 정육업체의 모든 공정은 기계화되고 분업화되었어. 소를 도살하는 모든 과정이 기계화되고 분업화되면서 숙련공은 불필요하게 되었으며, 저렴한 비용의 이민자들과 흑인 노동자들이 그 자리를 메꾸었지. 사람들은 컨베이어 시스템이 자동차 공장에서 시작된 것으로 알고 있지만, 헨리 포드는 "나의 자동차 조합 공정에 대한 발상은 쇠고기를 손질하는 데 사용되는 시카고 포장 공장의 궤도 장치에서 빌려온 것"이라고 회고했지.제레미 리프킨, 앞의 책, 144쪽.

체인과 궤도 장치로 분업화된 정육 과정은 유사 이래 수천 년 간 소를 숭배하던 의식이 비집고 들어갈 틈을 허락하지 않았어. 체인에 의해 궤도에 걸린 도살된 소는 순식간에 형체를 알아볼 수 없는 고깃덩어리로 해체되어버렸거든. 단순 노동자로 대체되어 자동화되고 분업화된 도축 과정은 많은 사고를 유발했어. 1시간에 300마리의 소를 처리하는 속도를 감안하면 사고는 당연한 것일지도 몰라. 1988년에는 미국 내 전체 13만 5,000명의 정육 포장 산업 노동자 가운데 4만 5,000명이 재해를 당했어. 이렇듯 인권이 무시된 위험한 작업 환경으로 인하여 일부 공장에서는 한달 만에 무려 43%의 전직률을 보인 곳도 있었어.제레미 리프킨, 앞의 책, 153쪽.

현재 전 세계에는 10억 마리 이상의 소가 있어. 미국에서는 1억 마리의 소가 사육되며 미국의 29퍼센트에 달하는 땅이 소를 사육하기 위한 방목지로 사용돼. 또 미국에서 생산되는 곡물의 70퍼센트가 가축 사육을 위해 소비되고 있지. 사육장에서 쇠고기 1파운드를 얻기 위해서는 약 9파운드의 사료가 소모돼. 쇠고기 자체만을 생산하는 데 고작 사료의 11퍼센트만이 사용되고 나머지는 소의 생명 활동으로 소비되어 버린단다.제레미 리프킨, 앞의 책, 194쪽. 현재 미국에서는 사람들이 섭취할 수 있는 1억 5,700만 톤에 달하는 곡물과 콩류, 야채 단백질이 동물성 단백질 2,800만 톤을 생산하기 위한 가축 사육에 사용되고 있어. 이렇게 낭비된 1억 2,000만 톤의 곡물은 모든 지구인들이 1년 동안 날마다 곡물 1컵씩을 나눠 먹을 수 있는 양이란다.

부유한 나라에서는 쇠고기의 과다 소비가 '부유한 삶'을 가장 두드러지게 내보이는 상징이지만 육식의 과다 소비는 여러 질병의 발생을 증가시켰어. 1987년 미국에서 사망한 210만 명 가운데 150만 명의 사망 요인이 식습관과 관련이 있는데, 여기에 큰 영향을 미치는 것이 포화 지방과 콜레스테롤이야. 또 육류 소비가 증가하는 국가들에서는 심장 혈관 질환이 급증하고 있으며, 이들 지역은 동물성 지방을 적게 섭취하는 지역보다 심장병 발생률이 50배나 높아. 부유한 나라의 10억 명의 사람들이 배부르게 먹으면서 늘어난 지방을 주체하지 못하는 동안 지구상의 다른 곳에서는 10억의 사람들이 생명 유지를 위한 최소한의 영양도 섭취하지 못하고 있는 실정이야. 전 세계적으로 해마다 4,000만~6,000만의 사람들이 기아와 관련된 질병으로 목숨을 잃으며 그중 1,500만 명이 아이들이란다.

1987년 브라질의 수액 채취업자인 치코 멘데즈가 목축업자들에게 살해되는 사건이 발생했어. 브라질에서 아마존 밀림을 밀어버리고 그곳에 소 사육을 위한 곡물을 심으려는 목축업자들과 기존 아마존을 삶의 기반으로 하던 사람들의 갈등이 극에 달하면서 발생한 사건이었지. 1966년 브라질 정부는 '오퍼레이션 아마조니아'라는 프로그램을 착수하여 광대한 열대 우림을 상업적인 용도로 전환시키기로 결정했어. 그 결과 1966년부터 1983년 사이에 4만 평방마일에 이르는 아마존 밀림이 개간되었단다.제레미 리프킨, 앞의 책, 233쪽. 그 개간된 땅에는 수백만 마리의 육우들이 사육되었어. 하지만 3~5년 만에 육우들에 의해 땅은 영양이 고갈되어 척박해지고, 목축업자들은 또 새로운 천연림을 개간하는 악순환이 되풀이되고 있단다.

소 떼들이 지구의 환경을 해치는 것은 열대 우림의 파괴에만 한정되지 않아. 전 세계적으로 해마다 1,500만 에이커의 토지가 사막화되어 소실되고 있으며, 5,200만 에이커의 토지는 목축과 경작이 불가능하게 침식되었어. 사막화로 인해 가장 영향을 받는 곳은 미 서부, 중앙 아메리카와 남 아메리카, 오스트레일리아, 아프리카 사하라 사막 이남 등 모두 주요 소 사육 지역이지.

식물이 자랄 수 있는 영양분 있는 표토가 2.5센티미터 만들어지기 위해서 200~1,000년의 시간이 필요해. 또 이러한 땅이 되기 위해서는 박테리아, 원생동물, 균류, 조류, 곤충, 지렁이, 진드기 같은 생물들이 필요하고. 이런 생물들이 살기 위해서는 토양은 공기가 통하고 빗물이 스며들어야 해. 그러한 환경에서 풀들은 지속적으로 자랄 수 있거든. 그런데 수백만의 소 떼들은 단단한 발굽으로 토양을 짓밟아 토양 안에 사는 생명들의 서식지를 파괴해버렸어. 또 소떼들은 풀들과 나무들의 여린 잎조차도 모두 먹어버려 결국 황량한 벌판으로 만들어버리고 말았지.

또 요즘 세계 환경 문제 중에 빠지지 않는 것이 사람이 먹을 수 있는 물, 즉 담수의 부족이야. 세계적인 물 부족 사태도 축산업과 밀접한 관계가 있어. 전 세계 용수의 70퍼센트가 식량과 사료 재배를 위해 사용된단다. 미국에서 소비되는 용수의 절반이 소에게 먹일 사료 재배에 사용되고 있어. 식품 경제학자 프랜시스 무어 라페는 "10파운드의 스테이크 생산에 사용되는 용수는 한 가족이 일 년 내내 사용하는 물의 양과 맞먹는다."고 지적했어.제레미 리프킨, 앞의 책, 263쪽. 이렇게 막대하게 소비되는 물을 충당하기 위하여 무분별하게 지하수가 사용되어 캘리포니아 주에서는 지층이 가라앉을 정도로 지하 수면이 낮아지고 있다는구나.

또 환경과 관련된 심각한 문제 중의 하나가 지구 온난화야. 축산 단지는 지구 온난화 현상을 일으키는 네 가지 가스 중 메탄, 이산화탄소, 아산화질소를 배출하는 주요 요인이거든. 1987년 대기에 발생된 85억 톤에 달하는 이산화탄소의 2/3는 화석 연료 연소에서, 나머지 1/3은 지구의 증가된 바이오매스 연소에서 방출된 것이야. 오늘날 미국에서는 1파운드의 쇠고기를 생산하는 데 3.78리터의 가솔린이 소비되고 있어. 또 전 세계 13억 마리의 소들은 대략 6,000만 톤, 즉 대기 중에 방출되는 전체 메탄의 12퍼센트를 내뿜지.

오늘날 농경 사회에서 중추적인 역할을 하던 소는 화석 연료를 기반으로 한 초국적인 축산업체와 식품 산업체에 의해서 신화적 대상에서 탐욕적인 소비의 대상으로 추락해버렸단다. 생산 원가 이하로 판매되는 낮은 가격의 옥수수, 그리고 그 싼 옥수수를 먹고 사육되어 판매되는 싼 쇠고기는 전 세계적으로 과도한 육식 문화를 조장하였지. 하지만 이러한 과도한 육식은 화석 연료의 고갈과 아마존을 비롯한 생태계의 파괴, 그리고 메탄가스 발생으로 인한 지구 온난화 등 환경 문제를 유발하고 있어. 또 축산업에 종사하고 있는 노동자들의 고통과 동물들이 처참한 환경에서 사육되고 도살당하는 고통이 외면당하고 있지. 인류의 불평등한 식량난을 가중시키는 데도 지대한 역할을 했어. 그러함에도 불구하고 미국이나 유럽 등의 선진국들은 자신들이 과도하게 소비하는 쇠고기가 지구의 생태계와 제3세계에 어떤 영향을 끼치는지 전혀 고민하지 않는단다. 그저 자신들이 부자 나라이기 때문에 그 결과로 쇠고기를 풍요롭게 먹는다고 생각할 뿐이야.

★✪◆
읽을 거리

육식의 종말

제레미 리프킨 지음 | 신현승 옮김 | 시공사

저자는 오늘날 과도한 육식의 문화가 어떻게 이루어졌는지 추적해 들어간다. 영국 귀족의 과도한 육식 문화는 식민지 정책까지 영향을 미쳤고 미국은 쇠고기 생산의 전초기지가 되었다. 과도한 육식은 환경 파괴를 비롯하여 다양한 문제를 일으키고 있다. 그 실상을 전한다.

음식, 도시의 운명을 가르다

캐롤린 스틸 지음 | 이애리 옮김 | 예지

살아 있는 생명에게 가장 중요한 것 중에 하나가 먹는 것이다. 그 먹는 것은 단지 먹는 것에 머무는 것이 아니라 삶을 규정한다. 먹는 것이 곧 나다. 그 음식을 자세히 보면 도시가 보이고 세상이 보인다. 또 도시의 미래가 보인다. 음식을 통하여 세상을 읽는다.

3
죽음의 기업 몬산토,
죽음의 씨앗 GMO

아빠, 유전자 변형 작물이 늘어나는 인구의 식량 문제를 해결해주지 않나요?

리수야, 우리는 일상 생활에서 숱하게 생명공학이나 GMO(Genetically Modified Organism, 유전자 변형 생물) 이야기를 듣곤 하지. 먹거리에 관심이 있는 사람들은 GMO의 유해성을 심각하게 걱정하고, 인류의 과학 기술을 신뢰하는 사람들은 GMO의 유해성은 근거 없는 과장된 이야기라고 무시해. 이렇듯 GMO에 대한 상반된 견해는 극에서 극을 달리지. 도대체 GMO를 어떻게 이해하고 받아들여야 할까?

최대의 GMO 생산 기업은 다국적 기업인 몬산토야. 이 몬산토의 역사를 알면 GMO를 더 잘 이해할 수가 있단다. 과거의 몬산토는 PCB(폴리염화비페닐, 냉각액과 윤활액으로 사용)와 다이옥신, 제초제인 라운드업을 생산하여 판매하던 회사였어. 몬산토는 프랑스 TV에 개가 뼈다귀를 가지고 노는 잔디밭에 제초제인 라운드업을 살포하는 광고를 많은 횟수 방영했어. 즉 라운드업이 생물 분해성 제초제이기 때문에 동물에게는 전혀 해가 없다는 뜻이지. 라운드업의 포장 용기에는 '환경 친화적', '100퍼센트 생물 분

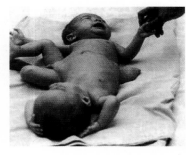

에이전트 오렌지로 인하여 전후 베트남에는 다양한 기형
아들이 태어났다.

해성', '토양에 잔류물을 남기지 않는 제품' 이라는 광고 카피가 있어. 이런
광고 덕분에 라운드업은 세계에서 가장 많이 팔린 제초제가 되었단다. 하
지만 이 광고는 허위였어. 빌랜느 지역의 지류인 세슈에서 라운드업의 주
원료인 글리포세이트가 허용치인 리터당 0.1마이크로그램을 크게 초과하
는 3.4마이크로그램이 검출되었거든. 이것은 글리포세이트가 100% 생물
분해성이 아니며 토양에 잔류물로 남고 환경 친화적이 아니라는 이야기지.
또 쥐와 성게에게 실시한 실험에서 암을 유발하는 것으로 밝혀졌단다. 하
지만 이러한 실험에 대한 몬산토의 반응은 "관련 당국으로부터 인체에 대
한 암 유발성이 없다는 확인을 받은 제품이기 때문에 라운드업은 암을 유
발하지 않는다."로 일관하는 것이었어.

　　또 몬산토가 생산한 '에이전트 오렌지' 라는 약품은 베트남전에 살포된
고엽제야. 몬산토는 내부적으로는 에이전트 오렌지가 심각한 문제를 야기
한다는 것을 알았지만 극비에 붙였지.마리-모니크 로뱅,《몬산토 죽음을 생산하는 기업》,
이선혜 역, 이레, 2009, 71쪽. 그리고 에이전트 오렌지는 인체와 생태계에 무해하다
고 홍보했어. 미군들조차 에이전트 오렌지가 인체에 무해하다고 교육을 받
았고 정글 작전 중에 헬기가 뿌리는 에이전트 오렌지를 몸에 적시기도 했
어. 심지어는 에이전트 드럼통에 고기를 구워 먹기도 하였지. 그 미군들은

전쟁이 끝난 후 고엽제 환자가 되었단다. 많은 장병들이 암과 백혈병으로 짧은 삶을 마감했고 팔과 다리가 썩어서 떨어져 나가기도 했어. 고엽제 피해 참전 용사들은 몬산토를 상대로 소송을 걸었지만, 몬산토는 에이전트 오렌지의 위험성에 대한 자료는 없으며 다이옥신은 자연계 어느 곳에나 있는 것이라면서 에이전트 오렌지의 문제가 아니라고 주장했어. 베트남 참전 용사들은 기나긴 소송 끝에 약소한 보상금을 받았을 뿐이야.

베트남전 당시 1962년부터 1971년까지 330만 헥타르의 밀림과 토양에 8,000만 리터에 달하는 제초제가 살포되었어. 그 결과 3,000개가 넘는 마을이 오염되었단다. 당시에 사용된 제초제의 60퍼센트 이상이 에이전트 오렌지였고, 이것은 400kg의 다이옥신과 맞먹는 양이야. 2003년 뉴욕 컬럼비아 대학의 연구 결과에 따르면 80그램의 다이옥신을 식수원에 희석하는 것만으로 800만 명이 거주하는 도시 하나를 제거할 수 있다고 해.마리-모니크 로뱅, 앞의 책, 78쪽. 이 에이전트 오렌지는 토양에서 분해되지 않고 먹이 사슬을 통하여 지금도 사람에게 흡수되고 있단다. 그로 인해 베트남에서는 지금도 비정상적으로 커다란 머리 하나에 몸이 둘 달린 샴쌍둥이, 머리가 둘 달린 아이, 팔다리가 없는 자그마한 몸통, 무뇌증 등 온갖 기형아들이 태어나고 있어.

PCB, 라운드업, 에이전트 오렌지 등 화학 약품으로 엄청난 수익을 얻은 몬산토는 시간이 지나면서 늘어나는 손해 배상 금액 등이 부담스러워졌어. 또 2000년 제초제 라운드업의 주성분인 글리포세이트에 대한 독점권이 만료되면 경쟁사들이 유사 상품을 출시할 것이기 때문에 그 이후의 수익 모델을 고민하게 되었지.마리-모니크 로뱅, 앞의 책, 230쪽. 그 결과 라운드업에 저항성을 갖는 유전자 변형 식물을 생산하게 된거야. 1985년 몬산토연구소는 오직 라운드업에 저항성을 갖도록 하는 식물 세포의 유전자를 찾아내는 것에

혈안이 되어 있었고, 드디어 1987년 저항성을 갖는 유전자를 찾아냈단다. 물론 그 유전자를 몬산토의 연구진이 만든 것은 아니야. 라운드업 생산 공장 인근의 오염된 토양에서 살아남은 박테리아에서 저항성을 갖게 하는 유전자를 찾아낸 거지. 몬산토 부사장 스티브 패젯은 정말 잊을 수 없는 순간이라고 했지. "진정한 유레카의 순간이었다."라고 말할 정도로.

몬산토에게는 대박의 순간이었겠지만, 지구의 생명과 사람들에게는 생명의 위기 의식과 먹거리를 염려해야 하는 시발점이 되었지. 몬산토는 축출해낸 유전자를 대두 세포에 '유전자 대포'라는 방식으로 접합시켰어. 이것은 대두 DNA를 향해서 삽입하고자 하는 유전자를 무차별적으로 쏘아대는 방법이야. 그렇게 하다 보면 대부분의 대두 DNA는 파괴되거나 빗맞지만 그중에 삽입하고자 하는 유전자가 대두 DNA와 결합된 것도 생기거든. 이 DNA는 삽입된 유전자가 어느 위치에 들어가 있느냐에 따라 다른 특성을 지녀. 그만큼 불안정하다는 거지. 이것은 이후 GM 대두가 파종되면서 많은 기형 대두가 생기는 원인이 되기도 했어. 몬산토는 그러한 사실을 알았지만 당연히 GM 대두는 안정된 DNA 구조를 가지고 있다고 발표했단다. 이렇게 하여 제초제 라운드업에 내성을 갖는 라운드업 레디라는 GMO가 탄생한 거야.

몬산토는 이렇게 만들어진 GM 대두를 두고 중요한 고민이 생겼어. 이것의 지속적인 수익을 어떻게 창출할 것인가 하는 것이었지. 한번 GM 종자를 팔고 농부들이 그 열매에서 씨를 받아 다음 해에 두고 두고 파종을 하면 몬산토는 지속적인 수익을 얻을 수가 없거든. 그런데 전 세계의 농부들은 공통적으로 전년에 수확한 곡식 중 좋은 종자를 보관하였다가 다음 해에 파종하는 관습을 가지고 있지. 그래서 생각해낸 것이 '터미네이터' 특허라는 거야. 이것은 GM 종자를 파종하여 열매를 맺더라도 그 열매는 싹을 틔울 수 없게 하는 기술이야. 그렇게 되면 추수한 열매를 종자로 사용할 수 없으므로 농부들은 매년 GM종자를 구입해야 하고, 몬산토는 안정적으로 수익을 얻을 수가 있게 된단다.

하지만 이 계획은 많은 국가와 연구소들 그리고 시민 단체에 의해 저지되었어. 만약 터미네이터 유전자가 들어간 작물을 동물이 섭취 후 그 동물의 유전자에 영향을 끼친다면 그 생명체는 번식을 할 수 없게 되고 멸종되기 때문이야. 몬산토는 다른 종에 퍼지는 일이 없을 것이라고 했지만 실험도 되지 않은 계획이 나중에 어떤 결과가 나타날지 어떻게 알 수 있겠어. 결국 터미네이터 계획은 좌절되었고, 몬산토는 다시 지속시킬 수 있는 수익구조를 놓고 고민에 빠져들었지.

그 결과 나온 것이 특허권에 대한 지적 재산권이야. 몬산토는 자사가 만들어 판매하는 GM종자는 한번 사용할 수 있는 권리를 파는 것이고 그 지적 재산권을 사용하는 비용을 받는다는 거야. 컴퓨터에 사용하는 프로그램을 구입했을 때, 이것은 컴퓨터 한 대에 설치하여 사용할 수 있는 권리를 구입한 것이지, 프로그램 자체를 자기 마음대로 여기 저기 설치할 수 없는 것과 같은 거야. 포토샵 프로그램을 하나 구입하여 100대의 컴퓨터에 설치하여 사용한다면 이것은 저작권 위반이 되는 것과 마찬가지로 GM종자는 한번 사용해야지 그 열매를 남겨두어 다음 해에 심는 것은 저작권 위반이고 불법이라는 것이지. 몬산토는 사설 탐정들을 풀어서 새로 구입하지 않고 남겨둔 종자를 심은 농장을 '불법 사용'으로 적발했어. 1998년에는 475건, 그리고 2004년까지 매년 500건 이상의 소송을 제기하여 평균 41만 달러의 피해 보상금을 받아냈지.마리-모니크 로뱅, 앞의 책, 332쪽. 이로 인해 소송에 휘말린 많은 농가가 파산을 당했어. 하지만 소송까지 가기 전에 몬산토의 공격을 받은 농부들은 막대한 소송 비용 등을 부담할 자신이 없기 때문에 협상을 택했고, 그 협상 내용은 비밀로 한다는 조항에 의해 밖으로 알려진 숫자는 빙산의 일각에 불과하단다.

이런 GM 종자는 여러 나라의 수많은 농부들에게 막대한 피해를 입혔어. 어떤 농부는 GM 종자를 심지 않았지만 벌이 이웃의 GM 유채꽃에서 화분을 옮겨다 수분을 시켜 GM 유전자가 포함된 열매를 맺었고, 사설 탐정이 이것을 채취함으로써 소송을 당하여 막대한 금액의 벌금을 물었어. 또 어떤 농부는 경작지를 구입했는데, 이전 주인이 심었던 GM 식물의 싹이 발아하여 열매를 맺어 소송을 당했어. GM 유채는 씨앗이 떨어진 후 5년 후까지도 싹이 나오기 때문에 5년 동안은 곳곳을 찾아다니며 뿌리를 뽑아야 했단다. 또 이런 GM 종자는 제초제에 내성을 갖기 때문에 제초제로도 제거할 수 없던 거야.

멕시코, 아르헨티나, 파라과이, 브라질, 아르헨티나와 같은 곳에서는 GM 대두가 파종되면서, 농촌은 대변혁을 맞이했어. 제초제를 뿌려도 죽지 않는 GM 대두로 인해 기계로 씨를 파종하고 기계로 약을 뿌리고 기계로 열매를 거두는 것이 가능하게 되었지. 이것은 기존에 1헥타르를 5가족이 경작하며 먹고 살던 것을 1인이 25헥타르를 경작하는 것이 가능하도록 만들었어. 이렇게 하여 소농 125가구가 먹고 살던 경작지를 대농 1가구가 차지한 거지. 나머지 124가구는 도시의 빈민이 되었지. 대규모 농사를 하기 위해서는 각종 기계가 필요하고 종자 비용과 농약, 제초제, 비료 등의 비용이 들어가기 때문에 소농은 경쟁을 잃어 파산할 수밖에 없거든. 간혹 GM 종자를 사용하지 않고 대규모 농장 주변에서 소농을 하던 밭에는 대규모 농장에서 기계로 살포하는 제초제가 날아 들어와 곡물을 죽여버렸지.

많은 사람들은 유전공학이나 생명공학 등 과학 발달이 오늘날의 GMO를 만들었다고 생각해. 또 이 GMO가 미래에 닥칠 인류의 식량난을 해결해

줄 것이라고 믿어. 하지만 미국의 다니엘 찰스 기자가 강조하듯이 "GMO는 라운드업 레디 유전자는 몬산토가 제초제를 더 많이 팔기 위한 수단으로 만들어졌을 뿐, 그 이상도 그 이하도 아니야."

GMO는 만들어지는 순간부터 끊임없이 다양한 측면에서 위험성이 제기되었단다. 첫째는 생명의 다양성을 파괴한다는 점이야. 생명의 특징 중 하나가 다양성이잖아. 이 책의 앞부분에서 살펴보았듯이 지구 생명체는 종의 다양성에 의해 공존이 가능해. 그런데 GMO는 생산과 유통의 효율성을 극대화하기 위하여 획일화된 유전자로 되어 있거든. 생명은 다양한 종이 어우러져 살고, 같은 종끼리도 다양한 유전자를 가지고 있지. 그러한 유전자 중에는 당장 어떠한 역할을 담당하기도 하지만 지금은 아무런 필요가 없어 보이는 유전자들도 있어. 이렇게 지금 필요 없어 보이는 유전자가 환경이 변했을 때 그 변화에 적응할 수 있는 역할을 해주기도 해.

1845년 한 가지 품종의 감자만을 재배하던 아일랜드는 감자 마름병이 돌면서 감자 기근이 발생했어. 이로써 1851년까지 240만 명이 굶어죽는 참사가 발생했어. 아일랜드 감자 기근이 대참사로 번진 까닭은 한 가지 감자만을 재배함으로 인해 감자 마름병이 번졌을 때 대체할 수 있는 감자가 없었기 때문이야. 지금 GMO는 종자 생산업자에 의해 선택된 유전자만 남고 당장 필요 없는 유전자는 버려지는 '유전자 잠식'을 통하여 단순화되었어. 유전자 잠식으로 버려진 유전자는 영원히 사라져버려 다시 되돌릴 수 없단다. 그렇기 때문에 훗날 GMO 문제가 생겼을 때 그 문제를 풀 수 있는 방법이 없어. 그런데 GMO 옥수수를 보더라도 GMO 옥수수가 수입된 나라는 재래종 옥수수가 가격 경쟁력을 잃어 점차 사라져가고 있어. 이런 문제는 모든 종자를 GMO 생산 회사에 의존하는 결과를 가져오거든.

GMO는 음식을 만들 때도 문제를 일으켜. 아르패드 퍼스차이는 쥐에게

GMO 감자를 먹이는 실험을 했는데 10일이 지난 뒤부터 쥐들의 건강에 이상 징후가 나타나기 시작했어.마틴 티틀·킴벌리 윌슨,《먹지 마세요 GMO》, 김은영역, 미지북스, 2008, 104쪽. 면역 체계가 약해지거나 심장, 간, 신장, 뇌 등의 발달에 변화가 생겼던 거야. 영국 로웨드연구소와 영국 의료연합(BMA), 독일 예나대학교와 여러 과학자들은 GMO가 인체에 유해함을 입증하는 연구 결과들을 이미 오래 전에 발표했어. 스코틀랜드 조직병리학자인 스탠리 에이윈은 "GMO 식품이 폐암이나 대장암 등을 비롯한 발암 원인"이라는 연구 결과를 발표했지. 일본에서는 'GMO 때문에 영구치 없는 아이들이 늘고 있다'는 연구 결과도 있어. GMO가 우리 몸의 면역 체계를 망가뜨린다는 발표도 있지. 또 이상 행동, 난폭하고 공격적인 성향, 정신 산만 등도 GMO 물질이 뇌에 미친 영향이라는 것이 수많은 연구자들의 주장이야.

GMO는 종자 생산자에게는 경제적인 이익을 가져다주지만 소비자에게는 전혀 유익한 부분이 없고 오히려 건강과 관련하여 많은 우려를 하게 만든단다. 그래서 소비자들은 GMO의 소비를 꺼려하지. 문제는 미국에서는 GMO 성분을 표시하기를 꺼려한다는 점이야. GMO 생산업계는 GMO 식품이 정상적인 식품과 "실질적으로 동등하다"고 주장하며 똑같은 것임에도 특별히 GMO라고 표시하는 것은 불필요한 오해를 불러일으킬 수 있고, 성분 표시에 드는 비용이 지나치게 높아 상품 가격을 인상시키기 때문에 반소비자적이라는 이유로 성분 표시를 거부하고 있어. 이에 비해 영국은 GMO 식품에 대한 표시 부착을 법률로 정하고 있고 유럽의 슈퍼마켓 연합도 식품 공급자들에게 유전자 조작이 되지 않은 성분을 사용해 상품을 생산하라고 요구한단다. 하지만 GMO 생산 업체의 로비를 받는 미국 연방 정부는 GMO 성분 표시와 관련해 늑장을 부리고 있는데, 1999년 메인 주는 소비자들이 선택할 수 있는 정보를 제공받아야 한다며 모든 유전자 조작

식품에 대한 성분 표시를 의무화했어.

우리나라의 경우는 2001년부터 시행된 '유전자 변형 농산물 표시 요령'과 '유전자 재조합 식품 등의 표시 기준'에 따라서 GMO 제품을 표시하고 있어. 그런데 이 기준을 살펴보면 GMO 원료가 원료 함량의 5순위 이내인 경우에만 표시하도록 되어 있단다. 또 제조·가공 후 최종 제품에 유전자 변형 DNA나 외래 단백질이 남아 있지 않거나 검출이 불가능한 경우에도 표시를 하지 않아도 돼. 그래서 GMO를 원료로 하여 만든 식용유는 GMO 원료를 사용하였다고 표시할 의무가 없어. 2012년 식용으로 수입한 GMO 농산물은 190만 톤이나 되고 사료용 GMO는 593만 톤에 이르러. 하지만 실제 소비자가 구입하는 물건 중에 GMO라고 표시된 제품은 찾기가 어려워. 그 많은 GMO 곡물은 어디로 가버린 것일까? 식용유나 간장, 액상과당과 같이 표시하지 않아도 되는 제품이나 총 함량 중 5순위 이하로 사용하여 표시가 되어지지 않았을 뿐이야. 실정이 이렇다보니 유전자 재조합 식품을 늘상 먹으면서도 제대로 인식할 수 없었던 거야. 그래서 소비자 단체들은 소비자가 먹는 음식에 어떤 재료가 들어가는지 알 권리와 선택할 권리가 있다며 GMO 표시제에 대한 변경을 주장하고 있어. 이에 대해 식품가공업계는 GMO 표시제를 강화하게 되면 사회적 비용이 막대하게 들어가고 소비자의 부담이 증가하게 될 것이라며 반대하고 있지.

리수야, 요새도 많은 연구자들이 생명과 관련된 연구를 하고 있고 생명과 관련하여 새로운 연구 결과들이 발표되고 있어. 새로운 연구 결과가 밝혀지고 있다는 것은 아직도 우리가 모르는 것이 많다는 거야. 우리의 과학이 생명에 대하여 알고 있는 것은 매우 미미해. 유전자에 대하여 많은 연구를 하고 있지만 발견된 유전자들이 어떤 역할을 하고 있는지 총체적으로 알지도 못해. 앞에서 살펴본 녹아웃 마우스의 사례처럼 유전자 하나에 대한 시각에서 유전자들 사이의 관계가 중요한 역할을 한다는 것도 알게 되었지. 하나의 유전자가 다른 2만여 개의 유전자들과 어떤 연관 관계를 맺고 있을까? 그것을 분석하는 일은 쉽지 않은 일이야. 그렇기에 하나의 유전자를 조작했을 때 다른 유전자들과의 관계에 어떤 문제를 일으키게 될지 그것을 예측하는 것도 어려운 일이지.

이렇게 우리는 완벽히 알지도 못하는 유전자를 당장의 이익을 위해서 조작하려고 해. 만약 지금 유전자를 조작한 작물 때문에 100년 후 인류에게 어떠한 심각한 문제가 발생할지 그것은 알 수 없어. 생명체에게 먹거리는 매우 중요한 부분이야. 우리는 광우병 사태에서 많은 것을 생각해봐야 할 거야. 사람들은 광우병을 전염병의 하나쯤으로 생각하지만, 이것은 인재야. 영국의 축산업자들은 곡류 단백질이든 육류 단백질이든 단백질은 단백질일 뿐이라며 초식 동물인 소에게 축산 폐기물로 나온 육류 단백질을 먹였어. 그리고 시간이 흐른 후 광우병 사태가 발생했지. GMO 제품을 선택하느냐 아니냐는 개인의 몫이라 하더라도 제대로 알 수 있는 권리와 보다 신중하게 먹거리를 선택할 권리는 우선되어야 해. 광우병과 같이 인위적인 선택으로 인한 부작용이 인간에게 오지 말라는 법은 없으니 말이야.

읽을 거리

몬산토, 죽음을 생산하는 기업

마리-모니크 로뱅 지음 | 이선혜 옮김 | 이레

사람들은 GMO가 식량 위기를 극복하기 위해 탄생했다고 생각한다. 하지만 GMO는 몬산토가 자사의 이익을 극대화시키기 위해 만들어진 제품이다. 저자는 몬산토가 돈벌이를 위해 자행해온 속임수들을 낱낱이 고발한다.

먹지 마세요 GMO

마틴 티틀, 킴벌리 윌슨 지음 | 김은영 옮김 | 미지북스

GMO는 탄생하는 순간부터 GMO 종자 생산업자들의 안전성 홍보에도 불구하고 다양한 측면에서 위험성이 제기되었다. 저자들은 GMO의 다양한 위험성과 극복 방법을 이야기한다.

4
왜 세계의 절반은
굶주리는가

아빠, GMO로 식량 생산량이 급증했을 텐데, 왜 기아에 허덕이는 사람들은 줄어들지 않나요?

리수야, 오늘날 세계 인구의 7분의 1에 이르는 8억 5,000만 명이 심각한 만성적 영양실조 상태에 있단다. 또 10세 미만의 아이가 5초에 1명씩 굶어 죽고 있지. 이렇게 지구촌의 기아 상태는 매우 심각해. 하지만 사람들은 기아에 대해 모호한 감상이나 현실과 동떨어진 인간애를 가지고 있을 뿐, 기아를 초래하는 구체적인 원인과 그 끔찍한 결과에 대해서는 제대로 배우지 못하기 때문에 실상을 잘 알지 못해. 우리는 심각한 굶주림으로 인해 뼈에 살가죽이 달라붙은 제3세계의 아이들 사진을 익히 봐왔잖니. 그러한 사진들을 보며 우리는 세계의 기아를 알고 있다고 생각하지만 실은 기아라는 것을 '낭만적'으로 이해하고 있을 뿐 진실을 안다고 볼 수는 없어.

세계 기아의 원인은 무엇일까? 유엔식량농업기구(FAO)는 전 세계의 인구 중 1990년에는 8억 2,200만 명, 1999년에는 8억 2,800만 명, 2005년에는 8억 5,000만 명 정도가 만성적인 영양 실조에 허덕이고 있는 기아 인구라고 보고했어.장 지글러, 《왜 세계의 절반은 굶주리는가?》, 유영미 역, 갈라파고스, 2007, 32쪽. 이러한 수치를 보고 사람들은 생산되는 식량이 모자라기 때문일 것이라고 생각하지. 하지만 1984년 FAO의 평가에 의하면, 당시 농업 생산력은 120억의 인구를 거뜬히 먹여 살릴 수 있다고 했거든.장 지글러, 앞의 책, 37쪽. 2010년의 70억 세계 인구는 충분히 먹을 수 있는 양이야. 그런데도 기아 인구는 해마다 늘어나고 있단다. 지구촌 한쪽의 고질적인 기아는 농업 생산력의 문제가 아니라 다른 구조적인 문제 때문이거든. 이미 과다하게 생산된 농산물이 어디서는 썩고 있는데, 구조적인 문제로 지구 반대편에서는 5초마다 아이들이 1명씩 굶어 죽고 있어. 세계적인 기아의 구조적인 원인은 선진국의 과다한 축산업, 세계 곡물 유통 구조, 전쟁, 독재 국가의 부정 부패, 환경 파괴와 그로 인한 자연 재해, 치유되지 않은 식민지 정책의 잔재 등 여러 가지가 있단다.

해마다 전 세계적으로 엄청난 양의 곡물이 수확돼. 하지만 수확기가 끝난 후 세계 곡물 시장에서 사들일 수 있는 식량은 많지 않아. 그것은 전 세계에서 수확되는 옥수수의 4분의 1을 소들이 먹기 때문이야. 캘리포니아에 0있는 축산 농가에서 소비되는 옥수수의 양은 옥수수를 주식으로 하면서도 만성적인 기아에 허덕이고 있는 잠비아 같은 나라의 연간 필요량보다 더 많아. 또 앙드레 S.A., 컨티넨털 그레인, 카길 인터내셔널, 루이 드레퓌스 등의 거대 곡물상이 곡물가를 인위적으로 부풀리기 때문에 가난한 나라에서는 원하는 만큼 곡물을 구입할 수가 없어. 유럽의 부유한 나라에서는 과도한 생산량으로 인해 식량을 대량으로 폐기 처분하거나, 법률 등의 조치로 농산물의 생산을 크게 제한하거든. 남반구에서는 식량이 없어 사람이 굶어 죽는데도 대량의 곡물을 폐기 처분하는 이유는 자국의 농민들을 위해 농산물 가격을 높게 유지하려고 하기 때문이야. 배고픈 사람들을 돕는 것은 FAO나 WFP 등 국제 기구의 역할일 뿐이지 유럽의 부유한 나라 정부의

GMO가 세계 기아 문제를 해결하기 위한 것이라고 하지만, 실질적인 도움이 되지 않는다.

역할이 아니라는 거지.

전쟁은 기아를 일으키는 또 다른 큰 원인이란다. 전쟁은 인종 간의 갈등, 금, 석유와 같은 자원에 대한 독점욕, 외부 세력의 이해 관계 등 다양한 원인에 의해 발생해. 지금도 전 세계적으로 수많은 곳에서 전쟁이 벌어지고 있어. 전쟁 지역에서는 당연히 피난을 가야 하기 때문에 안정적으로 농사를 지을 수 없고 그 지역의 농업 시설은 파괴되어 장기간 농사를 지을 수가 없어. 전 세계에 전쟁으로 인한 실향민은 3,000만 명이 넘고 이들 중 약자인 아동과 여성이 가장 큰 피해를 입는단다. 전쟁 지역의 기아에 허덕이는 난민은 유엔의 지원도 원활하지 않아.

우리는 다른 지역보다 아프리카의 심각한 기아 상황을 종종 보게 돼. 그것을 보며 왜 아프리카가 다른 곳보다 빈곤이 더 심각할까 하는 의문을 갖게 되지. 백인들은 아프리카인들이 멍청하고 게을러서 일을 하지 않기 때문에 빈곤하다고 말해. 하지만 이것은 왜곡된 인종 차별적 발언이란다. 아프리카인은 어느 인종 못지않게 부지런하거든. 하지만 그들이 할 수 있는 일이 거의 없어. 20세기 전반 유럽 각국은 아프리카를 식민지로 삼으면서 많은 토지를 약탈하여 유럽 시장에서 필요로 하는 면화, 차, 코코아 등의 작물을 심도록 했어. 가나에는 영국이 필요로 하는 카카오를, 차드에는 프랑스가 필요로 하는 면화를, 부룬디와 르완다에는 차 농사를, 자메이카와 브라질에는 사탕수수를 심어야 했지. 각국은 해방된 후에도 구종주국의 눈치를 살피는 집권 세력 때문에 재배 작물을 바꿀 수가 없었어. 그래서 농부들은 먹지도 못하는 작물들을 키워 싼 가격에 국가에 팔고 부패한 고위 관료들에 의해 비싸게 수입되는 식량을 구입해 먹어야만 했단다. 고위 관리들은 식량 수입의 독점권을 가지고 막대한 재산을 축적하면서도 식량 자급에 대해선 관심이 없어.

파괴되어 가는 환경도 기아 난민을 늘리는 중요한 요인 중에 하나야. 1991년 통계에 따르면 36억 헥타르의 땅에 사막화가 진행되고 있어. 이것은 전체 육지의 4분의 1에 해당하며 경작이 가능한 건조 지대의 약 70퍼센트나 된다고 해. 사막화는 매우 빠른 속도로 진행되고 있어서 매년 600만 헥타르의 땅이 사막으로 변하고 있어. 지구의 기후가 변하고 사막화가 심각하게 진행되는 원인에는 여러 가지가 있지. 그중에 하나가 삼림의 파괴야. 세계에서 가장 큰 열대 우림인 아마존 지역은 '지구의 허파'라고 불리는데 1998년에 1만 6,838평방킬로미터의 면적이 파괴되었으며 이 면적은 벨기에 국토 면적의 절반 정도에 해당된단다. 이렇게 아마존이 심각하게 파괴되는 이유는 소에게 먹일 대두를 키우기 위한 경작지로 개간되었기 때문이야. 아마존은 대두를 재배하기 위한 경작지로 파괴되고 몇 년이 지나면 지표의 영양분이 고갈되어 쓸모 없는 땅이 되버려. 원시 밀림의 파괴를 우려하는 세계의 목소리에 대해서 브라질은 '자국에 대한 부당한 내정 간섭'이라며 거부 반응을 보이고 있어.

이 외에도 여러 가지 구조적 원인들이 가난한 이들을 더욱 가난하게 만든단다. 신자유주의가 맹위를 떨치며 모든 나라가 초국가적인 자본의 이익을 위해 구조가 재편되고 있지. 우리나라도 미국이 필요로 하는 자동차 생산국이 되는 대신에 농산품 시장을 개방하여 농촌은 피폐화되고 농촌 사람은 도시 주변으로 몰려들어 노동자가 되었지. 미국과 NAFTA를 체결한 멕시코의 경우 옥수수를 주종으로 경작하던 농촌이 미국의 저가 옥수수에 밀려 대부분 파산하여 국경 지역의 싸구려 임금 노동자로 전락했단다. 국가는 수출로 부를 쌓는다고 하지만 그 부는 자본을 가진 소수에게 돌아갈 뿐 농사를 짓던 수많은 사람들은 생계 수단을 박탈당한 채 하루하루 먹고 살 것을 걱정해야 하는 도시 주변의 노동자로 전락하고 말았지. 먹을 것이 없어 굶주리는 사람은 꼭 제3세계에만 있는 것은 아니야. 세계 최강국이라는 미국에도 하루 끼니를 걱정해야 하는 사람이 수 천만 명이고, 우리나라도 생활 보호 대상자가 150만 명이 넘어.

이렇듯 세계의 기아 문제는 식량 부족으로 인한 것이 아니야. 그러기에 식량 부족을 극복하기 위해 GMO가 필요하다는 이야기는 거짓 선전일 뿐이지.

읽을 거리

왜 세계의 절반은 굶주리는가?
장 지글러 지음 | 유영미 옮김 | 갈라파고스

오늘날 세계 인구의 7분의 1에 이르는 8억 5,000만 명이 심각한 만성적 영양 실조 상태에 있다. 또 10세 미만의 아이가 5초에 1명씩 굶어 죽고 있다. 왜 이렇게 많은 이들이 굶주리고 있을까? 저자는 쉬운 문체로 세계의 빈곤과 기아의 근원적인 원인이 무엇인지 넓은 시각으로 들려준다.

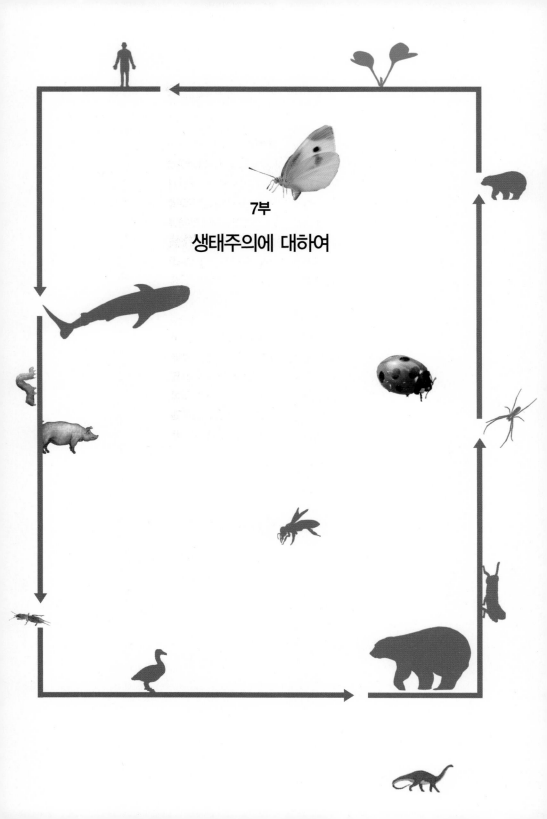

7부

생태주의에 대하여

1
왜 생태도시를
고민하는가

아빠, 석유가 없으면 전기, 자동차도 쓸 수 없고, 유통이 어려워져 먹을 것 구하기도 어렵고, 쓰레기도 처리하지 못하는데 어떻게 살아요?

리수야, 아이들에게 미래의 도시를 그려보게 하면 많은 아이들이 우주선이 날아다니는 고층 빌딩 숲을 그리더구나. 아이들은 과학 기술의 발달이 오늘날을 가져왔고, 앞으로는 지금보다 더 발달할 거라고 생각해. 그런 생각은 어른들 또한 크게 다르지 않아.

하지만 이런 생각은 성냥불이 성냥팔이 소녀에게 환상을 보여주었듯이 화석 연료가 인류에게 가져다준 환상일 뿐이란다. 우리가 경험하고 있는 오늘이 단지 화석 연료가 만든 신기루라는 것을 깨닫는 방법이 있어. 그것은 화석 연료로 만들어진 전기가 없는 세상을 상상해보면 돼. 상상이 되니? 만약 상상이 되지 않는다면 1990년대 쿠바의 수도 아바나를 보면 알 수 있어. 아바나를 통해 우리는 화석 연료의 환상을 깨달을 수 있단다.

1959년 쿠바 혁명 이후 아바나는 "국민 모두 평등하게 복지를 누릴 수 있는 국가를 건설한다"는 카스트로의 이상 아래 의료비와 탁아비, 그리고 초등학교부터 대학교까지의 교육비가 일절 무상이었어. 또 생필품인 쌀,

빵, 커피, 과일 등을 거의 무료나 다름없는 비용으로 구할 수 있었기 때문에 필요 이상의 사치만 하지 않는다면 필사적으로 일할 필요도 없었지. 그리하여 1989년 유엔개발계획(UNDP)이 제출한 '생활 수준 지표'에는 쿠바가 라틴아메리카에서 1위, 세계에서 11위로 평가받았단다. 요시다 타로, 《생태도시 아바나의 탄생》, 안철환 역, 들녘, 2004, 32쪽. 1인당 GDP는 얼마 되지 않았지만 기본적인 사회 안전망이 강화되어 풍족하지는 않아도 평화롭고 행복한 삶을 살 수 있었지.

하지만 1990년대에 소련이 붕괴되자, 1959년 쿠바 혁명 이후 경제 봉쇄를 하고 있던 미국은 소련 붕괴를 계기로 쿠바를 붕괴시키기 위하여 경제 봉쇄를 더욱 강화하였고 상황은 급변했단다. 이러한 이중 충격 때문에 쿠바는 석유, 식료품, 농약, 화학 비료를 비롯해 비누와 같은 생필품에 이르기까지 모든 물자를 해외로부터 공급받지 못하는 비상 사태를 맞게 되었어. 이러한 사태는 그 동안 유토피아와 같았던 쿠바가 무엇으로 가능했는지를 여실히 보여주는 계기가 되었지. 그것은 수입 물자의 84퍼센트 가량을 호의적인 측면에서 교역해주었던 소련과 사회주의권 덕분이었던 거야. 농업국인 쿠바는 사회주의 국가 간의 국제 분업 체계에 의해 사탕과 커피를 수출하고, 석유와 식료품의 대부분을 수입하는 상태였어. 하지만 외부로부터의 모든 수입이 봉쇄되는 상황을 맞이하여 쿠바는 극한의 상황으로 몰리게 되었단다.

주요 에너지원인 석유의 수입량은 1989년 1,330만 톤이었지만 1993년에는 약 570만 톤으로 줄었고 국내 산유량 110만 톤을 합해도 필요량에는 턱없이 부족했지. 그로 인해 1993년 말까지 공장의 80퍼센트가 폐쇄되었고, 많은 노동자들이 직장을 잃어 실업률은 40퍼센트에 이르렀어. 요시다 타로, 앞의 책, 42쪽. 또 1989년 전기 보급률은 96퍼센트에 이르렀으나 전력 생산량의

99.5퍼센트를 석유가 담당하던 상황에서 석유 부족은 전력 생산의 차질을 가져와 수시로 정전이 발생되었고 시민들은 전기 대신에 밀초나 테레빈유를 사용할 수밖에 없었단다. 관개 시설이 정비된 국영 농장은 대형 트랙터가 광활한 농지를 달리며 농약과 화학 비료를 마구 뿌릴 수 있었기 때문에 가능했던 것이었어. 석유 부족으로 절반의 대형 트랙터는 멈췄고, 원료 부족으로 농약과 화학 비료는 더 이상 생산할 수 없게 되었지. 연료 부족은 관개용 펌프와 콤바인도 정지시켰어. 밖으로부터 석유와 쌀, 밀 등의 유입이 불가능해지면서 아바나라는 도시가 그 동안 무엇이 도시의 기능을 가능하게 했는지 극명히 드러났어. 냉장 저장과 배송을 위한 유통 시스템도 대부분 석유에 의존하고 있었기 때문에 석유의 부족은 유통 시스템을 사실상 정지시켰단다. 도시의 외곽으로부터 유입되던 식료품은 유통 시스템의 정지로 더 이상 공급되어질 수가 없었어. 도시를 달리던 차량은 더 이상 운송 수단이 되지 못했지. 그저 도로를 메우고 있는 고철 더미에 불과했어. 1994년 말에는 교통의 70퍼센트가 마비되었어. 이러한 상황은 식량 위기를 가속화시켰단다. 경제 위기 전 쿠바 국민의 37퍼센트 정도가 비만 초기였으나, 1994년에는 남녀 평균 9kg의 체중이 감소되었어. 미숙아 출산율이 증가되고 임산부나 유아의 절반 이상이 빈혈 증상을 보였지. 도시의 공장은 폐쇄되어 실업자가 넘쳐났고, 정전은 계속되었으며, 수도와 쓰레기 처리 등 기본적인 공공 서비스도 정지되었어. 청소차가 움직이지 못하여 몇 개월씩 방치된 쓰레기는 산더미처럼 쌓였단다. 골목의 쓰레기는 썩고 들개와 들쥐, 그리고 해충에 의하여 전염병이 돌았지. 급수를 위한 음료수는 염소로 소독을 해야 했지만, 염소 부족으로 염소 처리율은 1994년 26퍼센트로 떨어졌으며 그 물을 마신 체력이 약한 어린이나 노인들 중에는 심한 설사로 인해 사망에 이르렀어. 석유를 기반으로 돌아가던 아바나는 석유가 끊기면서 더

이상 도시의 기능을 하지 못하고 죽음의 공간으로 변해갔던 거야.

이렇듯 외부로부터 석유와 다양한 생필품의 유입이 차단된 도시는 더 이상 도시의 기능을 하지 못했어. 그곳은 전염병이 창궐하는 죽음의 공간일 뿐이었거든.

아바나는 화석 연료의 공급이 끊긴 상황에서 극복할 수 있는 방법들을 모색했단다. 도시에 사람이 집중되어 있는 것은 외부로부터 끊임없는 에너지나 물자의 공급이 있었기 때문에 가능했지. 도시 사람들이 먹고 살기 위해 지방에서 생산한 식료품은 많은 양의 석유를 소모하여 도시로 장거리를 이동시켜야만 했거든. 하지만 더 이상 이동시킬 수 있는 석유가 없는 상태에서 도시인이 먹고 살 수 있는 방법을 찾아야 했어. 그것은 유통 거리를 줄일 수 있는 생산지 근처로 도시인들이 가서 사는 것이야. 도시인들이 각 지방으로 뿔뿔이 흩어짐으로써 유통 물자는 급격히 줄어들었지. 이와 병행하여 중앙 집중화되어 있던 행정 조직의 지방 분권화를 추진하여 분산시키고 관 조직도 그에 따라 재편하였어. 또 도시 내의 다양한 공간은 경작지로 개간했지. 건물 옥상과 베란다, 곳곳의 공터 등 경작지로 개간할 수 있는 모든 곳은 텃밭으로 만들었어. 빈 깡통에도 채소를 키우고 쓰레기장도 밭으로 만들었어. 비료가 없기 때문에 유기 농업 개발에도 힘을 썼단다. 도시 계획에서는 도시 농업을 최우선으로 고려하고, 지식이 없는 시민에게는 도우미들이 나서서 각종 채소의 재배법을 가르쳤어. 각자가 재배한 채소는 곳곳에 설립된 집 주변의 직판장을 통하여 서로 교환하고 판매했어. 국가 기관에서는 새로운 농법의 개발과 보급에 힘을 썼단다. 미국의 침략 위험에 노출되어 있음에도 불구하고 군비를 축소하여 농업 기술 개발에 투자했어. 정부의 다양한 지원도 있었지만 그것만으로는 생태 도시 아바나를 만들 수는 없단다. 생태 도시로의 변신은 수많은 사회 단체의 자발적 참여와 NGO

들의 밑으로부터의 운동이 뒷받침됐기 때문에 가능할 수 있었지. 또 자동차 천국이었던 수도 아바나는 중국에서 긴급 수입한 100만 대의 자전거로 교통을 대체했단다. 그리고 에너지원으로 어떻게 태양열을 이용할 것인지를 모색했어.

다양한 노력으로 아바나는 심각한 위기 상황에서 벗어나 차츰 안정되고 지속 가능한 생태 도시의 모습을 갖추게 되었어. 쿠바의 수도 아바나는 무한정 지속될 것 같았던 에너지와 물자들의 공급이 차단됨으로써 심각한 위기 상황을 맞았지만 그것은 또 하나의 기회가 되었지. 그리고 그 동안 풍요롭던 도시 생활이 무엇으로 가능했는지를 알게 해주었단다. 그리고 화석 에너지의 공급이 중단되었을 때 어떻게 해야 '지속 가능한 삶'을 유지할 수 있는지 방법을 모색할 수 있는 기회도 되었지. 만약 쿠바가 미국의 강제적인 봉쇄로 인한 에너지 위기 사태를 겪지 않았다면 스스로 지속 가능한 사회를 고민했을까? 노동자들이나 도시민들은 자신이 소비하고 있는 것들에 대하여 근본적인 의문을 제기했을까? 또 각자의 소비를 스스로 돌아보고 줄이려는 노력을 했을까?

이 모든 것이 아바나만의 특수한 상황일 뿐이라고 생각할 수도 있지만 지구 내의 유한한 에너지원과 자원을 생각하면 아바나가 겪었던 위기는 한 도시만의 특수한 문제라고 한정시킬 순 없어. 다만 특수한 정치적 상황으로 말미암아 다른 나라보다 조금 일찍 화석 에너지 고갈 시대를 맞은 것 뿐이야. 과학자들은 2030년을 석유피크라고 예견하며 에너지 고갈의 시대가 닥쳤을 때 지속 가능한 도시의 모델로 쿠바의 아바나를 손꼽아. 또 많은 나라들도 아바나 사태를 통해 많은 것을 배웠어. 지구의 자원이 고갈된 후 겪어야 할 세계 모든 도시의 예고편이라 할 수 있기 때문이야. 이러한 문제에서 우리 또한 예외일 수 없단다.

읽을 거리

생태도시 아바나의 탄생

요시다 타로 지음 | 안철환 옮김 | 들녘

1991년 소련의 붕괴와 함께 쿠바는 상상을 초월하는 경제 위기에 직면했다. 1959년 혁명 이후 계속된 미국의 경제 봉쇄는 더욱 강화되어 석유를 비롯한 일상 용품에 이르기까지 모든 물자의 공급이 끊기는 비상 사태를 맞이했다. 이런 위기 상황을 쿠바는 어떻게 극복했을까? 그것은 생태 도시로의 전환이었다. 저자는 그 과정을 정리하였다.

꿈의 도시 꾸리찌바

박용남 저 | 녹색평론사

꾸리찌바는 브라질 남부에 위치한 도시이다. 제3세계의 도시에 불과하지만 국제 사회에서 꾸리찌바에 보내는 평가는 매우 특별하다. '지구에서 가장 친환경적인 도시', '세계에서 가장 현명한 도시' 등이 바로 그것이다. 도대체 어떤 도시이기에 이러한 찬사를 받는 것일까?

2
해를 그리워하는
삶으로의 전향

아빠, 석유가 고갈되어도 대체 에너지를 개발하면 지금처럼 풍족하고 편리하
게 살 수 있지 않을까요?

리수야, 우주 소년 아톰과 미래 소년 코난이라는 만화 영화를 알고 있니?
우주 소년 아톰은 데즈카 오사무가 1952년에 제작한 SF만화로 인간과 로봇
이 공존하는 21세기의 미래를 무대로 로봇 소년 아톰의 활약상을 그렸고,
또 미래 소년 코난은 알렉산더 케이의 SF소설 〈살아남은 사람들(The
Incredible Tide)〉을 원작으로 하여 1978년 미야자키 하야오가 감독한 만화
영화로 전쟁으로 모든 대륙이 바닷속으로 가라앉은 미래에서 지구를 장악
하려는 인더스트리아의 레프카 일당과 생태적인 삶을 살아가려는 코난 측
의 싸움을 그린 이야기야. 레프카 일당은 태양 에너지의 비밀을 빼앗으려
고 하지만 결국 코난의 엄청난 발가락 힘과 백발백중의 창 솜씨 등에 백기
를 들고 말지. 날아가는 비행기에 매달린 발가락의 힘이라니. 대단한 코난
이야. 만화라면 모두 좋아하던 어린 시절에는 아톰이나 코난이나 모두 재
미있는 만화 영화일 뿐이었어. 하지만 지금 돌이켜보면 원자력 에너지를
이용하는 로봇 아톰이 인간과 어울려 사는 미래를 그린 우주 소년 아톰과

인간의 과학 기술이 파괴한 지구에서 생태적인 삶을 지향하는 모습을 그린 미래 소년 코난은 인간의 미래에 대하여 전혀 다른 이야기를 하고 있는 것이었어.

오늘날 우리는 첨단 기술을 비롯하여 화려한 문명의 꽃을 피우며 풍요로운 삶을 살고 있지. 이렇게 우리가 풍족한 삶을 살 수 있게 된 바탕에는 앞의 쿠바 사태에서 살펴본 것처럼 막대한 에너지가 있었기 때문에 가능했어. 그런데 이렇게 인류에게 풍요로운 삶을 가져다준 에너지 자원이 고갈되고 있단다. 과학자들은 2030년을 오일 피크로 예상하고 있지. 그때가 되면 지금처럼 막대한 에너지 소비를 바탕으로 이루어진 인류의 문명이 더 이상 지금과 같은 상태로 유지할 수 없게 돼. 이제 우리는 에너지 고갈의 시대를 맞이하여 어떻게 생존할 수 있는지를 고민해야 하는 때에 이르렀어. 그 때가 멀지 않았기 때문이지.

에너지 문제가 심각해지면서 전 세계적으로 에너지 문제를 어떻게 풀 것인가 심각한 고민을 하고 있지. 그런데 우리나라는 아직까지 그 정도로 심각한 고민을 하고 있는 것 같지 않아. 아래 표를 보면 우리는 우리보다 GDP가 높은 프랑스나 영국, 그리고 일본보다 많은 양의 전력을 소비하고 있거든. 기름 한 방울 나지 않는 우리나라는 GDP가 높은 다른 나라에 비해 1인당 전력 소비량이 결코 뒤지지 않아.

	한국	일본	미국	캐나다	프랑스	영국	중국
1인당GDP (US $, 2011년도)	20,757	42,831	47,199	46,236	39,460	36,144	4,428
1인당전력소비량 (KWh, 2009년도, 미국만 1998년도)	8,479	6,739	12,834	15,071	7,020	5,349	2,743

이렇게 많은 전력을 사용하면서 화석 에너지 고갈이라는 에너지 위기 시대를 맞이하여 우리 정부가 생각하고 있는 정책은 원자력 에너지 개발인 것 같아. 한국원자력문화재단은 2006년 120억 원의 예산을 '깨끗한 에너지, 값싼 에너지, 안전한 에너지' 라며 원자력 에너지 홍보에 사용했지. 그 동안 정부는 지속적으로 원자력 에너지는 안전한 에너지라고 홍보해왔어. 1986년 4월 러시아에서 체르노빌 원자력 폭발 사고가 발생했잖아. 28년이 지난 지금도 사고 현장 반경 30km는 아무도 살지 않는 죽음의 도시란다. 당시 피폭된 사람들은 백혈병을 비롯한 다양한 질병에 시달리고 있어. 하지만 정부는 러시아의 핵발전소는 오래된 방식이어서 위험했지만 한국형 원자로는 안전하다고 홍보하고 있어. 2011년 일본의 후쿠시마 원전 사고에서 유출된 방사능 물질의 양은 많게는 히로시마에 투하된 원자 폭탄의 168.5배에 달하거든. 일본은 상시 지진 발생 지역으로 모든 건물에 내진 설계를 해. 원자력 발전소는 더 말할 나위도 없지. 그런데 그런 원자력 발전소가 천재지변으로 균열이 생기면서 사고가 발생했어. 세계 어느 곳에도 안전한 원자력 발전소는 없다는 이야기야.

원자력 에너지가 싸다고 홍보하는 것은 단지 생산 비용 만을 고려했을 때의 일이지. 그 비용에는 원자력 에너지를 연구하는 비용과 위험을 예방하고 방사성 폐기물을 처리하는 비용 등이 포함되어 있지 않아. 원자력 발전소는 원료인 우라늄을 채굴하고 운반, 정제하는 과정에서 막대한 양의 석유가 소요되거든. 원료를 생산하고 폐기물을 처리하는 비용까지 감안하면 원자력 에너지는 결코 싼 에너지가 아니란다.

원자력 발전의 더 크고 심각한 문제는 방사선 폐기물이야. 발전소에서 발생하는 핵연료와 같은 고준위 방사성 폐기물은 영구적으로 생태계와 격리를 시켜야 해. 그런데 전 세계 어느 국가도 고준위 방사성 폐기물을 영구

체르노빌 원전 사고가 발생한 지 30년이 지난 체르노빌은 폐허가 되었다. 그리고 지속적으로 다양한 기형의 생명들이 목격되고 있다.

히 보관할 장소를 확보하지 못했어. 하다못해 중 저준위 방사성 폐기물 처리장을 확보하는 것도 쉽지 않아서 정부는 지방자치단체에게 3,000억 원의 보상금으로 협상을 하려고 했지. 그럼에도 협상이 쉽지 않아 부안 사태와 같은 홍역을 치렀단다. 방사선 폐기물은 생명체에게 치명적이기 때문에 절대로 방사능이 누출되지 않도록 잘 관리되어야만 해. 폐기물에서 방사선이 나오는 기간은 재료의 반감기에 따라 다르지만 적어도 몇 천 년에서 몇 만 년 길게는 25만 년이야. 몇 만 년의 시간 동안 이 폐기물들을 안전하게 지킬 수 있다고는 장담할 수 없는 일이야. 몇 만 년 후에 폐기물 처리장 주변에 지진 등의 자연 재해가 발생하지 않을 거라고 누가 보장할 수 있을까? 불가능한 이야기야. 이것은 다시 말해서 지금 세대가 에너지를 풍족하게 쓰겠다고 원자력을 이용하고는 위험 부담은 미래 세대에게 전가하는 것이야.

친환경 에너지라는 풍력 발전소도 발전소를 만들기 위해서는 대규모의 환경 파괴가 수반된다.

이것이 바람직한 방식일까? 그래서 J.R.데자르뎅은 미래 세대들이 사용해야 할 에너지원을 고갈시키고, 핵 폐기물로 인한 위험한 환경에서 살도록 만들면서 그 위험을 피할 수 있는 적절한 조치를 취하지 않는다면 그것은 일종의 범죄 행위라고 했어. J.R.데자르뎅,《환경윤리》, 김명식 옮김, 자작나무(1999), 149쪽. 우리는 후손들이 언제 방사능 사고가 일어날지 모르는 땅 위에 살도록 하는 것이 바람직한 일인지 심사숙고해야만 해. 그리고 또 다른 문제는 원자력 에너지는 언제든지 핵 무기 제조가 가능한 시설이라는 점이야. 그러기에 원자력은 결코 싼 에너지가 아니며 안전하거나 깨끗한 에너지도 될 수 없고 재생 가능한 에너지의 대안이 될 수도 없단다.

전 세계는 탈핵을 고민하고 있어. 2011년 6월 6일 독일 메어켈 정부는 지금 가동 중인 8개의 핵발전소를 2022년까지 점차적으로 폐쇄하여 2022년 완전히 핵발전에서 벗어나는 법안을 통과시켰어. 세계에너지기구(IEA)의 집계에 따르면, 전체 발전량에서 원자력 발전량이 차지하는 비중은 프랑스

79퍼센트, 한국 38퍼센트, 일본 28퍼센트, 미국 19퍼센트를 차지해. 또 세계원자력협회(WNA)는 각국의 가동 원자력 발전소 수가 미국 104기, 프랑스 58기, 일본 55기, 한국 21기라고 발표했어. 한국은 미국, 프랑스, 일본, 러시아에 이어 세계 5위의 원자력 발전 의존국이며 원자력 발전소의 면적당 밀도는 세계 1위를 차지해. 이제 한국이야말로 원자력 발전소 사고가 날 가능성이 세계에서 가장 높은 지역으로 꼽힐 수밖에 없단다. 그런데 정부는 한국형 원자로는 안전하기 때문에 걱정하지 않아도 된다는 거야. 얼마 전에는 원자력 발전소 시설에 사용되는 부품을 검증되지 않은 제품을 사용하여 관련자가 처벌을 받은 적이 있어. 그런 식으로 관리되고 있는 원자력 발전소를 두고 한국형 원자로는 안전하다는 정부의 말을 어떻게 믿을 수 있겠니?

그러면 우리는 에너지 위기에 대한 해결을 어디부터 시작해야 할까? 에너지 위기가 화석 연료가 고갈되면서 발생한 것이기에 대체 에너지를 개발하면 된다는 사람들도 있어. 식물 연료나 풍력 발전, 조력 발전, 대륙붕의 가스 하이드레이트 등 말이야. 그 중 화석 연료 대신 각광을 받고 있는 것이 식물 연료야. 하지만 식물 연료는 또 다른 심각한 문제를 야기할 수 있단다. 식물 연료를 생산하기 위해 열대우림의 숲이 1분마다 60헥타르씩 파괴되고 있거든. 또 대형 승용차의 연료 탱크를 바이오에탄올로 단 한 번 채우는 데 소요되는 옥수수는 한 사람이 1년 동안 먹을 수 있는 양과 같아. 에너지 소비국을 위하여 옥수수나 콩과 같은 곡물로 바이오 연료를 만들면 화석 연료 고갈로 인한 가격 상승에 따라 바이오 연료의 재료인 곡물 가격도 상승하겠지. 이로 인해 빈민국들은 더욱 식량 위기가 심해지게 될 거야. 풍력 에너지는 주변 환경을 파괴하는 등의 환경 문제가 발생한단다. 또 동해에서 가스 하이드레이트를 개발하는 것은 대륙붕을 떠받치고 있는 기반을 빼

내서 대륙을 가라앉게 하거나 과도한 메탄을 발생시킴으로써 환경을 극심하게 파괴시킬 수 있어.

에너지 위기를 극복하기 위해서는 에너지에 대한 의식 전환이 선행되어야 해. 우리 삶의 토대가 무엇이고 지금 지나치게 풍족한 우리의 삶이 무엇으로 가능한지 인식하는 것이 중요하단다. 오늘날 우리의 풍족한 삶은 인류가 위대해서라기보다는 화석 연료가 있었기 때문에 가능했던 거지. 이제 그 화석 연료가 고갈되어지는 시기를 맞이하여 풍족했던 삶을 돌아보고 우리가 어떻게 살아야 지속 가능한 삶을 살 수 있는지를 고민해야만 해. 그것은 어떻게든 화석 연료를 대체할 무엇인가를 찾아서 지금과 같이 풍요로운 생활을 유지하는 것이 아니라 에너지 소비를 줄이는 삶으로의 변환이어야 해. 더울 때는 조금 덥게 지내고 추울 때는 내복을 입고 조금 춥게 지내는 거지. 인간의 탐욕은 끝이 없어. 절대 만족이란 없지. 다만 스스로 어느 선에서 만족할 것인가를 찾고 그것을 체화시키는 것에서 가능할 뿐이야. 그 만족의 수위를 스스로 조금씩 낮춰가야 해. 약간은 불편하게 사는 것, 그것이 에너지 위기를 조금 늦게 맞는 방법이란다. 지속 가능한 삶은 무엇인가를 끊임없이 소비해야만 하는 삶에서는 이루어질 수 없어. 지속 가능한 삶이란 이미 주어진 것을 가지고 유지할 수 있는 삶의 방식을 찾는 것이니까. 지구에서 지속 가능하게 얻을 수 있는 에너지원은 태양 에너지뿐이거든. 그 태양 에너지를 기반으로 한 삶의 형태를 찾는 것이 친환경적이고 지속 가능한 삶이 될 거야.

읽을 거리

아톰의 시대에서 코난의 시대로

강양구 지음 | 사이언스북스

우리는 과도한 에너지를 사용하고 있다. 주로 그 에너지는 화석 에너지와 원자력 에너지에서 얻어진다. 이 에너지들이 고갈되어지고 위험 수위가 높아지고 있다. 곧 에너지 위기의 시대가 닥쳐온다. 이제 우리는 무엇을 할 것인가? 저자는 에너지 파국을 막을 방법으로 바이오매스, 바이오디젤, 태양 에너지, 풍력 에너지 등의 사례를 국내외에서 살펴보고, 다양한 해법을 제시 및 점검한다.

3차 산업혁명

제러미 리프킨 지음 | 안진환 옮김 | 민음사

화석 연료의 시대는 머지않아 종말을 예고하고 있다. 화석 연료를 바탕으로 화려하게 꽃 피우고 있는 인류의 문명은 화석 연료와 함께 시들어갈 것인가? 저자는 지금과 같은 중앙 집권적이고 소수만이 독점하고 있는 엘리트 에너지에서 탈피하여 누구나 소유할 수 있는 태양 에너지와 이미 체계를 갖춘 인터넷 망을 이용하여 현재 인류에게 닥친 에너지 위기를 극복할 수 있다고 이야기한다. 그것이 3차 산업혁명이다.

3

밥상을 바꾸면
세상이 바뀐다

우리나라는 식량 자급률이 30퍼센트가 안 되는데, 수입이 막히면 어떻게 되나요?

리수야, 살아 있는 생명에게 중요한 것 중에 하나는 먹거리란다. 먹을 것이 없으면 생명을 유지할 수 없기 때문이지. 이렇게 중요한 먹거리를 우리는 얼마나 지급하고 있을까? 우리나라는 공산품 수출 위주의 정책을 세우고 공산품을 수출하는 대신에 농산물 시장을 개방하면서 식량 자급률이 급속히 떨어졌단다. 밀은 1970년대만 해도 자급률이 16퍼센트였는데 1990년대 이후 1퍼센트 이하로 급격히 하락했어. 1984년 정부가 밀 수매를 폐지한 후 더 이상 농민이 밀농사를 짓지 않으면서 이렇게 되었단다. 한국은 2007년 식량 자급률 26퍼센트로, OECD 29개국 중 식량 자급률이 30퍼센트에 미치지 못하는 최하위 5개국 중 하나야. 이런 상태에서 위기 상황이 발생하면 우리는 어떻게 될까? 그 해답은 유럽의 경험에서 찾을 수 있을 거야. 유럽의 여러 나라들은 제2차 세계대전 이전에는 국민들이 먹을 식량을 수입했어. 그러다가 전쟁이 발생하자 식량을 수출하던 나라들이 자국의 식량을 확보하기 위하여 수출량을 줄였지. 그로 인해 심각한 식량 부족 사태를 겪었어. 국민의 먹거리를 외국에 의존하면서 식량 주권에 심각한 문제가 생긴 거지. 그러한 경험을 바탕으로 유럽 대부분의 국가들은 식량 자급률을 100퍼센트 가까이 끌어올렸단다. 식량 자급률이 30퍼센트도 되지 않는 우리는 어떻게 해야 할까?

정부는 식량 확보를 위하여 국내에 유휴 농지를 놔두고 외국에 식량 기지를 건설하는 방안을 고려하고 있어. 이것은 식량 안보 차원에서 식량 확보를 위하여 자급이든 수입이든 국민에게 먹을 거리만 공급하면 된다고 생각하기 때문이야. 외국에 식량 기지를 만들거나 믿을 수 있는 수입국을 만드는 방식이 전쟁이나 자연 재해, 경제 위기, 에너지 가격 폭등 같은 문제가 발생했을 때도 안정적일 수 있을까?

또 식량을 생각할 때 염두에 두어야 하는 것은 충분한 양을 확보하는 것도 문제지만 믿고 먹을 수 있느냐도 중요해. 이윤만을 쫓는 기업이 수출하는 식량을 믿을 수 있겠어? 우리는 얼마 전에 중국 멜라닌 파동을 겪었잖아. 또 돈벌이에 눈이 멀어 납 덩어리를 넣은 생선, 철가루를 섞은 고춧가루, 색소를 입힌 날치 알, 썩지 않게 방부제 처리한 채소들. 또 동물의 사체를 갈아 먹여 광우병의 위험이 다분한 쇠고기 등등. 이러한 문제들로부터 국민의 건강을 지키고, 지역, 문화, 환경을 생각하는 것이 식량 주권이야. 그러기에 이제는 식량 안보를 염려해야 하는 것이 아니라 식량 주권을 확보해야 하는 것이지.

오늘날 화석 에너지와 먹거리 생산은 밀접한 관계를 가지고 있기 때문에 화석 에너지가 고갈되면서 많은 사람들은 어떻게 '지속 가능한 삶'을 살아갈 것인지 고민하고 있어. 국가적인 정책 외에 당장 내가 할 수 있는 일은 무엇일까? 그것은 바로 집 주변에 텃밭을 가꾸어 채소를 심는 일이고 가까운 지역에서 생산되는 것을 소비하는 거야. 이것을 로컬 푸드(local food)

소박한 밥상이 자연을 살리는 첫걸음이다.

라고 해. 일본의 지산지소(地産地消) 운동과 우리나라의 신토불이(身土不
異) 운동이 좋은 예야. 쿠바 사태 때 아바나 시민들은 식량 위기를 해결하
기 위해 석유를 소모하지 않는 삶을 모색해야 했어. 그 첫 번째 방법이 도시
곳곳에 텃밭을 만드는 일이었거든. 또 도시에 집중된 삶을 정리하고 시골
로 뿔뿔이 흩어졌지. 그렇게 함으로써 도시로 운송하는 에너지 소비를 줄
일 수 있었단다.

독일 베를린에는 개인 텃밭이 8만 곳이나 조성돼 347만 명이 참여하고
있어. 또 2010년 밴쿠버 올림픽이 열린 캐나다에서는 2010년까지 밴쿠버
시내에 2,010개의 텃밭을 만들자는 '2010 공공 텃밭 프로젝트'를 진행했
어. 세계 곳곳의 도시에서 도시 구조를 근본적으로 바꾸는 혁명이 진행되
고 있단다. 이 혁명은 전통적인 혁명과는 다른 형태지. 시민들은 무기 대신
호미를 들고 광장 대신에 텃밭을 찾아. 텃밭을 가꾸는 것은 단순히 먹을 거
리를 얻기 위한 것이 아니라 환경 운동이자 사회 운동이 되었어.

로컬 푸드 문제를 해결하기 위해 여러 나라에서 다양한 방식이 시도되
고 있단다. 일본에서는 먹을 거리를 만드는 손과 먹는 손을 연결하는 생활

클럽이 활성화되었어. 2007년 기준으로 약 600개의 생활 협동조합이 있고, 조합원 숫자는 일본 전체 인구의 약 6분의 1에 달하는 2,200만 명에 육박해. 또 미국, 영국, 캐나다 등에서도 지역의 생산자와 소비자를 직접 연결하는 '농민 장터'가 급성장했어. 우리나라도 2008년 광우병 사태를 계기로 먹거리에 대한 관심이 높아지면서 한살림이나 iCOOP을 비롯한 크고 작은 생활 협동조합의 회원이 많이 늘었단다.

농부들은 농사를 지어서는 먹고 살기 힘들다고 이야기해. 그래서 많은 농부들이 농사를 포기하고 농촌을 떠나. 이것은 저가 농산물 정책으로 농산물 가격을 낮게 책정해놓았기 때문이야. 우리는 공산품을 구입할 때 생산 원가가 올랐기 때문에 제품 가격이 올랐다는 이야기를 자주 듣잖니? 이런 생산 원가 논리는 농업에도 마찬가지로 적용되어야 해. 농민은 한 해 농사를 지어 농산물을 팔아서 인간다운 생활이 지속 가능해야만 한단다. 그런데 지금의 농산물 시장에서 형성된 가격으로는 생산자가 먹고 살기가 힘들어. 앞에서도 이야기한 것처럼 미국의 곡물은 생산 원가 이하로 유통되고 있거든. 이것은 몬산토나 카길, 타이슨 등의 초국적 기업들이 자신들의 이익을 위하여 정책적으로 농산물 가격을 왜곡시켜 놓았기 때문이야. 이런 저가 농산물들과 우리 농부들을 글로벌 시대라며 무한 경쟁시키는 것은 공정한 것이 아니지. 이에 농부와 소비자가 직접 계약을 맺고 거래하는 시민운동도 벌어지고 있어. 농부가 자신이 지은 농산물을 이것 저것 모둠으로 소비자에게 보내는 거야. 풍년이 들면 더 많은 농산물을 받아 먹을 수 있고, 흉년이 들면 조금 덜 받아 먹는 거야. 대신에 농부는 안정적으로 농사를 지을 수 있는 거지.

농업은 경쟁력이 떨어지면 포기해버려도 되는 산업이 아니란다. 농업은 유사시에 우리 국민의 생존권과 관련이 되어 있기 때문이야.

밥상 혁명
강양구, 강이현 공저 | 살림터

세계화의 열풍 속에 우리의 먹거리 또한 세계화가 되었다. 그런데 이 세계화된 먹거리가 문제다. 저자들은 세계화된 먹거리가 일으키는 획일적이고, 건강하지 못한 먹거리, 식량 주권의 상실 등의 문제를 제기한다. 그리고 그 대안을 제시한다.

음식, 도시의 운명을 가르다
캐롤린 스틸 지음 | 이애리 옮김 | 예지

오늘날 많은 사람들은 도시라는 공간에 모여 살고 있다. 이 도시인들이 전 세계 식량의 75퍼센트를 소비하고 있고, 이 식품 시장을 5개의 다국적 기업이 장악하고 있다. 먹거리 생산지와 멀어지면서 소비자들은 무엇을 소비하는지 모른 채 소비하게 되어버렸다. 그러면서 푸드마일, 비만의 유행, 환경 파괴, 에너지 문제, 기후 변화 등 현대 문명의 모순과 같은 많은 문제들이 발생하고 있다. 이런 문제들을 간과한 채 살아가고 있는 현대 도시 문명과 음식과의 관계를 저자는 파헤친다.

4

먹는 것이 몸을 망치고,
먹는 것이 몸을 살린다

아빠, 가공 식품에는 첨가물이, 농산물에는 농약과 화학 비료가, 축산물에는 항생제와 성장 호르몬 등이 들어 있다는데, 도대체 무엇을 먹어야 하죠?

리수야, 현대인들은 어른이고 아이고 할 것 없이 모두가 피로한 삶을 살고 있단다. 이러한 피로와 스트레스의 누적은 만병의 근원이야. 만성적인 피로를 풀 수 있는 방법은 무엇이 있을까? 몸은 스스로를 치유하는 능력이 있어. 피로가 쌓이면 그 피로를 회복하는 능력도 있지. 피로가 누적된 몸은 충분한 영양 섭취와 휴식을 취함으로써 건강을 유지할 수가 있단다. 그런데 휴식을 취하는 대신에 지속적으로 섭취하는 피로 회복제는 이러한 자기 조절 능력을 무력하게 만들어. 일시적인 피로와 그때 한두 번 먹는 피로 회복제는 몸의 회복을 촉진시켜줄 수 있어. 하지만 습관적인 피로 회복제 복용은 몸의 자기 조절 능력을 무력하게 만들지. 몸이 자기 조절 능력을 스스로 포기하면 면역력 저하 등 각종 문제를 야기하게 돼.

사람들이 병에 걸리는 주된 이유는 외부 항원의 침투 때문이 아니라 우리 몸의 면역력, 자연 치유력이 제 기능을 발휘하지 못하기 때문이야. 그러기에 병든 몸을 치유하기 위해서는 면역력을 높여야 해.

물론 한두 가지로 해결되지 않아. 여러 가지 것들을 고민하고 개선해야 한단다. 그 중에서 가장 중요한 것이 먹는 거야. 먹는 것이 생명을 살리기도 하고 생명을 죽이기도 하거든.

우리는 일상적으로 슈퍼마켓 등에서 판매하는 박스나 캔에 든 포장 식품과 패스트푸드를 구입해 먹지. 이들 가공 식품은 모두 인체에 다양한 해악을 끼치는 첨가물로 가득하단다. 방부제, 인공 색소, 광택제, 표백제, 유화제, 산화 방지제, 합성 향료, 인공 감미료 등의 각종 화학 첨가물들이 수없이 첨가되어 있는데 이것들이 우리의 건강과 면역력에 미치는 악영향은 상상을 초월한단다. 농산물들은 과다한 제초제와 살충제 등의 농약들로 뒤덮여 있고 화학 비료의 사용으로 비타민, 미네랄 등의 필수 영양소는 부족하지. 소, 닭, 돼지 등 가축들의 사육 과정에도 엄청난 양의 항생제와 성장 호르몬, 구충제 등의 화학 물질이 사용돼. 가축들이 먹는 사료에는 방부제, 제초제, 살충제, 농약 성분 등이 가득하고 말이야. 이들 독소의 상당 부분은 우리가 먹는 육류, 우유, 계란 등을 통해 우리 몸속으로 들어오지. 또 오늘날 축산 사료로 유전자 조작 작물을 많이 먹이는데, 이 유전자 조작 작물은 우리 몸의 DNA를 교란시킨단다.

이런 점에서 오늘날 우리의 과도한 육식은 심각한 문제점이 있어. 미국 농무부의 축산 통계 자료에 따르면 우리나라 2002년 국민 1인당 쇠고기 하루 소비량(뼈와 지방을 포함한 지육 기준)은 30.1그램으로 일본(29.9그램) 중국(12.6그램)보다 많아. 특히 살코기인 정육 기준으로 국민 1인당 쇠고기 하루 소비량은 23.3그램으로 20년 전인 1982년(7.4그램)보다 3배 이상 늘었어. 우리나라 농림부의 조사 결과 지난 20년 간 돼지고기는 16.4g에서 46.6그램으로 닭고기는 6.8그램에서 21.9그램으로 역시 비슷한 수준의 증가율을 보였단다.

과도한 육식에 대한 문제점을 인식했을 때 건강을 유지하기 위한 최고의 먹거리는 농약과 화학 비료를 사용하지 않은 신선한 야채와 과일 위주의 식사라 할 수 있어. 세계적으로 채식과 관련된 200건의 연구 조사에는 한결같이 채식 위주의 식생활이 암, 당뇨병, 심장병 등 현대 성인병의 발생 위험을 낮춘다고 나와 있어. 제1차 세계대전 중 덴마크 정부는 식량 부족으로 가축의 사육과 곡물 가공을 금지시켰어. 그러자 국민들은 통곡류나 야채, 과일, 유제품 위주의 식생활을 하게 되었고, 1년 후 전체 국민의 사망률이 40퍼센트까지 떨어졌으며 전 유럽에서 국민 건강 1위의 나라가 되었단다.김홍명·황대원,《내 몸과 영혼을 되살리는 면역 세라피》,Here & Now insight, 2010, 69쪽. 덴마크 국민들이 건강해진 이유는 통째 먹는 음식에 든 비타민, 파이토케이칼, 항산화 성분, 엔자임, 섬유질 등 필수 영양 성분들과 식물 호르몬, 에센셜 오일을 비롯해 알려지지 않은 여러 가지 유익한 성분들을 많이 섭취할 수 있었기 때문이야. 과일은 여러 비타민과 미네랄, 섬유질, 파이토케미칼이 풍부하고 지방, 칼로리, 나트륨 함유량은 적어. 또 클린징이나 해독 효과, 진정 효과, 스트레스 감소 효과, 면역 향상 효과, 알칼리화 효과 등이 있으며, 단맛을 내는 자연 성분의 당이 함유되어 맛도 좋아. 특히 아침 일찍 먹는 과일은 해독 효과와 클렌징 효과가 커. 일곱 가지 색의 과일, 야채 등 식물성 음식을 골고루 섭취하면 생명의 근원인 태양 에너지를 골고루 받아들일 수 있어 건강에 좋다는 '무지개 다이어트'를 주장하는 과학자도 있어.

《최대 치유》의 저자이며 의사인 로버트 실버스타인 박사는 나쁜 음식, 공기, 물 등을 통해 체내에 유입되는 독소들과 설탕, 유해 지방 등은 암, 당뇨병, 관절염, 심장병 등의 대표적 성인병을 유발하는 원인이 되고 알러지, 천식, 아토피 등 면역 과잉 반응의 원인이 된다고 이야기했어.김홍명·황대원, 앞의 책, 147쪽. 이렇게 음식과 함께 우리가 모르는 사이에 섭취하게 되는 독소들이 우리 몸의 면역 세포 간 상호 작용과 신호 전달을 방해하고 이들의 정상적인 활동을 위축시키며, 모든 면역 주체들의 활동을 취약하게 만들어 여러 가지 질병의 원인을 제공한단다. 건강하게 살기 위해서는 몸에 들어오는 안 좋은 것을 막아야 해. 그리고 몸에 좋고 필요한 것을 섭취해야겠지. 또 먹는 것과 함께 적절한 운동, 스트레스 관리, 행복한 가정 생활, 건전하고 긍정적인 사고, 적절한 업무와 사회 생활 등 여러 요소들을 조화시켜야 건강한 삶을 살 수 있단다.

읽을 거리

헬렌 니어링의 소박한 밥상

헬렌 니어링 지음 | 디자인하우스

조화로운 삶을 살고자 했던 자연주의자 헬렌 니어링이 소개하는 요리 책. 니어링 부부는 50년 동안 한 번도 병원에 간적이 없고 죽는 순간까지 건강하고 풍요로운 삶을 살았다. 그러한 삶을 가능하게 했던 조화로운 음식의 참모습과 음식에 대한 저자의 철학을 들을 수 있다.

가짜 식욕 진짜 식욕

커렌 케어닉 지음 | 윤상운 옮김 | 예지

건강한 먹거리가 건강한 몸을 만든다. 그런데 오늘날 많은 사람들은 자신의 잘못된 지식이나 믿음으로 인하여 몸에 좋지 않은 것을 폭식하며 몸을 망가뜨리고 있다. 한때 폭식으로 몸을 망가뜨렸던 저자는 몸이 하는 말에 귀를 기울이고 몸을 신뢰하면서 건강한 식습관으로 바꾸었다. 그리고 식습관과 관련하여 많은 이들과 상담한 것을 바탕으로 건강한 먹거리와 건강한 삶과의 관계를 이야기한다.

5
주말농장에서 얻은
작은 행복

아빠, 텃밭에 가면 겉은 고요해 보이는데 부지런히 움직이는 벌레들로 가득
하다는 게 참 신기해요.

리수야, 너가 초등학교 2학년 때 시작한 텃밭 일구기가 벌써 10년 되었
구나. 그 동안 텃밭을 여러 곳으로 옮겨다녔지. 처음에는 두물머리에서 시
작했지만 밭 임자가 더 이상 텃밭 운영을 하지 않는다고 하여 좀 더 먼 진중
리로 옮겼지. 그곳은 서울에서 아침에 잠깐 다녀오기에는 거리가 좀 멀었
어. 다시 내곡동에 있는 주말농장으로 옮겼는데, 몇 년 후 그곳에 있던 주말
농장들이 보금자리 아파트 부지로 선정되면서 더 이상 주말농장을 하지 않
아 또 어쩔 수 없이 양재동으로 옮기게 되었지. 작년에는 이사를 하는 바람
에 집에서 가까운 토끼굴 주말농장으로 또 자리를 옮겼어. 그러고 보면 정
말 긴 세월도 아닌데 여기 저기 많이 옮겨다닌 것 같아.

그렇게 10년 가까이 주말 농장을 일구다보니 봄이 되면 가슴이 설레인
단다. 주말농장에서 느끼는 행복이 적지 않기 때문이야. 사람들은 번거롭
게 많은 시간을 들여서 상추나 배추 몇 포기 키워 먹는 것이 뭐 그리 대단한
행복이냐고 할지 몰라. 그래서 주말농장이 나에게 가져다주는 기쁨들이 얼

266

마나 많은지 생각해보았단다.

　첫째는 자연이 주심에 감사를 느낀다는 거야. 우선 텃밭을 일구는 목적이 채소를 가꾸는 것이므로 거두어들이는 것부터 이야기해야 할까. 주말농장은 대부분 주말에 한 번 정도 다녀오잖아. 처음에 모종을 심었을 때는 매주 가기도 하지만 시간이 흘러 어느 정도 모종들이 자리를 잡으면 바쁠 때에는 격주로 다녀오기도 했지. 그때마다 느끼는 것은 내가 한 일도 별로 없는데 이루어진 것이 많다는 거야. 내가 비록 씨를 뿌리거나 모종을 심고 물을 한두 번 주기는 하지만 그것이 전부거든. 그런데 가끔 찾아간 텃밭에는 풍성하게 자란 채소들이 있어. 내가 한 것은 보잘것없는데 거두는 것은 그것에 비해 참 풍성해. 그것에 대해 감사함을 느낀단다. 살면서 가장 행복할 때는 무엇인가에 대하여 스스로 감사함을 느낄 때더라구. 아무리 작고 하찮은 것이라도 만족하고 감사하면 행복한데, 아무리 크고 값진 것이라 하더라도 감사할 줄 모르면 아무 소용이 없다는 걸 깨달았지. 주말 농장은 절로 감사함을 느끼게 해. 또 자연의 도도한 흐름에 겸손함을 배웠지. 스스로 감사함과 겸손함을 느낄 수 있도록 해주는 것, 그것이 주말농장이 내게 주는 제일의 행복이란다.

둘째는 무농약 채소를 맘껏 먹을 수 있다는 거지. 갈수록 시장에 가서 먹거리를 사는 것이 불안해. 내가 먹는 것이 무엇인지 모르고 먹는 경우가 많아. 중국산이거나 농약을 처리한 경우가 대부분이야. 그렇다고 매끼니를 믿을 만한 곳에서 무농약의 유기농으로 사먹기에는 비용이 부담스럽지. 주말농장은 그러한 걱정을 한번에 날려주었어. 자신이 직접 씨앗을 심고 기른 것이기에 믿고 말고 할 것도 없지. 내가 농약을 뿌리지 않았으니 농약 걱정을 할 필요도 없고 긁히거나 상처가 생긴 야채도 흠이 되지 않아. 따 먹어도 따 먹어도 끝이 없는 상추와 풋고추가 밥상을 뒤덮으니 말이야.

셋째 먹는 것만이 행복이 아님을 알게 해준단다. 처음 주말 농장을 할 때는 농약을 치지 않은 채소를 직접 거둬먹는다는 생각으로 시작했지. 하지만 채소를 가꾸다보니 먹는 것 이상의 기쁨을 알게 되었어. 생명이 자라나는 과정을 지켜볼 수 있다는 것만으로도 의미가 있어. 씨를 뿌리고 모종을 심고 일주일에 한 번씩 찾아가보면 땅에는 많은 변화가 일어난단다. 뿌린 씨앗에서는 싹이 돋고 싹과 모종은 하루가 다르게 자라. 말 그대로 생명이 싹을 틔우는 모습은 경이로움 자체야. 새싹이 자라는 모습을 바라보는 것은 내가 무엇인가 자라는 생명에 도움을 주고 있다는 즐거움을 준단다. 시장에서 몇 천 원이면 살 수 있는 흔한 토마토지만 내가 키운 토마토는 느낌이 달라. 하나같이 싱그럽고 예뻐. 상처가 난 토마토도 밉지가 않아. 또 콩깍지 하나에 담긴 콩으로는 한 입도 채울 수 없지만 열매 맺는 것을 바라보는 즐거움은 한입의 즐거움에 비할 바가 아니야. 이 정도 되면 먹거리 마련은 부수적인 소득이 되어버린단다.

넷째는 자연이 변화하는 순간들을 지켜볼 수 있어. 반복되는 도시 생활을 하다보면 계절이 바뀌는 것을 잊게 돼. 봄이 가고 여름이 가고 또 가을이 휙휙 지나가버리지. 기껏 느끼는 것이 여름에는 덥고 겨울에는 춥다는 것이야. 그래서 온도에 따라서 옷을 바꿔 입어야 한다는 정도로 계절을 느낄 뿐 그 외에 반복되는 일상에는 계절이 바뀐다고 변하는 것도 없어. 그런데 주말농장을 하게 되면 계절이 바뀌는 것을 온몸으로 느끼게 돼. 일상 속에서 주말에 잠시 틈을 내서 텃밭을 일구다보면 계절이 오고 가는 것을 느낄 수가 있지. 그 자연의 신기한 변화를 지켜보는 즐거움을 무엇에 비길 수 있을까. 늦봄, 황량하던 주말농장이 어느덧 초록으로 덮이거든. 그것이 자연의 힘이야.

다섯째, 초록의 아름다움을 느끼게 돼. 다양한 채소들이 싹이 나고 자라는 것을 보면 같아 보여도 모두 같지 않단다. 그 하나 하나의 초록이 나름의 색을 가지고 나름의 아름다움을 갖고 있어. 그것을 지켜보다보면 시간 가는 줄을 몰라. 아빠 취미가 사진 찍기잖아. 취미로 사진을 찍는 사람들은 소재에 제한이 없어. 아름답다고 생각되는 모든 것을 사진기에 담지. 주말농장은 취미로 하는 사진 찍기에 많은 소재를 준단다. 주말농장에서 생명이 자라고 열매를 맺는 모든 과정은 아름다움의 연속이거든. 그 아름다운 풍경들이 끊이지 않는 주말농장은 사진을 취미로 하는 아빠에게 보물 상자야. 어수리꽃같이 생긴 하얀 홍당무꽃도 담게 되고, 귀엽고 노란 땅콩꽃도 사진에 담게 돼. 또 아침 이슬이 맺힌 방울토마토는 그 어느 보석보다 아름다워. 그 상큼한 이슬을 바라보면 눈과 마음이 수정처럼 맑아지는 것 같지. 또 선선한 가을 아침, 무 뿌리에 비치는 아침 햇살의 따스한 색도 멋진 풍경이란다.

여섯째, 땅에 사는 생명이 사람만 있는 것이 아님을 깨닫게 해준단다. 도시 생활에서는 사람만 마주치잖아. 땅을 딛고 다니는 동물은 사람밖에 없지. 이것은 너무나도 병적이고 왜곡된 공간의 모습이란다. 그런데 사람들은 이러한 공간을 너무나 당연하게 받아들이고 있어. 가끔이라도 거리에 개나 고양이가 지나가면 구청에 포획하라고 신고하고 말이야. 사람 이외의 동물은 도시에서 존재를 거부당해. 또 아파트에는 벌레 한 마리 찾기도 힘들어. 이렇게 다른 생명이 없는 공간이 정상적일까? 지구상에 다른 동물 없이 인간이 존재할 수 있을까? 다른 생명을 접해보지 않고 도시에서만 생활을 하면 그것이 가능하다고 생각할지도 몰라. 그것은 자연으로부터 왜곡된 공간에 살고 있기 때문이야. 자연은 수많은 생명의 공존이란다. 텃밭을 일구다보면 많은 생명을 만나게 돼. 그 속에서 일하는 사람들은 알지. 그런 무수한 생명들이 있기 때문에 지속적으로 채소를 거두는 것이 가능하다는 것을 말이야. 그런 수많은 생명이 있기 때문에 자연의 순환이 있는 것이고, 그러기에 곤충은 박멸의 대상이 아니라 공존해야 할 생명들임을.

일곱째는 흙을 만지게 돼. 사람은 흙에서 나서 흙으로 돌아간단다. 또 흙에서 난 것들을 먹고 살아가지. 그러기에 흙은 사람뿐만 아니라 생명의 고향이고 근원이야. 그런데 도시인은 그런 흙으로부터 너무나 멀어졌어. 도시의 아파트에는 아이들이 흙을 만지면 세균이 옮는다고 만지지도 못하게 하지. 그렇게 흙이 갖는 생명력을 잊고 살아. 콘크리트와 오염된 대기 속에서 스스로 오염되어지면서 살지. 콘크리트에 덮여 있는 도시의 땅들은 어떤 상태일까? 콘크리트는 땅이 숨을 쉴 수 없도록 봉쇄해버렸어. 그 흙은 어떻게 되고 있을까? 그 속에서 어떤 생명이 살 수 있을까? 생명은 순환이거든. 생명이 없는 땅은 병든 땅이야. 콘크리트로 뒤덮인 도시의 땅, 그 땅들은 병든 땅들이야. 우리는 그 위에 살고 있다는 거지.

　여덟째는 너희들에게 너무나 많은 것을 가르쳐준다는 거야. 리수야, 아빠랑 함께 주말농장을 가면 너희들은 무얼 느끼니? 내가 느끼고 배우게 되는 것과 너희가 배우게 되는 것은 다를 거야. 교육적인 효과는 내가 가르치는 것이 아니라 너희들이 스스로 접하고 느끼는 것에 있지. 이를테면 씨앗을 뿌리고 정성을 다하면 그만큼 알찬 결실을 맺고, 자연은 인간만이 사는 것이 아니라 다른 곤충들과 함께 살아가는 곳이며, 그 곤충들을 내가 징그럽다고 죽여 없애서는 안 된다는 것을 알게 해. 또 씨앗을 뿌리고 거두는 때가 있으며 그때를 놓치면 아무것도 이룰 수 없다는 것 등. 배울 수 있는 것이 수도 없어. 또 중요한 것은 아빠와 너희들이 함께 행복한 추억을 만들고 있다는 거란다. 먼 훗날 너는 가끔 아빠와 함께했던 시간들을 기억할 거야.

　아홉째 노동의 즐거움을 알게 한단다. 리수야, 땅은 참 솔직해. 뿌린 만큼 거둔단다. 한 번이라도 발길을 더하고 땀 흘린 만큼 거두는 채소도 풍성해지지. 땀 흘린 만큼 거둬들이는 채소를 보면 노동의 즐거움을 새삼 느끼게 돼. 그런데 우리의 농촌 현실은 그렇게 힘들여 노동을 했음에도 그 결과가 사람들의 탐욕 때문에 제 값을 받지 못한단다. 열심히 일한 농부들의 곡물을 미국 정부가 지원금을 지급하여 생산한 저가의 곡물들과 맨몸으로 경쟁하라고 하거든. 가격 경쟁이 되지 않기에 많은 농부들이 고통 속에 농사를 포기하고 말아. 아빠야 주말 농장을 소일거리로 하니까 농산물 가격과는 상관없지만 생업으로 삼는 농부들을 생각하면 가슴이 답답해져.

열 번째는 겸손함을 알게 한단다. 리수야, 살다보면 내가 최선을 다하였다고 최고의 결과를 얻는 것이 아니야. 작지만 텃밭에서 채소를 가꾸는 일도 다르지 않아. 비록 모자람이 많지만 최선을 다한다고 하더라도 좋은 결과만 얻는 것은 아니거든. 벌레가 채소를 다 먹어치우기도 하고, 뿌리가 병이 들어 썩어버리기도 하고, 종자가 좋지 않아 결실이 빈약하기 짝이 없을 때도 있지. 그런 것에 화를 내야 아무 소용없는 일이란다. 자신의 마음만 상해. 다음에 좀 더 조심하고 정성을 기울여야 할 뿐 진인사대천명(盡人事待天命)의 깊이를 새기며 겸손과 최선을 배우게 돼.

열한 번째, 소비하지 않는 기쁨을 누릴 수 있단다. 채소 그거 얼마나 한다고 텃밭을 가꾸냐고 타박하는 사람도 있어. 그곳에 다니는 시간과 기름 값이면 그 돈으로 사먹고 말겠다고 말이야. 리수야, 아빠는 그렇게 말하는 사람에게 주말에 무엇을 하냐고 반문하고 싶어. 많은 사람들이 주말이면 어딘가로 떠나서 무엇인가를 소비하지. 끊임없이 다니며 끊임없이 소비하고 그 속에서 만족을 얻으려 해. 스스로 만족할 줄 모르는 욕구는 끝없는 유랑을 강요하지. 그에 비해 주말농장을 하게 되면 일단은 심어놓은 생명이기에 돌보아야 하고, 한 번이라도 돌아보려면 다른 곳을 덜 다니게 된단다. 어딘가 끊임없이 다니는 것은 기름을 소비하고 시간을 소비하게 돼. 생태계에 부담을 주는 생태 발자국을 남기는 일이지. 끝없는 만족을 찾아서 끝없이 소비하고 그 소비를 충당하기 위해 몸이 상하도록 일을 하잖아. 만족과 행복은 외부에서 찾아오지 않아. 자기 스스로 무엇에 만족하고 감사하느냐만 있을 뿐이지. 주말마다 끝없는 소비를 위해서 돌아다니는 시간에 채소들을 가꾸고 돌본다면 그 시간만큼 소비하지 않는 것이고 또 생명을 키우고 돌보는 귀한 경험이 돼. 내가 무엇인가 소비를 하지 않는 그 시간만큼 나는 지구에게 부담을 덜 지우는 것이지.

읽을 거리

텃밭 백과
박원만 지음 | 들녘

저자가 10년 간 텃밭을 일구면서 보고 느끼고 경험한 것들을 많은 사진들과 함께 후배 텃밭 농사꾼들을 위해서 정리해놓았다. 씨앗을 뿌리기 전에 이랑을 만들고, 씨앗을 고르고, 씨앗을 뿌리는 방법을 비롯하여 실제로 텃밭을 가꾸는 데 도움이 되는 많은 정보들이 담겨 있다.

세상에 나쁜 벌레는 없다
조안 엘리자베스 록 지음 | 조응주 옮김 | 민들레

지구의 생명은 순환이다. 순환하지 않는 생명은 죽은 생명이다. 또 식물은 세대를 이어나가기 위하여 열매를 맺어야 한다. 그러한 과정에 반드시 필요한 생명이 곤충이다. 그런데 우리는 이런 곤충들을 벌레라고 부르며 끔찍하게 여기고 심지어 증오까지 한다. 그 곤충들에게 쉽게 살충제를 들이댄다. 왜 우리는 곤충을 그렇게 대하는 것일까? 저자는 우리가 왜 곤충을 그리 대하게 되었는지 다양한 시각으로 분석한다. 그리고 각 곤충들을 이해하는 데 도움을 준다.

6

또 다른 세상을
꿈꾸다

아빠, 자동차, 전기, 전화 없이 100년 전 모습으로 사는 사람들이 있다는데,
그게 가능할까요?

리수야, 소박하고 검소한 삶, 그리고 더불어 함께 공존하며 사는 세상을
이야기하면, 많은 사람들은 그런 것은 그저 환상이고 이상일 뿐이라는구
나. 또는 그런 세상은 원시 시대의 공동체 사회에서나 가능한 일이라나. 인
간은 개인적인 욕망의 집합체이기 때문에 그런 사회는 이뤄질 수가 없다고
말이야. 그런데 그러한 삶이 그저 환상만은 아니란다. 헬레나 노르베리 호
지의 《오래된 미래》는 오래 전부터 더불어 사는 삶을 살아온 라다크의 이
야기를 담고 있어. 또 그들뿐 아니라 소비적 자본주의의 첨병 역할을 하고
있는 미국의 한복판에도 지속 가능한 삶을 살아가는 사람들이 있어. 바로
아미쉬야.

리수야, 아미쉬라고 들어봤니? 들어보았다면 아미쉬에 대하여 어떤 이미
지를 갖고 있니? 아마도 아미쉬 하면 우리나라 지리산 자락에 있는 청학동
에서 갓을 쓰고 사는 사람들을 떠올리거나, 특이한 생활 방식을 고수하고
있는 이교도 집단쯤으로 생각하는 사람도 있을 거야. 또 1985년 해리슨 포

드가 주연한 영화 '위트니스'의 배경으로 나오는 검은 마차의 행렬과 검은 조끼에 챙 넓은 모자를 쓰고 있던 아미쉬를 기억하는 사람도 있을 것 같아.

아미쉬의 기원은 16세기 종교 개혁으로 거슬러 올라간단다. 16세기 초까지 유럽은 종교와 정치가 하나였어. 당시 교회는 '영적 구원'을 빌미로 과도한 세금과 일상적인 모든 삶을 규제하였지. 이것에 대한 시민들의 불만은 커져갔고 1517년에 독일의 마틴 루터는 "구원은 개개인의 깊은 신앙심에 대한 은총으로부터 얻는 것이지, 결코 교회의 성전례을 통해 주어지는 것이 아니다."라고 주장하며 교황청 교회의 구조와 교리의 대대적인 변혁을 요구하는 '종교 개혁'을 주장했어.

이 무렵 스위스에서는 '스위스 형제들'이라는 새로운 교파가 형성되었는데 이들은 세금 징수의 근거로 삼기 위해 실시되던 '유아 세례'를 부정했어. 신생아는 선과 악을 구별할 능력이 없고, 지은 죄 또한 없기 때문에 태어나자마자 이루어지는 '유아 세례'는 무의미하다며 그들이 성인이 된 후 각자 이성적 판단 아래 이루어진 신앙 고백을 바탕으로 세례가 이루어져야 한다고 주장한 거야. 이렇게 성인이 되었을 때 세례를 다시 받도록 해야 한다는 주장에서 그들을 '재세례파'라 불렀지.임세근, 《단순하고 소박한 삶, 아미쉬로부터 배운다》, 리수, 2009, 21쪽. 가톨릭과 정부 관리는 교회 관습법의 개정과 병역 거부 등 여러 가지 급진적인 이들의 개혁 요구가 국민들의 종교와 법질서의 일체감을 해친다며 반사회적 위험 집단으로 지목하고 이들에게 혹독한 박해를 가하였어. 몇몇 도시에서는 잡아들이는 재세례파 교도들의 숫자에 비례하여 돈을 지급하는 '재세례파 사냥꾼'을 고용하여 그들을 추적했단다. 잡혀온 재세례파 교도들을 감옥에 가둬 개종을 강요하고, 온갖 고문을 가했어. 또 뜻을 굽히지 않는 교도들은 재산을 몰수하고 노예로 팔았지. 뿐만 아니라 길가 나무에 매달아 불에 태워 죽이거나 물에 던져 죽이기도 했으며, 심지어 생매장을 하거나 전신을 토막 내기도 했단다. 이러한 감시와 혹독한 박해에도 불구하고 종교적 신념을 굽히지 않은 재세례파는 여러 지방으로 흩어지거나 깊은 산속이나 네델란드 등으로 숨어 들어가 살기 시작했어. 이러한 고난과 순교에 관한 구체적 사례는 1660년 네델란드에서 발간된 《순교자의 거울》에 고스란히 담겨 있단다. 이 책은 오늘날에도 아미쉬는 물론 재세례교파에게는 경전으로 읽히고 있어.임세근, 앞의 책, 22쪽.

비폭력 평화주의를 핵심적 교리의 하나로 택한 재세례파 사람들은 총칼을 들고 저항하지 않았어. 그저 종교적 신념을 같이 하는 사람들끼리 외부 세력을 피해 멀리 도망쳐 세상과 울타리를 치고 숨어사는 것만이 그들이 택할 수 있는 유일한 방책이었지. 이러한 도피의 삶에 희망의 햇살이 비추었단다. 그것은 신대륙을 발견하고 그곳을 식민지로 개척하려던 영국의 해군 제독 아들인 윌리엄 펜이 종교적 박해를 받는 이들에게 종교적 자유를 보장하며 이주를 권장한 거야. 이후 이들은 종교적 자유를 허용한 신대륙으로 대거 이주하여 펜실베이니아에 삶의 터전을 잡았어.

하지만 이후에도 끊임없이 이어지는 전쟁, 살인과 폭력, 그리고 마약, 향락적이고 소비 지향적인 문화 등이 범람하는 바깥 세상으로부터 그들은 자신들의 종교적 순수성을 지키기 위하여 바깥세상을 향해 높고 튼튼한 울타리를 쳤어. 아미쉬는 종교 공동체이고 삶 자체가 종교적인 삶이거든. 종교와 떼어놓을 수 없는 삶을 살았지. 그렇다면 이렇게 종교적인 집단에 교회는 얼마나 많이 있을까? 우리나라만 하더라도 어두운 밤에 높은 곳에 올라가서 내려다보면 온통 붉은 십자가 천지잖아. 그러니 종교를 중심으로 한 아미쉬 공동체에는 매우 많은 교회가 있을 거라고 상상하기 쉬울 거야. 그런데 놀랍게도 아미쉬 공동체에는 교회가 없단다. 아미쉬 공동체는 교회 대신 교인들 집을 돌아가며 예배를 드려. 그들은 십자가로 장식하지도 않

아. 겉으로 보여지는 장식이나 치장은 신앙이 아니며 오히려 겉모습을 꾸미는 허례허식에 빠져들 수 있는 위험성이 있고, 그것이 또 하나의 우상 숭배가 될 수 있다고 경계했기 때문이야. 뿐만 아니라 아미쉬 공동체에는 신학교에서 전문 교육을 받은 성직자도 없고, 설교 연단도 없단다. 성가대도 없으며 헌금도 하지 않고, 성경 공부를 위한 별도의 모임도 없어. 전도를 하지 않고 선교 활동도 지원하지 않기에 그들 공동체에는 전도사도 없고 선교사도 없지. 우리가 흔히 접하는 화려하고 복잡한 종교 행사들도 없고 2주에 한 번씩 교구 내 가정을 돌며 검소하게 예배 모임을 갖는단다. 예배 보는 날 아침이 되면 교구에서 공동으로 사용하는 사람들이 앉을 예배용 의자와 성경책 그리고 찬송가집을 실은 마차가 오고, 사람들도 검은 마차를 타고 모여. 교원들 서로에게 인사와 기도, 성경 낭독, 찬송 등으로 오전을 보내고 함께 점심 식사를 하지. 그리고 정리를 한 후 헤어져 가축의 먹이를 주거나 우유를 짜는 등 각자 할 일들을 하며 보낸다고 해. 아미쉬 사람들은 소박한 삶을 살고 성실히 일하는 것이 하느님께 순종하는 삶이라고 생각한단다.

아미쉬들은 중세 시대에 교회가 세속화되고 병들어가는 것을 목격했어. 그래서 그러한 것에서 벗어나 하느님의 말씀을 땅 위에 실천하는 삶을 살려고 노력한거야. 오늘날 많은 교회가 성경 구절을 자신들의 입장에 맞추어 재해석하거든. 허용하지 말아야 할 것까지 허용하느라 성경 구절의 해석이 꽈배기처럼 꼬이고 또 꼬이기도 해. 그래서 같은 일을 두고도 어떤 목사는 하느님의 이름으로 해야 할 일이라고 하고, 어떤 목사는 해서는 안 될 일이라고 해. 그것에 비해 아미쉬는 성경의 모든 구절을 글자 그대로 직역하여 종교 의식이나 일상 생활에 실천해. 아미쉬 각자의 집에는 성경책이 없고, 일상에서는 성경책을 읽으며 시간을 보내지 않아. 성경은 공동체에서 사용하는 마차에 실어놓고 예배 보는 날 사용한 후 또 마차에 보관하지.

그들이 성경 공부를 장려하지 않는 이유는 성경 구절을 자의적으로 해석함으로 인해 하느님의 말씀에 순종하는 겸허한 자세를 흩트릴 수 있다는 우려 때문이야. 하느님의 말씀은 간단하고 명쾌하나 스스로 그러한 삶을 살지 않으면서 그것을 변명하기 위하여 하느님의 말씀을 자의적으로 해석한다는 거지. 그래서 자의적인 해석에 매달리는 것보다 하느님의 말씀에 따라 검소하고 순종적이며 겸손한 생활을 강조해.

그들은 기독교인의 자세로 '순종'과 '겸손' 그리고 '간소함'을 강조하며, 이의 실천을 공동체의 덕목으로 삼았어. 그들에게 종교적인 삶이란 성경책을 읽고 또 읽는 것이 아니라 하느님의 뜻대로 소박하고 검소하며, 감사하고 용서하는 삶을 살아가는 것이야. 아미쉬 사람들은 거울을 가까이하지 않아. 용모를 가꾸고 치장을 하다 보면 허영심이 생기고, 그러한 마음은 더욱 외모를 꾸미게 만들어 허영과 교만한 생각을 낳기 때문이라고 해. 그 대신 아미쉬에게는 그들만의 거울이 있단다. 그것은 바로 그들의 조상들이 흘린 피로 얼룩진 '순교자의 거울'이야. 그들은 '순교자의 거울'을 보며 일상에서 마음과 정신을 비추고 가다듬는 일깨움의 거울로 삼았어. 같은 이유로 그들은 사진을 찍지 않는단다. 사진을 찍게 되면 더 예쁜 모습을 남기고 싶고, 그리하면 자신을 치장하고 꾸미는 데 시간을 허비하게 되기 때문이야. 그들은 현대 문명 중 전화와 전기, 그리고 자동차를 이용하지 않아. 전기를 이용하지 않기 때문에 TV도 보지 않지. TV를 통해서 소비적이고 폭력적이며 자극적인 내용들이 그들의 삶을 오염시킬 수 있다고 생각하기 때문이야. 그것은 그러한 것들이 진정으로 그들을 행복하게 만들지 않기 때문이란다. 그들은 또 화석 연료를 사용하지 않아. 지구촌이 화석 에너지의 과다한 사용으로 환경 문제를 야기하고 또 그 화석 에너지가 고갈되어감에 따라 심각한 에너지 위기에 직면하고 있는 상황에서 화석 연료를 사용하지 않고 지속 가능한 삶을 살아가는 그들의 삶의 방식은 다시 한 번 되새겨볼 필요가 있어. 불편하지만 소박하고 검소하게 사는 것이 하느님의 말씀에 따라 사는 것이라고 생각하며, 그러한 삶을 살려고 노력하거든.

　오늘을 사는 우리는 너무 바쁘게 살고 있지. 일하느라고 바쁘고 힘들게 일해서 번 돈을 쓰느라고 바쁘지. 일상이 스트레스의 연속이야. 그러면서 편안하게 하늘 한 번 바라볼 여유가 없어. 사람들은 이렇게 사는 게 인간답게 사는 게 아니라고들 해. 오늘날 우리의 삶을 왜곡시키는 것들에 대하여 문제를 제기하고 그 대안으로 소박하고 자연에 순응하며 지속 가능한 삶을 고민하는 사회의 모습을 제시하기도 하지. 하지만 또 다른 사람들은 그것은 꿈이라고 이야기하거든. 사람들이 더불어 사는 사회는 그저 환상일 뿐이라고 말이야. 사람들은 자신이 살기 위해서는 남을 짓밟아야 하고 세상은 강한 자만이 살아남는다고. 그러한 말로 약자를 짓밟는 자들은 스스로를 정당화시키지.

　하지만 꿈일 뿐이라고 말했던 그런 사회가 꿈만은 아니었어. 헬레나 호지의 《오래된 미래》의 배경이 되는 라다크에서 꿈은 오지 않는 미래의 이야기가 아니라 우리가 잊어버린 과거의 이야기라는 것을 알게 되었지. 제국주의자들이 세계를 그들의 식민지로 만들기 전에 세계 곳곳에는 자연과 하나가 되어 소박하고 조화로운 삶을 사는 많은 원주민들이 있었던 거야. 하지만 그들은 침략자에 의해 대부분 사라지고 침략자는 자신들의 탐욕과 폭력에 대해 세상은 원래 그런 곳이라며 이데올로기화하여 정당화했어. 개인 사이나 집단, 국가 사이, 또는 종 사이에 강한 자가 약한 자에게 폭력을 휘두르고 이득을 취하는 약육강식은 자연스러운 것이라고 주장한 거지. 하지만 그것은 그들이 자신의 폭력을 합리화하기 위한 변명에 불과할 뿐이야.

오늘날과 같이 폭력과 과소비가 만연한 사회는 지속되어질 수 없어. 오일 피크가 얼마 남지 않았는데도 흥청망청 사용하는 석유 에너지, 위험하기 끝이 없는데도 유혹을 이기지 못하는 원자력 에너지, 석유 에너지를 바탕으로 키워지는 공장식 축산과 그로 인한 과도한 육식, 전기의 힘으로 유지되는 고층 건물들, 출퇴근하는 데 몇 시간씩 소비되는 과도한 수도권 집중의 도시 시스템 등 모든 것들이 너무나 많은 에너지를 소비하고 있지. 이러한 삶은 지속되어질 수 없어. 그렇다면 고민을 해야겠지. 에너지 위기가 닥친 후 우리는 어떻게 살 것인가를. 그것은 우리가 선택하거나 회피할 수 있는 상황이 아니라 그저 받아들여야만 하는 상황이니까.

그 해답은 생태적인 삶이야. 생태적인 삶이란 생명이 있는 그대로의 모습으로 자연스럽게 살아가는 거란다. 외부로부터 과도한 에너지나 물질을 들여오는 것이 아니라 주변에 있는 것들로 삶을 꾸려가는 것이지. 여름에는 시원한 옷을 입고 겨울에는 내복을 입고 여름에는 조금 덥게 살고 겨울에는 조금 춥게 살며 에너지를 덜 소비하는 것이 생태적인 삶이야. 또 막대한 석유 에너지로 사육되는 과도한 육식을 하는 것이 아니라 주변에서 취할 수 있는 제철에 나는 나물을 비롯하여 가벼운 식단을 차리는 삶이고, 과도한 소비를 줄이고 검소한 삶을 사는 것이 생태적인 삶이야.

읽을 거리

오래된 미래 : 라다크로부터 배우다

헬레나 노르베리 호지 지음 | 양희승 옮김 | 중앙북스

약육강식을 주장하는 서구 세계와는 너무나도 다른 평화롭고 지혜로운 모습으로 살아가는 라다크 사람들을 통하여 사회와 지구 공동체를 다시 생각하게 한다. 이 책은 1992년 발간된 후 세계 50여 개 언어로 번역되어 지금까지도 많은 독자들의 사랑을 받고 있다.

조화로운 삶

헬렌 니어링 · 스코트 니어링 공저 | 류시화 옮김 | 보리

헬렌 니어링과 스코트 니어링 부부가 버몬트의 작은 시골에서 보낸 20년 간의 삶의 기록이다. 먹고 사는 데는 적어도 절반 이상 자급자족하고, 돈을 모으지 않으며, 동물을 키우지 않고, 고기를 먹지 않는 것을 원칙으로 한 그들의 삶의 모습과 철학은 세계의 수많은 이들에게 공감을 일으켰다.

단순하고 소박한 삶, 아미쉬로부터 배운다

임세근 지음 | 리수

문명의 이기를 거부한 채 자동차와 전기, 전화를 사용하지 않고 아직도 말과 쟁기로 밭을 갈며 살아가는 아미쉬. 저자는 아미쉬 공동체와 교제를 가지며 알게 된 아미쉬의 역사와 종교, 규칙과 일상, 교육과 가치관를 비롯한 아미쉬를 이해할 수 있는 여러 이야기를 들려준다.

지속 가능한 사회

밀브래스 지음 | 이태건 · 노병철 · 박지운 옮김 | 인간사랑

지속 가능성에 대하여 좀 더 고민하고자 한다면, 읽기는 좀 부담스럽지만 밀브래스의 《지속 가능한 사회》가 많은 도움을 줄 것이다. 저자는 현재의 인간 사회가 지속 가능할 수 없음을 구체적인 자료에 의하여 철저히 입증하고, 그 대안으로서 지속 가능한 사회의 청사진을 제시한다. 그리고 그러한 청사진을 어떻게 현실화시킬 것인가에 대한 방법을 독자와 나누려 한다.

지구상의 모든 생명은 더불어 살아야
지속 가능한 존재들이다

아인쉬타인은 꿀벌이 사라지면 그때부터 4개월 후에 지구상의 인류도 사라질 거라고 이야기했단다. 그 이유는 조금만 생각해보면 알 수 있어. 인류의 과학이 아무리 발달했다고 하지만 결국 인간도 생명이기 때문에 먹어야 살 수 있기 때문이지. 그런데 인간은 자신이 먹는 식재료를 직접 만들 수 없단다. 모든 음식물은 자연의 생명들이 만들어주는 것에 의존할 수밖에 없어. 인간이 생존을 위해 먹어야만 하는 모든 곡식들은 자연에서 거둬들이는 것이고 그 곡식들을 얻기 위해서는 꿀벌들이 열심히 꽃가루를 날라서 열매를 맺게 해주어야해. 그런데 그 중요한 일을 하는 꿀벌들이 사라지고 있단다.

지구라는 별에는 헤아릴 수 없이 많은 생명들이 살고 있어. 그 생명들은 서로를 살리며 35억 년이라는 기나긴 시간을 지나왔지. 기나긴 생명의 시간 중에서 인류가 나타난 지는 얼마 되지 않아. 인류는 화석 연료를 사용하면서 폭발적으로 증가하였지. 그와 동시에 지구의 많은 자원이 소비되고 많은 생명들이 멸종되었어. 지구의 역사를 일주일로 생각했을 때 인류는 7일째 되는 마지막 날 자정이 되기 2/3초 전에 나타난 존재에 불과해. 그렇게 나타난 지 얼마 되지 않는 종족이 자신은 생명의 완결형이며 생명들의 왕이라고 자칭하며 지구상의 모든 생명을 당장의 필요에 따라 무자비하게 마구 대한단다.

오랜 시간 공진화해온 생명의 경이로움 앞에서 사람은 공동체로서의 협력을 지향해야 마땅하지만, 지금까지 사람들의 자연에 대한 행태를 보면 인간을 위한 도구로밖에 여기지 않았다는 것을 알 수 있어. 인간은 '만물의 영장' '약육강식' '적자생존'이라는 말로 자신의 폭력성을 합리화해왔지. 강자 우월주의는 비단 동물에게만 적용해왔던 것이 아닌 듯해. 국가, 사회, 사람과 사람 사이에도 팽배해 있단다.

　미국이 자국의 패권을 이용하여 자국의 이익을 위해 불평등한 국제관계를 맺음으로써 많은 국제문제가 발생해왔지. 대기업의 SSM이 영세 상인들의 밥그릇을 빼앗는 것도 흔히 우리 사회에서 볼 수 있는 예야. 심지어 우리는 교육에서조차 과도한 경쟁을 당연하고 자연스러운 것으로 받아들이고 있어. 어려서부터 성적으로 경쟁을 한 학생들이 세상의 모든 것이 경쟁이고 승자와 패자만이 있을 뿐이라고 생각하는 것은 어쩌면 당연한 결과야. 이런 교육은 사회의 다른 구성원이나 자연의 다른 생명을 협력자로 생각하기보다는 경쟁자로 생각하게 만들어. 생명은 상생인데 경쟁으로만 생각하게 한단다. 모든 것을 경쟁으로 보며 이런 시각이 팽배해지면서 공동체로서 더불어 살 수 있는 방법을 모색하기보다는 나만 어떻게 잘 살까에 몰두하며 경쟁은 절대 선이 되어버렸지.

신영복 선생의 《감옥으로부터의 사색》을 보면 거미 이야기가 나와. 선생이 독방에 앉아서 밖으로 뚫린 벽의 창틀을 보는데 거미가 거미줄을 치더래. 또 나중에 다른 거미가 와서 거미줄을 치는데 자세히 보니 거미줄을 치더라도 먼저 거미줄의 앞을 가로막지는 않더라는 거야. 자기가 사는 것도 중요하지만 그렇다고 다른 거미를 곤궁에 빠뜨리지는 않더라는 얘기지. 생명이란 그런 거야. 그런데 경쟁만을 배운 우리는 다른 생명을 또 타인을 곤궁에 빠뜨리고도 부끄러운 줄을 모르고 살고 있어. 부끄러운 일을 하고서도 부끄러운 줄 모르는 것, 정말로 안타까운 일이 아닐 수 없어.

사람들은 약육강식이나 적자생존 같은 말로 지나친 경쟁과 강자의 약자에 대한 폭력을 합리화해왔어. 하지만 자연의 생명은 공생을 하며 공진화해왔지. 인간 사회 또한 공동체를 이루며 구성원들이 협력하여 오늘날과 같은 사회를 이루었고 말이야. 그런데 그런 공동체를 위한 상생과 협력은 어디로 가고 경쟁과 약육강식만을 이야기하는 시대가 되었어. 그것은 소위 강자들의 지배 이데올로기, 강자 이데올로기에 사람들이 세뇌되어버렸기 때문이야. 적자생존이니 약육강식이 자연의 법칙이라는 것은 극소수의 독차지한 자들이 자신이 과다하게 차지한 것을 합리화하기 위한 지배 이데올로기일 뿐임을 알아야 해.

'생명은 더불어 사는 생명'이야. 모든 생명은 더불어서 살 때에만 지속 가능할 수 있기 때문에 생명은 더불어 사는 존재임을 인식해야 한다는 뜻이지. 인간만 특별한 존재가 아니라 모든 생명은 특별한 존재들이고 그 특별한 존재들이 더불어서 살 때 지속 가능할 수 있어.

사람들은 자연의 생명체들을 볼 때 둘 중에서 누가 우위인지를 정하려 하지만 중요한 것은 누가 어떤 강점이 있는지 또 누가 우위에 있는지가 아니야. 중요한 것은 둘 사이의 관계가 함께 공존하며 지속 가능할 수 있는가에 있단다. 지구상의 많은 생명들은 서로 잡아먹고 먹히는 관계들이지만 그러한 관계들이 큰 틀에서 순환하고 공존하면서 생명들은 수억 년을 지속하여 이어져 내려온거야. 또 인간의 개입만 없다면 앞으로도 수십억 년을 이어져가겠지. 모든 것은 관계의 문제라고 생각하면 돼. 여기에서 어느 생명체가 다른 생명체보다 우월하거나 하는 것은 의미가 없어. 자연의 생명체들은 다른 생명들보다 강하고 뛰어나기 위해서만 진화하지 않아. 모든 동물이 사자처럼 강인한 쪽으로만 진화하려 하지 않는다는 말이지. 다만 자신이 생존할 수 있는 생태계의 여백을 향해서 다양하게 진화를 해왔고. 앞으로도 그렇게 자연의 생명체들은 서로 공존하며 지속해갈 거야.

여기에서 우리가 고민해봐야 하는 것이 우리는 어떻게 자연의 생명들과 함께 지속 가능할 수 있는가이겠지. 앞에서도 살펴보았지만 지구상의 어느 생명도 홀로 위대할 수 없고 홀로 존재할 수도 없어. 인간이 아무리 위대해 보여도 인간은 지구상의 수많은 동식물들 덕분에 생명을 유지할 수 있는 존재일 뿐이야. 아무리 하찮게 보여도 그러한 동식물이 사라지면 인간 또한 생존할 수 없게 돼. 그러기에 동식물과의 공존은 인간이 다소 불편한 부분이 있다고 하더라도 선택의 여지가 없어. 지구상의 동식물은 인간이 좀 불편하더라도 공존하는 방식을 익혀야 할 존재들이지. 다른 생명의 가치를 존중하여야 그 속에서 인간 또한 존재할 수 있으니까 말이야. 지구상의 수많은 생명은 남이 아니라 커다란 하나의 생명체이며 인간도 그 한 부분이야. 인류가 진정 위대한 존재이고자 한다면 지금과 같이 약한 생명체를 죽이는 문화가 아닌 살리는 문화로 변화를 이루어야 해.

그리고 우리의 삶이 어떻게 지속 가능할 수 있는가를 생각해봐야 한단다. 그것은 우리의 풍족한 삶이 무엇으로 가능한지 생각해보면 알 수 있어. 오늘날 소위 문명사회의 화려함이 인류의 위대함이나 과학의 발달 또 경제 성장이 가져오지 않았다는 것을 알아야 해. 오늘날 인류의 화려함과 성대함은 화석 에너지를 위주로 한 과도한 에너지 소비에서 온 것이라는 것을 깨달아야 한단다. 에너지뿐만 아니라 과도한 물질의 소비로 지탱되는 오늘의 삶은 절대로 지속 가능할 수 없어. 지속 가능한 삶의 해답은 생태적인 삶뿐이란다. 물론 그 삶은 지구상의 모든 생명들과 더불어 사는 삶이지.

참고문헌

강양구,《아톰의 시대에서 코난의 시대로》, 프레시안북(2007)

강양구, 강이현 공저,《밥상 혁명》, 살림터(2009)

김홍명, 황대원 공저,《내 몸과 영혼을 되살리는 면역 세라피》, Here & Now Insight(2010)

닐스 엘드리지 ,《오카방고, 흔들리는 생명》, 김동광 옮김, 세종서적(2002)

레이 그릭, 진 스윙글 그릭 공저,《탐욕과 오만의 동물 실험》, 김익현, 안기홍 옮김, 다른세상(2005)

레이첼 카슨,《침묵의 봄》, 김은령 옮김, 홍욱희 감수, 에코리브르(2011)

린다 리어,《레이첼 카슨 평전》, 김홍옥 옮김, 샨티(2004)

린 마굴리스,《공생자 행성》, 이한음 옮김, 사이언스 북스(2007)

린 마굴리스, 도리언 세이건 공저,《생명이란 무엇인가?》, 황현숙 옮김, 지호

린 마굴리스, 도리언 세이건 공저,《마이크로 코스모스》, 홍욱희 옮김, 김영사(2011)

로브 레이들로,《동물원 동물은 행복할까?》, 박성실 옮김, 책공장더불어(2012)

리처드 리키, 로저 르윈,《제6의 멸종》, 황현숙 옮김, 세종서적(1996)

마리-모니크 로뱅,《몬산토, 죽음을 생산하는 기업》, 이선혜 옮김, 이레(2009)

마이클 폴란,《잡식동물의 딜레마》, 조윤정 옮김, 다른세상(2008)

마틴 티틀, 킴벌리 윌슨,《GMO 먹지 마세요》, 김은영 옮김, 미지북스(2008)

마크 런던, 브라이언 켈리,《숲 그리고 희망》, 조윤경 옮김, 예지(2009)

박상표,《가축이 행복해야 인간이 건강하다》, 개마고원(2012)

스티븐 제이 굴드,《다윈 이후》, 홍욱희, 홍동선 옮김, 사이언스북스(2009)

신영복,《감옥으로부터의 사색》, 돌베개(1998)

에드워드 윌슨,《생명의 다양성》,황현숙 옮김, 까치(1995)

에르빈 슈뢰딩거,《생명이란 무엇인가?》, 서인석,황상익 공역, 한울(2011)

에릭 슐로서,《식품주식회사》, 박은영 옮김, 따비(2010)

에이미 스튜어트,《지렁이 : 소리 없이 땅을 살리는 일꾼 》, 이한중 옮김, 달팽이(2005)

외르크 치틀라우,《다윈, 당신 실수한거야!》, 박규호 옮김, 뜨인돌(2007)

요시다 타로,《생태 도시 아바나의 탄생》, 안철환 옮김, 들녘(2004)

움베르또 마뚜라나, 프란시스코 바렐라,《앎의 나무》, 최호영 옮김, 갈무리(2007)

임세근,《단순하고 소박한 삶, 아미쉬로부터 배운다》, 리수 (2009)

잔 카제즈 ,《동물에 대한 예의》,윤은진 옮김, 책읽는수요일(2011)

장 지글러,《왜 세계의 절반은 굶주리는가?》, 유영미 옮김, 갈라파고스(2007)

제럴드 N. 캘러헌,《감염》, 강병철 옮김, 세종서적(2010)

제레미 리프킨 ,《육식의 종말》, 신현승 옮김, 시공사(2002)

제임스 러브록,《가이아》, 홍욱희 옮김, 갈라파고스(2004)

J.R.데자르뎅,《환경 윤리》, 김명식 옮김, 자작나무, (1999)

조안 엘리자베스 록,《세상에 나쁜 벌레는 없다》, 조응주 옮김, 민들레(2004)

프리초프 카프라,《생명의 그물》, 김용정,김동광 옮김, 범양사(1998)

피터 싱어,《동물 해방》, 김성한 옮김, 인간사랑(1999)

후쿠오카 신이치,《생물과 무생물 사이》, 김소연 옮김, 은행나무(2008)

캐롤린 스틸,《음식, 도시의 운명을 가르다》, 이애리 옮김, 예지(2010)

헬레나노르베리호지,《오래된 미래:라다크로부터 배우다》,양희승 옮김, 녹색평론사(1996)

헬렌 니어링, 스코트 니어링 공저,《조화로운 삶》, 류시화 옮김, 보리(2000)

찾아보기

타산지석시리즈

"여행은 보이지 않는 지도에서 시작된다."

영국 바꾸지 않아도 행복한 나라 문화체육관광부 우수교양도서/MBC느낌표 영국과가장어울리는책
이식 · 전원경 지음 / 320면 / 컬러 / 15,000원

그리스 고대로의 초대, 신화와 역사를 따라가는 길
유재원 지음 / 280면 / 컬러 / 17,900원

중국 당당한 실리의 나라 전경련 추천도서
손현주 지음 / 352면 / 컬러 / 13,900원

터키 신화와 성서의 무대, 이슬람이 숨쉬는 땅 MBC 행복한책읽기 터키와가장어울리는책
이희철 지음 / 352면 / 컬러 / 15,900원

러시아 상상할 수 없었던 아름다움과 예술의 나라
이길주 · 한종만 · 한남수 지음 / 320면 / 컬러 / 14,500원

히타이트 점토판 속으로 사라졌던 인류의 역사
이희철 지음 / 244면 / 컬러 / 15,900원

이스탄불 세계사의 축소판, 인류 문명의 박물관
이희철 지음 / 224면 / 컬러 / 14,500원

독일 내면의 여백이 아름다운 나라
장미영 · 최명원 지음 / 256면 / 컬러 / 12,900원

이스라엘 평화가 사라져버린 5,000년 성서의 나라 한국간행물윤리위원회 청소년권장도서
김종철 지음 / 350면 / 컬러 / 15,900원

런던 숨어 있는 보석을 찾아서
전원경 지음 / 360면 / 컬러 / 15,900원

미국 명백한 운명인가, 독선과 착각인가 문화체육관광부 우수교양도서
최승은 · 김정명 지음 / 348면 / 컬러 / 15,000원

단순하고 소박한 삶 아미쉬로부터 배운다
임세근 지음 / 316면 / 컬러 / 15,900원

이스라엘에는 예수가 없다 유대인의 힘은 어디서 비롯되는가
김종철 지음 / 224면 / 컬러 / 14,500원

싱가포르 유리벽 안에서 행복한 나라
이순미 지음 / 320면 / 컬러 / 15,000원

한호림의 진짜 캐나다 이야기 본질을 추구하니 행복할 수밖에
한호림 지음 / 352면 / 컬러 / 15,900원

몽마르트르를 걷다 삶이 아플 때 사랑을 잃었을 때
최내경 지음 / 232면 / 컬러 / 13,500원

커튼 뒤에서 엿보는 영국신사 소심하고 까칠한 영국 사람 만나기
이순미 지음 / 296면 / 컬러 / 13,900원

왜 스페인은 끌리는가 자유로운 영혼, 스페인의 정체성을 만나다 전경련 추천도서
안영옥 지음 / 304면 / 컬러 / 18,900원

대만 거대한 역사를 품은 작은 행복의 나라
최창근 지음 / 304면 / 컬러 / 19,800원

타이베이 소박하고 느긋한 행복의 도시
최창근 지음 / 304면 / 컬러 / 17,900원

튀르크인 이야기 흉노 · 돌궐 · 위구르 · 셀주크 · 오스만제국에 이르기까지
이희철 지음 / 282면 / 컬러 / 19,800원

일본적 마음 김응교 인문 여행 에세이 문화체육관광부 세종도서
김응교 지음 / 234면 / 컬러 / 14,000원

일상이 고고학 시리즈

황윤 역사 여행 에세이

동네 산책처럼 가볍게 떠나는 역사 여행.
보고 싶은 영화를 보러 가까운 극장을 찾듯
흥미로운 역사 여행.

"우선 걸어볼까?"
타임머신을 타고 같은 장소 다른 시간을 걷는다.
옛사람들처럼 천천히 걸으며 풍경을 살피고,
역사의 조각을 맞춰보는 즐거운 순간!

고고학은 일상이 되고, 일상은 역사가 된다.

원하는 삶을 지금 산다
일상이 _____

재밌게 열심히 살다보면 뭔가 본질을 발견하게 됩니다. 자신의 삶을 관통하는 한 가지를 발견하게
되죠. 그것이 공부든, 일이든, 즐거움이든, 집착이든 그것과 함께하는 삶으로 인생은 펼쳐집니다.
'원하는 삶을 지금 산다' 라는 캐치프레이즈에서 알 수 있듯, 꿈을 미루지 않는 삶, 내가 주인공이
되는 삶, 일상이시리즈는 작가의 그것을 책으로 펴냅니다.
내가 추구하는 본질적인 삶을 매일매일 살아가는 이야기를 담은 에세이입니다.

리수 생명 클래식

생명이란 무엇인가
린 마굴리스 · 도리언 세이건 지음 김영 옮김 352쪽 19,800원

다윈 이후 절대 이론이었던 적자생존론을 뒤엎고 공생명을 기반으로 한 생명론을 증명하는 책. 생명이란 끝없이 확장하며 그 확장의 영역은 항상 새롭고 고달픈 곳이기 때문에 종들이 서로 협력함으로써 생명의 지평을 확장했다고 말한다. 슈뢰딩거의 과학적 접근 이후 보다 탄탄한 과학적 기반을 마련한 책으로 생명의 역사와 본질, 그리고 미래를 다각적으로 풀어내고 있다.

자연에 대한 존중
폴 W. 테일러 지음 김영 옮김 · 박종무 감수 해제 344쪽 23,000원

인간의 전유물이었던 윤리학을 모든 생명체로 적용한 최초의 시도로, 생명윤리학의 고전으로 불린다. 인간은 다른 생명체보다 우월한가? 우열은 인간 중심적인 평가일 뿐이라며 인류는 '자연 존중'을 선택할 수밖에 없는 티핑 포인트에 서 있음을 역설한다. 자연 생태계와 야생의 생물 군집을 어떻게 다루어야 하는지에 대한 도덕 원칙 체계를 확립한 최초의 책이다.

모든 생명은 서로 돕는다   2014 세종도서 교양부문 선정, 청소년권장도서 선정, 책따세공식추천도서
박종무 지음 292쪽 17,900원

이 책은 약육강식 이데올로기가 팽배한 생명관의 문제점과 그 해결방안에 대하여 수의사인 아빠가 딸에게 들려주는 문체로 쉽게 정리한 책이다. '공존'이라는 자연의 법칙을 거슬러온 약육강식의 현실을 낱낱이 파헤침으로써, 일그러진 우리의 생명 구도에 대한 인식과 대안을 공유하고자 한다.

우리는 동물을 어떻게 대해야 하는가   2021 세종도서 교양부문선정, 2021 올해의청소년환경책 선정
박종무 지음 216쪽 15,900원

수의사이자 생명윤리학 박사인 저자가 전하는 생명 인문학으로, 딸에게 들려주는 문체로 쉽게 정리한 생명에 대한 입문서이다. 함께 살아가는 동시대의 동물, 그중에서도 가축과 공장식 축산을 통해 지금까지 보편적인 생명관으로 자리잡아온 인간 중심주의의 한계를 살펴보고, 인류의 당면 과제인 기후 위기 극복을 위해 인간 중심에서 공생명으로 인식의 전환을 제안한다.

살아 있는 것들의 눈빛은 아름답다   2019 한도서관한책읽기 선정, 2019 올해의청소년환경책 선정
박종무 지음 200쪽 12,500원

인간의 탐욕에 가려진 동물에 대한 불편한 진실을 전하며 생명에 대한 새로운 인식의 장을 열어주는 책. 인간의 생명경시풍조가 적나라하게 드러나는 유기동물 문제, 일명 강아지공장 및 경매장 · 보신탕 등 법의 사각지대에서 벌어지는 잔인한 동물학대의 현실 등 왜곡된 생명관이 낳은 일그러진 현실을 보여줌으로써 '함께 살아간다는 것'의 가치를 공유한다.